UNE PROMEN
DANS LE SA

PAR

CHARLES LAG

AVEC UNE PRÉFACE DE CH

PARIS
LIBRAIRIE PL
E. PLON, NOURRIT et Cie, IMPRI
RUE GARANCIÈRE,

1883

Tous droits réservé

A LA MÊME LIBRAIRIE :

Un été dans le Sahara, par Eugène FROMENTIN. 8e *édition*. Un vol. in-18. Prix. . . . . 3 fr. 50

Une année dans le Sahel, par Eugène FROMENTIN. 4e *édition*. Un vol. in-18. Prix. . . . . 3 fr. 50

Le Sahara, Souvenirs d'une mission à Goléah, par Auguste CHOISY. Un vol. in-18 jésus. Prix. . . . . . . 3 fr. 50

Sahara et Laponie, par le comte E. GOBLET D'ALVIELLA. 2e *édition*. Un vol. in-18, avec gravures. Prix. 4 fr.

Niger et Bénué, *Voyage dans l'Afrique centrale*, par Adolphe BURDO. Un vol. in-18, carte et gravures. 4 fr.

L'Afrique centrale. Expéditions au lac Victoria-Nyanza et au Makraka Niam-Niam, à l'ouest du Nil Blanc, par le colonel CHAILLÉ-LONG. 2e *édit*. In-18, avec grav. 4 fr.

L'Afrique équatoriale : Gabonais, Pahouins, Gallois, par le Mis DE COMPIÈGNE. 2e *édition*. In-18, grav. 4 fr.

L'Afrique équatoriale : Okanda, Bangouens, Osyéba, par le Mis DE COMPIÈGNE. 2e *édition*. In-18, grav. 4 fr.

Voyages, Chasses et Guerres, par le Mis DE COMPIÈGNE. Un vol. in-18. Prix. . . . . 3 fr. 50

Une mission en Abyssinie et dans la mer Rouge (23 mai 1859-7 mai 1860), par le comte Stanislas RUSSEL. Un vol. in-18. Prix. . . . . 3 fr. 50

Aux Pays du Soudan. *Bogos, Mensah, Souakim*, par DENIS DE RIVOIRE. In-18, avec carte et gravures. 4 fr.

Voyage aux îles Fortunées : le Pic de Ténériffe et les Canaries, par Jules LECLERCQ. Un vol. in-18. . . 3 fr.

En Asie centrale : Du Kohistan à la Caspienne, par G. BONVALOT. Un vol. in-18, avec carte et grav. 4 fr.

En Asie centrale : De Moscou en Bactriane, par G. BONVALOT. Un vol. in-18, avec carte et grav. 4 fr.

Dans les Montagnes Rocheuses, par le baron E. DE MANDAT-GRANCEY. Un vol. in-18, avec dessins de Crafty et carte spéciale. Prix. . . . . 4 fr.

En visite chez l'oncle Sam, par le baron E. DE MANDAT-GRANCEY. Un vol. in-18, avec carte et grav. . . . 4 fr.

Paris. Typographie E. Plon, Nourrit et Cie, rue Garancière, 8.

UNE PROMENADE
DANS LE SAHARA

L'auteur et les éditeurs déclarent réserver leurs droits de traduction et de reproduction à l'étranger.

Ce volume a été déposé au ministère de l'intérieur (section de la librairie) en juin 1885.

UNE PROMENADE
DANS LE SAHARA

PAR

CHARLES LAGARDE

AVEC UNE PRÉFACE DE CHARLES JOLIET

PARIS

LIBRAIRIE PLON

E. PLON, NOURRIT ET Cie, IMPRIMEURS-ÉDITEURS

RUE GARANCIÈRE, 10

—

1885

Tous droits réservés

PRÉFACE

Je n'ai pas connu personnellement Charles Lagarde, officier au 1ᵉʳ régiment de Chasseurs d'Afrique, l'auteur du livre que je présente au public et que je recommande à mes confrères ; mais une correspondance suivie a établi entre moi et les siens une relation qui date de vingt années. De cette famille, aujourd'hui disparue, il ne reste que la sœur de Charles Lagarde.

C'est un préjugé de croire et une erreur de dire que le génie s'impose et que le talent s'affirme. A moins d'un coup d'éclat ou de fortune, toujours rare, il faut une vocation forte, tenace, opiniâtre, indomptable, enragée, pour se faire un nom, sortir des rangs pressés, franchir les barrières et gagner l'épaulette dans l'armée des lettres. Avec une œuvre, on arrive toujours, mais quelquefois on arrive mort. Toutefois si le public, cet être inamusable, est indifférent, il convient de dire que l'auteur de la *Promenade dans le Sahara* ne l'était guère moins. Son culte pour les lettres demeura constamment platonique, et aucune arrière-pensée d'ambition, de gloire ou d'argent, et même de publicité, n'y mêla le moindre alliage. Il écrivait pour écrire, comme les oiseaux et les poëtes chantent, par besoin de traduire, sous la forme la plus nette et la plus élégante, les impressions d'une intelligence supérieure, sollicitée par les recherches mystérieuses de la philosophie, ouverte à toutes les aspirations idéales du beau, du vrai et du bien. Il avait donc composé son livre pour fixer ses souvenirs, pour lui, non par excès de modestie, — il avait la conscience de son talent, — mais par une sorte d'inertie naturelle, que la vie contemplative et l'expérience acquise ne pouvaient que rendre plus profonde. Il était du petit nombre de ces esprits d'élite que leur délicatesse ombrageuse, jointe à une indolence native, condamneraient à une obscurité absolue, si le légitime et juste désir de les mettre en lumière ne faisait un devoir, à ceux qui les ont connus et aimés, de réclamer pour eux une réparation tardive. Charles Lagarde aurait pu adopter pour devise ces deux vers d'Alfred de Musset :

> Le mal des gens d'esprit, c'est leur indifférence ;
> Celui des gens de cœur, leur inutilité.

C'est en 1869 qu'il m'envoya le manuscrit de la *Promenade dans le Sahara,* sur la demande de sa sœur, et je retrouve la première impression de ma lecture dans la correspondance et les notes qui m'ont été communiquées pour écrire cette préface.

« Je dois bien vous remercier, écrit-il à sa famille, ma sœur surtout, du zèle que vous mettez à épouser mes intérêts d'amour-propre et à suppléer à mon indolence. Je voudrais vous en récompenser en m'illustrant un peu ; mais voilà tout ce que je peux faire. Je serai toujours très-content si mon livre vous intéresse ; mon plaisir a été de l'écrire ; j'en ai aussi à vous le faire lire. Le reste m'intéresse moins..... Il ne m'est pas indifférent que le livre soit publié. Cette petite jouissance d'amour-propre, qui ne l'a rêvée ? »

J'avais le plus grand désir de le faire publier dans un journal ou une revue, pour en favoriser l'édition en librairie ; mais le nom de l'auteur était absolument inconnu, et son livre ne rentrait pas dans les classifications des études spéciales sur l'Algérie ; ce n'était ni un ouvrage militaire ou scientifique, ni une œuvre d'imagination ou un voyage pittoresque.

C'est ce qui en fait le mérite et l'originalité ; tous ces éléments sont fondus dans l'ensemble de la composition, d'une allure familière et d'une large facture. Lois, mœurs, coutumes, idées, types, tentes arabes et gourbis des soldats, hommes, animaux et choses, tout est dans son milieu, bien à sa place, vu et observé sous son véritable jour, senti et rendu avec sincérité, dans un style naturel et d'un relief saisissant. Voilà de la peinture librement touchée, où le dessin et la couleur reproduisent, sous leurs aspects changeants, la variété des tableaux. Dans la succession de ces décors panoramiques, on voit défiler les grandes scènes du désert, la mer sèche aux vagues brûlantes, à la brise enflammée, les paysages de sable, les oasis pleines d'ombre et de fraîcheur, les villes blanches qui dorment au soleil.

C'est en vain qu'on y chercherait une figure sympathique, une émotion personnelle. Rien ne bouge, rien ne s'anime dans l'immensité silencieuse. On est loin de l'activité fébrile et de la mélancolie brumeuse de l'Occident. C'est l'impassible contemplation, l'universelle atonie du fatalisme oriental. Les passions, les sentiments et les idées ne se traduisent par aucune manifestation extérieure. Sans doute, le peintre est là. Son œil est comme un objectif braqué sur la nature immobile, endormie, morte. Sa pensée est en harmonie avec le calme imposant et la morne sérénité de la solitude. Il est lié par des affinités mystérieuses à cette terre aimée du soleil, il s'identifie avec elle, il s'enivre de sa beauté lumineuse, il semble se fondre et s'abimer dans une rêverie d'infini, une adoration muette, une voluptueuse extase : c'est la grande poésie de l'Orient.

Il est seul. Rien d'humain. Cet isolement est désespérant, cette aridité désolante. On est tenté de regretter de ne pas voir dans l'oasis les blanches silhouettes de Daphnis et de Chloé; on attend une confidence à un frère d'armes, un souvenir de la mère patrie. Les femmes orientales sont belles, leurs grands yeux noirs sont chargés d'amour, comme les messagers aériens ou les bouquets qui parlent. Autant vaudrait demander de la pluie, de l'ombre et des fleurs au désert. Tout repose, tout dort. La terre vierge est inféconde, le ciel d'un implacable azur est vide et sans oiseaux, le cœur marmoréen du soldat et du poëte sans nostalgie et sans amour.

« Le reproche très-juste, écrit-il encore, d'avoir présenté des tableaux presque inanimés, se tourne en éloge, car c'est un des effets que j'ai cherchés. Ma peinture est avant tout un paysage, et le véritable héros du roman, c'est la Nature. Les hommes ont là des poses, des attitudes et peu de vie ; je crois que c'est vrai et ressemblant : c'est l'Orient. »

Tel est, en effet, le caractère de la nature et de son observateur. Le livre, c'est l'homme. Il a raison. On ne doit demander à l'artiste que ce qu'il a voulu faire. Oui, c'est l'Orient, dans son cadre grandiose, avec ses vastes horizons, son désert sans limites, son calme profond, son atmosphère de feu, ses paysages de couleurs prismatiques ; car si on ôte à l'Orient sa lumière d'or, il ne reste que de la boue et des loques sales. La *Promenade dans le Sahara* est un tableau de couleur et de lumière.

Charles Lagarde eut une enfance maladive qui favorisa son irrésistible instinct, son goût pour les choses de l'intelligence. Dès qu'il sut lire, la passion de la lecture s'empara de lui. Il passait de longues journées, dans un coin bien obscur, à dévorer les *Contes du chanoine Schmidt*. Délicat, chétif, faible, inquiet, incapable de se mêler aux jeux des enfants de son âge, toutes ses forces vitales étaient concentrées dans le cerveau. Comme un fruit hâtif de serre chaude épuise la sève de l'arbre et tombe de bonne heure, son corps dépérissait, miné par cette culture précoce. Il vivait par la tête, et c'est à la tête que la sinistre Moissonneuse le toucha de sa faux, dans la riche floraison de ses facultés actives.

A son entrée au collége, une nouvelle passion, celle de l'école buissonnière, vint opérer une diversion favorable et rétablir l'équilibre en alternant avec la première. Les livres classiques remplirent l'office de calmants pour neutraliser les effets des ouvrages d'imagination.

L'écolier partait le matin, ses livres sous le bras, sans doute avec la bonne intention d'aller au collége. C'était à Grasse, ce doux pays adossé à sa colline dans une ceinture de fleurs. Le chemin était si joli, le soleil si joyeux, l'air si doux et si bon à respirer, l'herbe si verte, si fraîche et si tendre, quelque diable aussi le poussant, la tentation était trop forte, et l'instinct de vagabondage, de promenade, de flânerie, de *far niente,* lui faisait tout oublier. Comme Hercule entre les deux déesses, à la fourche du sentier du bois et de la classe, il choisissait la liberté, qui lui semblait plus belle. Sans hésiter, il jetait les bouquins sous un buisson et filait. Souvent le soir, à la nuit close, il n'était pas encore rentré au logis. Alors, sur la route poudreuse, les parents affolés d'inquiétude, les amis, les voisins se mettaient en quête du petit vagabond perdu. Lui, sans se soucier autrement des transes causées par son absence prolongée, et inaccessible au remords, apparaissait à un détour du chemin, aussi tranquille que s'il revenait du collége, expédiait son souper et allait s'enfermer dans sa chambre avec ses autres amis, les livres. Qu'avait-il fait, tout le jour, seul au milieu des bois?

La solitude l'attirait comme une mystérieuse amie. Il y avait dans cette tête enfantine l'intuition des secrets de la nature; il écoutait, il entendait le langage inconnu qu'elle murmure à l'oreille de ses favoris, il était en communion intime avec elle. Il avait une prédilection pour ces humbles plantes sauvages qui semblent créées pour être foulées aux pieds, et qui croissent partout où elles trouvent une poignée de terre et un rayon de soleil. Les bêtes aussi l'attachaient; il les étudiait avec amour, il les comprenait, il les aimait, toutes, même les plus laides et les plus dédaignées. Couché à plat ventre sous un arbre, il passait des heures entières dans une contemplation silencieuse, à suivre les allées et venues des scarabées, des fourmis, des insectes, et l'observation de la vilaine bête humaine ne devait pas modifier plus tard ses goûts, ses sentiments et ses préférences pour les êtres inférieurs, doux et inoffensifs; leur faiblesse appelait sa sympathie, leur intelligence le charmait.

La nature et les livres furent ainsi les premiers maîtres et les premiers amis de l'écolier au cœur sans expansion, au caractère indépendant, à l'humeur d'une suprême fantaisie, doué d'une invincible répulsion pour la discipline, le travail classique et obligatoire. L'étude réglée lui déplaisait, comme ces longues routes plates et unies, aux bornes kilométriques, que Topffer appelle des *rubans*, et qui s'effilent dans la perspective entre deux haies d'arbres bien alignés. Au moral comme au physique, il avait horreur de la ligne droite; il lui fallait les courses par monts et par vaux, l'imprévu des aventures de la route. Qui aurait eu le droit de lui en faire un reproche? Sa santé fragile n'aurait pas résisté à un travail assidu; comme une hirondelle captive, l'enfant n'aurait pu vivre derrière les barreaux d'une cage universitaire. On le comprit, on laissa cet externe trop libre en user à sa guise, et les cours du collége furent des intermèdes de pluie ou de froid dans les beaux jours de ses années de jeunesse. Combien de fois lui dit-on plus tard en riant : « Qui croirait que tu as été un cancre? »

A vingt ans, ce qu'il avait lu, étudié, appris, tenait du prodige. Sans maître, sans ordre et sans méthode, il avait emmagasiné des connaissances encyclopédiques, mais sans étancher cette soif ardente, sans satisfaire cet âpre désir, cette curiosité insatiable, avide de tout savoir, qui faisait dire au vieux Michel-Ange : « *J'apprends encore.* » En feuilletant les notes, les esquisses, les premières ébauches sorties de ce cerveau d'adolescent, on se sent pris d'un étonnement admiratif et presque douloureux. Pas un sujet qu'il n'ait effleuré, pas une question de littérature, d'art, de science, de philosophie dont il n'ait essayé de se rendre compte, pas un sentiment délicat et profond qu'il n'ait cherché à ressentir. A son début dans la vie, l'enfant s'était livré à un travail de bénédictin ; l'homme avait rêvé d'épuiser le clavier complet des émotions humaines.

Ses premières années s'écoulèrent ainsi, et dans cette fièvre dévorante d'étude et de pensée, sa santé s'altéra, sa vie faillit sombrer. Une telle surexcitation des facultés cérébrales brûle et tue ; à ce jeu mortel, l'intelligence la plus active et la plus lumineuse se paralyse. Son corps miné semblait diaphane, les sources vitales commençaient à se tarir ; seules la marche et l'équitation ranimaient l'organisme surmené. Il était rongé par une mélancolie noire, conséquence fatale de son état nerveux, et qui lui faisait rechercher de plus en plus la solitude.

La vie du régiment opéra une subite métamorphose physique, morale et intellectuelle. Le fils du colonel Lagarde était destiné à la carrière militaire, qu'il choisit moins par goût que par tradition de famille. Il en fut tout d'abord comme étourdi et s'y trouva singulièrement dépaysé. Forcé brusquement, brutalement de frayer avec des compagnons disparates et, sauf exceptions rares, inférieurs, il sut dominer toute répugnance par un énergique effort de volonté. Bravement, gaiement, troquant l'habit contre l'uniforme, jetant les bouquins aux orties comme autrefois aux buissons, le jeune savant en prit son parti, accepta sans regrets sa nouvelle existence et sourit le premier de cette transformation. Sa santé ne tarda pas à se raffermir par l'influence de l'exercice, de la gamelle et du pain de munition; son esprit, calmé et retrempé par l'activité, prit un essor plus libre, et son humeur s'en ressentit vite. La tristesse n'habite pas la caserne et le camp, l'étude encore moins. Comment se recueillir, lire, travailler, réfléchir, penser, dans la chambrée bruyante et tapageuse, au milieu des propos grossiers, des chansons vulgaires, du va-et-vient des bottes massives chaussant des pieds lourds, lui qui ne trouvait jamais sa chambre d'étudiant assez solitaire, silencieuse et sombre?

Cependant le jeune philosophe y trouva son compte. Obligé de renoncer à l'étude des livres, il étudia les êtres et les choses qui l'entouraient. Le côté original de la vie de soldat séduisit son imagination d'artiste, et finit par le captiver tout à fait par son caractère d'insouciance et d'imprévu, de servitude et de grandeur. Avec une verve pleine d'humour et d'entrain, il se mit à esquisser, de la plume et du crayon, les types et les scènes militaires qu'il avait sous les yeux. Il en saisit du premier coup le côté gai, comique, vivant et pittoresque. C'est au 7ᵉ Lanciers qu'il créa un journal hebdomadaire où se trouvaient relatés les menus faits de la chambrée, les épisodes du régiment et les cancans de la ville. Un camarade, devenu plus tard un des dessinateurs du *Charivari*, fut son collaborateur; il illustrait les articles de charges d'une fantaisie échevelée, où pouvaient se reconnaître, chefs, sous-officiers et soldats. Le rédacteur fut pendant plusieurs années l'âme de ce régiment, où sa supériorité avait été bientôt devinée et reconnue, surtout par ses camarades, les meilleurs juges, car il n'était lui-même que dans l'intimité familière ou dans un milieu sympathique.

On retrouve vivante, sous ses aspects lamentables et amusants, tristes et fous, sa vie de bohème militaire, dans cet album humoristique, écrit et crayonné d'une main fine et légère. Ici, dans l'homme encore jeune comme dans l'enfant, on retrouve toujours l'être nerveux, sombre, taciturne, inquiet, chercheur. Seulement, au contact de la vie, son caractère s'était arrondi, assoupli, apaisé. Une extrême douceur, une mansuétude universelle avaient remplacé sa froideur glaciale et sa réserve armée. Une raison supérieure, toujours maîtresse d'elle-même, modérait et refoulait ses révoltes sourdes contre le mal, le faux, le banal, le laid. Indulgent, bienveillant, d'un commerce sûr, capable de s'attacher avec un entier dévouement, il se montrait très-exclusif dans le choix de ses relations; sans repousser la sympathie, il ne la recherchait pas, il n'en avait pas besoin; mais si ses amitiés étaient rares, elles étaient vraies. Il avait aussi des antipathies violentes dont il ne revenait guère, pour les gens et pour les choses. Par exemple, un parapluie était sa bête noire; il regardait cet utile et prosaïque engin comme le type du trivial. Tout petit, quand sa mère prévoyante le munissait de cet accessoire, son premier soin était de le jeter dans le bois, ainsi que ses livres. C'était sa ressource suprême, ce fameux bois, et dans la suite, il ne s'était jamais corrigé de l'habitude d'égarer volontairement les parapluies.

Par un contraste de sa nature rêveuse et placide, il avait parfois des élans de gaieté irrésistibles. Observateur par goût et par habitude, il était vivement frappé des côtés comiques, ridicules et grotesques, et ses remarques donnaient à sa conversation une saveur piquante et un attrait particulier. Certains travers bourgeois, certaines faiblesses le trouvaient impitoyable. D'un trait de plume ou de crayon, il avait vite fixé une charge ou une caricature d'une vérité mordante; mais son ironie un peu triste était sans amertume; il n'empoisonnait pas ses flèches, et si elles piquaient l'épiderme, elles pénétraient rarement dans la chair, et sans y faire ces blessures profondes que rien ne peut cicatriser.

Nous ne suivrons pas Charles Lagarde à travers ses cantonnements dans presque toutes les places de l'Alsace et de la Lorraine. Il devait y retourner une dernière fois, aux jours de la défaite et de la captivité, pour faire ses adieux aux deux sœurs séparées. Pendant une douzaine d'années, errant de garnison en garnison, le jeune philosophe promena son insouciante gaieté, vivant au jour le jour, et tirant le meilleur parti possible de cette existence nomade, souvent un peu dure. Pourtant, à mesure qu'il avançait vers la maturité, il se sentait gagner par cette influence que Leopardi appelle le plus noble attribut de la nature mortelle : l'ennui ; la lassitude commençait à émousser sa belle humeur, signe avant-coureur du dégoût et du découragement.

C'est dans cette disposition d'esprit assez morose qu'il fut envoyé en Algérie, avec le grade d'officier, au 1er régiment de Chasseurs d'Afrique, en garnison à Blidah. On va le suivre jour par jour, heure par heure, dans sa *Promenade au Sahara*. Là encore, après avoir parcouru huit ans toute la province d'Alger et être descendu, dans sa dernière colonne, jusqu'aux confins du Maroc, il devait revoir ce séjour enchanteur, mais il y revenait pour mourir.

Depuis longtemps l'Algérie l'attirait. La vue de ce pays du soleil fut une révélation, et l'explosion de vie nouvelle qu'elle fit jaillir en lui ne devait s'éteindre qu'avec la flamme de sa pensée. Comme un voyageur errant de pays en pays, de site en site, fatigué de ce perpétuel changement de décor qui le distrait sans le fixer, s'arrête soudain en face d'un nouveau paysage en se disant : « *C'est là* », le jeune officier se sentit enchaîné au premier regard. L'Océan a ses Sirènes, la mer de sable a ses Salamandres : elles chantaient. Ces divinités charmantes lui parurent si douces, si attirantes, si amoureuses dans leur beauté dormante ; leur chanson monotone, au rhythme lent et sourd, était d'un charme si pénétrant, qu'il en fut enivré. L'Orient rassasiait toutes les aspirations de son cœur d'homme et de son imagination d'artiste. Cette terre chaude et blonde était son *Inconnue*. Il voyait marcher son rêve dans la splendeur de sa réalité. C'était le coup de foudre. La France ne sera plus pour lui qu'une mère bien-aimée, mais une patrie secondaire. Quand plus tard, prisonnier des Barbares, sous un ciel d'hiver, il soupirera pour elle, c'est en Algérie que s'envolera sa pensée de retour : « Qu'il doit faire beau, là-bas, au soleil, et que les collines doivent être vertes maintenant ! »

L'Orient était son élément, c'était son univers. Tout lui plaisait, surtout l'absence de civilisation, et il était heureux de ne point y retrouver ses traces. « Je crois qu'après réflexion, écrivait-il, deux choses seules sont capables de fixer notre attention : les grands spectacles de la nature, l'Orient, le désert, la forêt vierge, ou les chefs-d'œuvre sortis des mains de l'homme, les Arènes, les Propylées, le Parthénon. En dehors de cela, je fais peu de cas des divers carrés de légumes qu'on appelle la campagne. Je les estime à leur point de vue utilitaire ; mais que dirait-on d'un voyageur qui, visitant un palais superbe, s'inquiéterait de la cave et des celliers ? »

Cette antipathie instinctive, injuste quelquefois, pour tout ce qui touche à la vie matérielle et bourgeoise, se retrouve à chaque page du livre. Sa colère, en découvrant une correcte habitation européenne, plantée comme par miracle au milieu d'un décor sauvage, a quelque chose de comique : « Qui me délivrera, s'écrie-t-il, de cette vilaine bête qu'on appelle l'Homme ? »

Misanthrope, il l'était sûrement ; mais sa misanthropie n'était ni farouche ni maussade. Il faut que le cœur se brise ou se bronze, quand il ne se replie pas, et il justifiait l'amère pensée de Chamfort : « Celui qui, à quarante ans, n'est pas misanthrope, n'a jamais aimé les hommes. » Et comment ne pas le devenir un peu ou beaucoup au spectacle du monde, quand on a le cœur noble, l'esprit élevé, l'épiderme sensible, quand on a été heurté, froissé, déchiré dans la mêlée humaine? Qui donc a livré le combat de la vie, soutenu la lutte pour l'existence sans mécomptes, sans défaites et sans blessures? Chamfort a dit vrai : il suffit d'avoir aimé.

Il y a deux sortes de misanthropie : l'une, particulière, égoïste, vindicative, la haine des hommes; l'autre, générale, désintéressée, méprisante, la haine de l'homme. Pour compléter cette définition, on doit convenir que s'il fallait être meilleur que les autres pour avoir le droit de les haïr, il y aurait moins de misanthropes. Aussi faut-il bien marquer la différence entre l'amertume et l'aigreur d'un égoïste, dérangé dans le train-train de ses petites affaires par l'égoïsme d'autrui, et la pitié attristée, la compassion tranquille d'un philosophe qui connait l'homme et les hommes, observe avec une indifférence ironique leurs petitesses, leurs mesquineries et leurs turpitudes, les juge sans fiel et sourit volontiers au spectacle de leurs rares vertus. Celui qui sait tout comprendre sait tout pardonner.

Nous avons soulevé un coin du voile de ce caractère énigmatique, de cette âme ombrageuse et fière; l'hommage rendu à sa mémoire n'exige rien de plus. Il est des confidences qui peuvent être murmurées, mais qui ne s'écrivent pas, des pensées intimes que la plume déflore. Dans les choses de cœur, la parole est toujours une mauvaise traduction. Ce qu'on peut dire, c'est qu'aucun sentiment bas n'a jeté son ombre dans ce cœur désenchanté, et la vase que l'expérience dépose au fond des âmes les plus pures n'en a pas troublé la limpidité. Cœur mortellement triste, sous des apparences insouciantes et malgré des gaietés soudaines. La vie ne lui a pas été douce; il ne lui en a pas voulu, ni à elle, ni à la vilaine bête humaine; mais il en faisait bon marché : la vie, pensait-il, ne vaut pas la peine qu'on vive.

C'est au retour de sa dernière expédition dans le Sud qu'il reçoit la nouvelle de la guerre d'Allemagne. Sans prendre un jour de repos, son régiment s'embarque pour la France et marche droit au Rhin. Condamné à l'inaction pendant un mois, il n'entre en ligne que pour prendre une part héroïque et glorieuse à cette néfaste journée qui se résume en un mot : Sedan. L'histoire a enregistré cette sombre page; elle a dit le rôle que joua dans la retraite la brigade de cavalerie légère, sous les ordres du général Margueritte. Chacun y fit son devoir, simplement, largement, sans mesure, Charles Lagarde avec et comme les autres. Il eut deux chevaux tués sous lui. Jeté dans un fossé, et par miracle sans blessure, un régiment au galop lui passa sur le corps sans même l'effleurer. On n'en meurt pas toujours, de ce beau métier de soldat.

Interné au Camp de la Misère, il apprend à connaître toutes les souffrances physiques et morales que peut subir un prisonnier de guerre. Quinze jours de marche le séparent d'Erfürth, ville désignée comme lieu de captivité. La plupart des hommes qui survivent sont dans un état lamentable; il reste encore quelques chevaux qu'on cède tour à tour aux plus épuisés. C'est insi que sans revendiquer son droit de rester libre en signant la capitulation, il veut aller, étape par étape, station par station, jusqu'au terme du Calvaire. Il arrive malade à Erfürth avec un de ses camarades, M. Leseur, qui tombe malade à son tour. Les deux compagnons d'armes louent un petit logement, se soignent, se soutiennent, s'encouragent, se réconfortent, et partagent, comme le reste, les amertumes de l'exil et de la captivité. Elle dura sept mois pour Charles Lagarde. Toujours simple et fort, il estimait qu'il faut aller jusqu'au bout de son devoir, ne s'arrêter qu'après avoir fait le possible et l'impossible, qu'un soldat doit savoir supporter les revers immérités et ne rougir que de ses défaillances.

Nous regrettons de ne pouvoir donner, dans cette notice, sa *Correspondance* pendant la campagne et les jours de captivité qui la suivirent. En ce temps de surexcitation morale où tous les masques tombaient, où les hommes se montraient à découvert, le jeune philosophe militaire apparaît dans ses lettres. Son courage froid, son abnégation réfléchie, sa force de résistance énergique, sa patience endurante, révèlent la dignité stoïque et la virile douceur du modeste héros.

Nous espérons qu'un jour cette *Correspondance* sera publiée, avec une série d'Études intéressantes dont voici les titres :

Les Bohémiens de province. — Avril 1866.
Contradictions. — Janvier 1867.
De la tactique. (Leçon militaire.) — Médéah, 1869.
Notes d'Allemagne (1870-1871).—Erfürth. Novembre 1870.
Du goût français. — Erfürth. Novembre 1870.

PRÉFACE.

Sans date :

Les Mœurs et le théâtre en province.
La Province.
Assez de poëtes.
Contre les orphéons.

De retour en France, Charles Lagarde ne passe que quelques jours dans sa famille, rappelé en Algérie où l'insurrection de 1871 vient d'éclater. Sans avoir le temps de se reconnaître, après sept longs mois de repos forcé, il revoit l'Orient, il trouve presque du charme à se replonger dans sa vie active et aventureuse. On l'envoie à Marengo, une des villes les plus malsaines de la province, où le feu dévore tout. Pris d'une insolation violente, en escortant à Cherchell des colons français, en plein mois de juillet, il est forcé de s'arrêter. Il tombe, lui trente-huitième, après les trente-sept hommes qu'il commande, et qui payent de leur vie ou de leur santé le mortel tribut d'un double incendie, celui de l'implacable soleil et des flammes allumées par les Arabes. A peine en convalescence, il sort de l'hôpital de Blidah, retourne à son poste de combat, et y reste ferme jusqu'à l'extinction du fléau et la répression de la révolte. A la suite de ces événements, il est fait chevalier de la Légion d'honneur [1].

---

[1] ÉTATS DE SERVICE.

Charles-Louis-Joseph LAGARDE, né à Lunéville (Meurthe), le 18 décembre 1833.

Engagé volontaire en 1853, au 7e Régiment de Lanciers.

Sous-Lieutenant au 1er Régiment de Chasseurs d'Afrique, le 11 août 1867; Lieutenant le 10 août 1872.

Tant d'efforts, de fatigues et de souffrances avaient détendu le ressort de son organisation nerveuse, dompté son énergie morale, la seule force qui le soutenait. Cette dernière campagne l'avait abattu; la lame ne devait plus redresser le fourreau. Sa vue fut attaquée; il lui fallut renoncer au service actif et entrer comme substitut au Conseil de guerre. Là, comme partout, il fut l'homme du devoir. Il apporta dans ces nouvelles et modestes fonctions les qualités supérieures qu'il avait montrées au cours de sa carrière de soldat, et qu'il aurait développées dans les lettres, s'il s'était enrégimenté sous cet autre drapeau. Il leur appartient aujourd'hui par son livre; il suffit pour donner la mesure d'un écrivain de race, d'un penseur et d'un poëte.

Nous l'avons dit : Charles Lagarde n'avait aucune ambition, si ce n'est celle de vivre tranquille et de ne jamais quitter sa chère Algérie. Ce vœu a été réalisé, mais il n'a pas duré bien longtemps. Le soleil africain avait laissé sur son front une ineffaçable empreinte. Depuis, il ne mena plus qu'une vie languissante; ses forces déclinaient insensiblement, comme dévorées par un feu intérieur; puis sa faiblesse toujours croissante le laissa désarmé contre la fièvre. Terrassé, foudroyé par une méningite, il est emporté en quelques jours, le 23 janvier 1876, dans ce même Blidah enchanteur que, huit années auparavant, il saluait joyeux, plein d'espérances d'avenir, comme une patrie d'élection, comme une mère adoptive. Il mourut ainsi, sans avoir revu les siens, sans qu'une dernière étincelle jaillît de son regard obscurci, de son front sans pensée.

Mais le souvenir de Charles Lagarde vivra dans le cœur de ceux qui l'ont connu, son nom dans la mémoire de ceux qui liront son livre. Il est écrit sur ce petit monument, consacré par l'affection d'une sœur chérie, comme un autel solitaire à l'ombre d'une oasis.

Qu'il repose !

Charles JOLIET.

Mai 1885.

UNE PROMENADE
DANS LE SAHARA

I

Alger est une ville que l'on quitte avec regret. En dehors de tout intérêt, de toute attache familière, certains lieux exercent sur nous un charme que l'on ne peut définir, et dont on ne comprend la force qu'en les quittant. Si le plaisir ou le devoir nous appelle ailleurs, nous nous sentons en partant comme retenus par d'invisibles liens que nous ne pouvons briser sans une secrète douleur. Il n'y a là ni force d'habitude ni regret des personnes, mais une tendresse inexprimable pour des objets en apparence inanimés; sans doute nous en avons compris à demi l'âme mystérieuse. Voyageurs nous en avons tous éprouvé de ces passions singulières pour des sites, des ombrages, des murailles qui nous sont devenus chers comme des êtres. Nous avons épié avec mélancolie les derniers contours d'une plage hospitalière fuyant sous l'horizon, nous avons adressé de muets adieux aux mers qui nous ont bercé; en maint endroit nous avons senti s'apaiser notre humeur vagabonde, et rêvé, comme un libertin soudainement épris, des fidélités impossibles.

Alger. — Départ.

Nous gravissons les hauteurs de Kouba qu'une brise embaumée caresse à cette heure matinale. Une verdure joyeuse nous environne : le caroubier verse son ombre épaisse, le tremble argenté frissonne, et dans l'olivier qu'enlace un réseau de lianes, mille oiseaux chantent suspendus aux mailles de ces lacs flottants. L'aloès robuste, projetant vers le ciel ses tiges pareilles à des lampadaires, mêle ses tons pâles et froids au vert éclatant du fenouil; le hardi liseron escalade les raquettes du figuier de Barbarie dont il adoucit la tristesse. Au-dessus de nous, festonnant la croupe des collines, s'élèvent les dômes des grands pins sur leurs confuses colonnades.

Au bas du versant s'épanouissent les jardins du Hamma, les blanches villas de Mustapha, à demi ensevelies dans leurs feuillages. Une traînée de poussière marque la route jusqu'au delà d'Hussein-Dey; puis se déploie la nappe azurée du golfe tout constellé de petites voiles. Nous contemplons Alger une dernière fois dans ce cadre enchanteur.

La ville, reflétée par les eaux du port où s'enfonce sa pointe extrême, n'a rien où l'œil se puisse arrêter d'abord. On ne voit qu'une grande complication de rectangles superposés, jusqu'à ce beau mur ruiné de la Casbah, saisissante image d'une grandeur déchue. Point de mosquées, de minarets, rien qui dépasse cet amoncellement de gradins blancs, cette ébauche de cité qui ressemble à une carrière de gypse, et pourtant quelle harmonie, quelle lumière, quelles ombres!

De la distance où nous sommes nous ne voyons que la ville moresque, avec ses majestés, ses coquetteries, son mystère et ce grand air de poésie qui évoque le souvenir de toutes les féeries où notre enfance s'est bercée. L'éloignement, qui accroît cet effet, soustrait heureusement à notre vue l'empreinte hideuse dont nos architectes ont souillé ce joyau arabe. Il faudrait un examen attentif pour découvrir d'ici les maisons françaises avec leurs toits criards et leurs stupides alignements de fenêtres. Cela, c'est l'Alger de l'avenir. Je le voue par avance à la malédiction des artistes. Il faut remercier le ciel qui nous aura retirés de ce monde avant le jour où l'Angleterre et la France seront entièrement parvenues à enlaidir la surface du globe et l'espèce humaine elle-même. Nous pouvons pressentir l'issue de la lutte engagée entre les nations à vapeur, dont nous sommes fiers de tenir la tête, et tout ce qui garde encore une trace de couleur, un accent primitif. Je suis venu ici, pensant m'accrocher un instant à tant de choses qui s'en vont; mais de la libre nature, d'un peuple original, que reste-t-il? des épaves. Où aller, où fuir, en quel lieu se soustraire à la prose du génie moderne, ennemi passionné de ce qui est beau selon l'ordre divin, et qui sans cesse gagne, s'agite, fouillant, rasant, nivelant. Le Saxon, le Latin sont partout, la pioche et la truelle en main. L'Union américaine implante ses usines au cœur des plus beaux sites qu'ait enfantés la grande palette; l'Anglais sème à travers les pays vierges la sauvage et confortable architecture éclose sous des brouillards. En vain les cieux sont purs, la nature parée, le climat tiède, l'atmosphère parfumée, le conquérant blafard aura raison de ces splendeurs, de ces ivresses. Alger, la cité de la belle chevalerie arabe, la perle de la Méditerranée, voluptueuse et guerrière, qui chaque matin, comme en cet instant, voit se lever le soleil oriental derrière les cimes du Djurjura, Alger a changé d'idéal, et va devenir un petit Marseille. Je fais un vœu impie, j'espère qu'un bon tremblement de terre aura raison de pareilles monstruosités, et que la mer aura l'obligeance d'engloutir ce que nous avons déposé sur cette plage.

Détournons notre pensée et nos yeux de ces bords outragés. Les portes du Sahara sont ouvertes. Là-bas s'étend, neuf encore, à l'abri des insultes du colon, la contrée lumineuse, redoutée, méconnue, le pays de la soif. Mes regards s'attachent sur le Sud, et quand nous descendons la pente méridionale du Sahel, une poignante sensation de curiosité a déjà adouci dans mon cœur les amertumes du départ.

Le Sahel. — La plaine.

Le paysage du Tell offre peu d'attrait. On y voit dominer l'olivier qui en forme en quelque sorte la base végétale. Cet olivier a la feuille plus petite, plus touffue, il est plus élancé, plus ombreux que le nôtre. Ce n'est pas d'ailleurs un arbre pratique; son fruit n'est pas bon à grand'chose et j'aime assez ses airs d'indépendance. Mais il récrée peu la vue au premier abord, et n'a rien pour nous d'exotique, de plantureux. Mêlé aux caroubiers, aux pins, aux chênes verts, il fait dominer une note sévère dans cette gamme des feuillages persistants. On voit tout de suite qu'on est dans un pays où l'hiver est la saison aimable. Alors les coteaux du Sahel ont un manteau de verdure très-noble, sinon gai. Par comparaison, en venant en France, tout est riant. Mais en été les tons clairs font un peu défaut : la végétation, bien qu'abondante, a quelque chose de pénible, de dur, de contraint. On aimerait sous ce soleil plus d'expansion, plus de sourires. J'ai déserté avec joie les pâturages bêtes de la patrie, les fades points de vue de nos régions du juste milieu, mais je pensais trouver des effets plus doux sur ce continent. Il m'a fallu quelque temps pour reconnaître que la nature africaine a de tout autres beautés, un style autrement grand, et fait peu regretter, à la comprendre, nos banales campagnes et nos tendres prairies. Aux abords d'Alger, les villas, enchâssées dans leurs jardins où s'épanouissent toutes les essences du monde, entretiennent les yeux dans le goût des verdures claires; de là l'espèce de déception qu'on ressent plus loin : on rêve le joli, et le beau surprend plus qu'il ne charme.

Entre le Sahel et l'Atlas, la Mitidja, une vaste plaine insignifiante qui ne demande qu'à bien faire. Il paraît qu'on ne l'ensemence pas assez. J'y vois cependant d'assez belles cultures; mais il y a auprès de grands espaces où croissent l'asphodèle, le jujubier, le lentisque et ce charmant petit arbuste, désespoir de l'agriculture, le palmier na'n. Les beaux endroits sont ceux-là justement. Il y a des eaux sans issue, des marécages sous d'épais fourrés, trésor des chasseurs, des fermes d'aspect fort peu réjouissant, par-ci par-là des tentes arabes, des troupeaux.

J'aperçois des huttes de feuillage pressées en tas, aux trois quarts défoncées, misérables, roussies; alentour, un rempart de ronces coupées ou de cactus; au milieu de tout cela des femmes sales, des enfants nus, des chiens hargneux, quelques hommes couchés; c'est un douar.

La portion de la plaine que nous découvrons au matin, ensevelie sous des brouillards rampants, ressemble à un grand lac. Sur l'autre rive se dressent les premières chaînes de l'Atlas, masse uniforme, imposante, de contours nobles, et qui devient gigantesque vers la Kabylie. Là se découpent les crêtes sauvages du Djurjura. Sous les rayons naissants du soleil, elles ont d'abord des tons roses très-radieux ; le gros du massif est violacé, d'une transparence inimitable : on dirait une vapeur, une nébulosité éclairée par derrière. Le fond du ciel est éblouissant de pourpre et d'or. Le soleil monte, la lumière blanche inonde les cimes, accuse les reliefs. La trame vaporeuse s'évanouit, le mont colossal apparaît majestueux, sinistre, ruisselant de clartés. Ce lever de soleil est une *Orientale;* pour l'étranger c'est une révélation : on s'est toujours figuré que ces couleurs existent seulement dans la fantaisie des peintres.

La route.

D'Alger à Blida la route est très-parcourue, en dépit du chemin de fer. Toute la vie de la province circule par cette artère. On y voit défiler les indigènes de toutes les régions : le berger des Aribs y pousse son troupeau galopant, lui-même d'un jarret infatigable détale en arrière avec de grands cris; le montagnard y mène ses mulets chargés de fagots énormes, d'un maigre jardinage, d'outres pleines, battant dans de larges couffes. De petits ânes innombrables écrasés de fardeaux, avec l'ânier en surcroît, s'en vont résignés, trottant leur petit amble serré, soutenu; la cruelle matraque résonne sur leur croupe amaigrie, leur flanc saigne sous les harnais grossiers, et l'Arabe, pour activer l'allure, fourrage dans ces plaies béantes. On l'a dit, l'Afrique est le purgatoire des ânes, l'enfer des femmes. Pour confirmer ce dernier point, voici des familles en marche : le père, les garçons se prélassent sur les bêtes de somme, fument et devisent nonchalamment ; les femmes vieilles et jeunes, suivent, courbées, l'œil bas, s'appuyant sur un long bâton, ployant sous le faix de leur marmaille. Il passe de longues caravanes du Sud, qui vont échanger leurs laines ou reviennent chargées de grains ; les chameaux roux, indolents et pressés, balancent leur long cou tendu en avant, s'arrêtent, se croisent, s'entassent, ne s'effrayant de rien et toujours gémissants. Les chameliers, leurs longs mouckalas sur l'épaule, leur parlent une langue étrange accompagnée de coups redoublés.

Tout cela révèle un peuple nomade, et son incurable paresse ne se montre aucunement dans ce va-et-vient pittoresque. Pour l'Arabe le déplacement n'est pas un travail ; il y trouve un charme singulier ; tout lui est prétexte à voyager. Pour une consultation puérile au bureau arabe, il entreprend des pérégrinations insensées sans vivres, bien entendu sans argent : en eût-il, il ne le dépenserait pas. Nous en rencontrons qui portent pour cinq ou six sous de marchandises, quelques herbes, du charbon, une souche ; ils font quinze lieues pour aller vendre à Alger ce modeste butin, marchant jour et nuit. L'âne broute les ronces du fossé, la charge au dos, l'homme avec son flissa déterre quelques racines, avale une gorgée d'eau à chaque ruisseau, fait de petites siestes au soleil, et rentre avec le produit intégral de son trafic. Il y a même de simples touristes qui marchent non pour voir, ils ne regardent rien, mais pour marcher, mendiants, braconniers, maraudeurs, vrais bohèmes en proie à une horreur instinctive de la vie sédentaire, à une aversion plus grande encore pour toute espèce d'industrie. Ce sont les gens les moins pratiques qu'il y ait sous le soleil : ils font sans profit pour eux, au détriment de la colonie, un métier à tuer en quatre jours un facteur rural. Qu'on les arrête, qu'on les mette dans des chantiers au grand air, avec une pioche et de bonnes rations bien réglées, ils prennent une figure résignée, font le moins qu'ils peuvent de besogne et s'évadent un beau matin. La souffrance, la maladie ne sauraient davantage les fixer : ils se font surprendre par la mort au fond d'un ravin, où leurs corps deviennent la proie des chacals.

Le nombre de ces réfractaires s'est beaucoup accru dans ces derniers temps. Est-ce la cause ou la conséquence de la famine? Le fait est là. Le fléau se dresse à chaque pas devant nous, sombre et navrant. Qui reconnaitrait les fils d'une race vaillante et martiale dans ces passants décharnés trainant comme des suaires leurs burnouss éraillés? Voilà donc l'habitant de cette contrée sereine qui déploie autour de nous sa parure et son exubérance! Contraste saisissant! C'est un des premiers désenchantements de ce pays où la nature, sous ses grâces caressantes, est marâtre pour ses enfants, comme une vieille coquette. Elle les élève dans les langueurs d'un ciel sans nuages, leur infuse l'apathie et la volupté dans les veines, les confine sous ses tièdes ombrages, les pétrit à la contemplation, à la mollesse, et finalement leur refuse le pain journalier. Plus cruelle encore par instants, elle fait fondre sur eux toutes les calamités, les sauterelles dévorantes, les longues sécheresses, la disette, le choléra, la peste.

Tout un peuple de fantômes circule par ce chemin. Nous voyons passer comme des ombres ces paysans hébétés par le jeûne, lents, taciturnes, affaissés sur leurs membres vacillants, les jambes nues, sales, amaigries, déchirées. Les os semblent trouer leurs guenilles; on les dirait vêtus de toiles d'araignée. La vermine les dévore au dehors, la faim au dedans. Ils ont, avec leurs longs bras, des allures simianes. Comme la bête, ils sont sans pudeur, sans dignité de maintien, indifférents, mornes, sans paroles. Ils n'entendent venir ni les chevaux ni les voitures, malgré les cris, et pour les écarter de son passage il faut les battre; alors ils courbent l'échine sans maugréer, humbles, peureux, avilis.

Les Mesquinos. — Sombre tableau.

Il y a pire, il y a l'écume de cette écume, infirmes, vagabonds, estropiés, orphelins, prostituées, vieillards, lie impure, douloureuse, raccolée aux abords des villes. Ceux-là n'ont rien, pas même de vêtements quelquefois. On ne peut guère compter sur le travail pour les relever d'une telle abjection : leurs mains débiles, leurs âmes ramollies ne comportent plus aucun effort; tout ressort est usé en eux. On les parque, on leur distribue chaque jour un quart de pain de munition, juste pour ne pas mourir, et quand il y en a trop, on les renvoie entre deux files de soldats dans leur patrie ingrate. On les appelle des mesquinos. J'en ai vu à Alger des bandes horribles. Il y avait des haillons dignes de Callot, des têtes émaciées de fakirs, des cas monstrueux d'éléphantiasis, des plaies bizarres. Une seule femme trainait ou portait jusqu'à cinq enfants. Je me rappelle un adolescent très-blanc, grêle, à l'air doux : il portait son père comme on porte un sac ; les bras et la tête du vieux lui pendaient sur la poitrine, les jambes dans les reins ; le pauvre être écrasé sous ces ossements, se soutenait à peine. Le plus effrayant était le silence de ces déshérités. Les figures exprimaient l'abattement, la prostration, l'indifférence, non la douleur ; les tout petits seuls geignaient lamentablement sur le sein tari des femmes. La population d'Alger, qui hait cette engeance, paraissait oppressée devant ce spectacle, comme par un remords. Les zouaves d'escorte, hommes aux façons dures, semblaient avoir mis leur rudesse de côté ; ils s'arrêtaient volontiers, soutenaient les traînards ; l'un d'eux portait un enfant et, grave, laissait le marmot familier lui caresser la barbe. C'était une grande pitié.

Un convoi.

Près de Douéra nous rencontrons une de ces bandes. J'entends un gaillard à la mine éveillée, qui parle français. Je lui fais la remontrance habituelle :

— Que ne travailles-tu ?

Il me répond que c'est en cherchant de l'ouvrage qu'il s'est fait ramasser par la police. C'est leur refrain, dit-on. Pourtant, c'est possible.

A la queue du convoi sont les femmes, les filles, et sur les mulets des cacolets chargés de petits enfants, pauvres créatures innocentes des vices paternels. L'enfant arabe est toujours joli ; ceux-ci paraissent beaux dans leur infortune prématurée. Cette injustice du sort est poignante. Nous savons ce qu'il meurt de ces générations en herbe. Sur un convoi de soixante enfants, neuf sont

morts à la première étape, ayant été surpris par un
orage sur la grande route. J'en ai vu mourir un sur un
omnibus; on l'avait ramassé par pitié dans le fossé.
Partout dans la montagne on trouve de ces petits cadavres près des sentiers. Quand on fait l'autopsie, on ne
découvre rien dans l'estomac. On ne sait qui ils sont.
Leurs parents sont morts, la tribu les a chassés; ils ne
sont pas mûrs pour la vie sauvage, et succombent. Je
considère tristement cet équipage mené par des hommes
du train. Y a-t-il réellement des destinées maudites,
une réprobation divine et des races condamnées sans
merci? Est-ce là le fruit du fatalisme ou de l'implacable
loi des sélections? La réponse est peut-être dans l'œil
de ce petit Maure, fixe, grand ouvert, démesurément
agrandi par la maigreur du visage.

Une petite fille se détache du groupe et vient prendre
le pas de mon cheval. Elle s'est composé un air dolent,
et me tend sa main ouverte.

— Sidi, toi bono, me dit-elle tout en courant, moi
makach maudgearia, moi mesquino...

— Et ton père?
— Morto!
— Ta mère?
— Morto!

Et redoublant de larmes, elle ajoute :

— Moi kif kif morto! (C'est comme si j'étais morte
aussi.)

Les villages.

Il existe un jouet bien connu qui consiste en menus
objets de bois figurant des arbres, des maisons toutes
pareilles, une église et divers bonshommes, le tout

d'une naïveté très-comique. Le bambin, heureux possesseur de la boîte, en retire avec amour chaque pièce qu'il dispose symétriquement. L'église est au milieu entourée d'arbres; les maisons bien alignées forment de petites rues où se tiennent gravement des personnages dépourvus de jambes. C'est l'image exacte d'un village algérien.

Imaginez une cinquantaine de maisons exiguës, carrées, avec un étage surmonté d'un toit rouge, toutes semblables, toutes contemporaines, toutes flanquées du même jardin, du même platane et d'une enseigne de cabaretier. Point de ces annexes, de ces petites constructions édifiées peu à peu, comme dans nos communes, à mesure que la famille, le cheptel, la prospérité se sont accrus. Aucune extension domestique n'a encore produit ce besoin. L'étroit espace assigné dès le début au colon lui suffit et au delà. En maint endroit les herbes sauvages envahissent le champ, et semblent revendiquer leurs anciens droits. On a le spectacle désolant de quelque chose de neuf qui menace ruine; déjà quelques demeures écroulées n'ont pas été rebâties : elles servent d'asile à des familles parasites d'Arabes installées là comme des rats dans les décombres. Ce neuf garde un air de propreté qui en augmente la tristesse. Rien ne vit. Les arbres n'ont pas grandi. Le soleil refoule la population dans les intérieurs. C'est une nécropole sans grandeur, sans poésie, une ville morte avant d'avoir vécu. Je parlais de tristesse, c'est plutôt l'ennui qu'exhale ce séjour morose et ridicule. L'église, d'un affreux style espagnol, est de pure formalité : on sent qu'il n'y a rien de ce côté. La foi ne naît pas dans de pareils édifices, bien plutôt elle y mourrait. Le curé

l'air d'un zouave. Il y a un culte régulier, et c'est
out. Je me demande ce qui peut ici attacher des
hommes, quelles racines une société peut avoir enfon-
ées dans ce sol. Je pense que chaque habitant rêve l'exil
omme une délivrance. Triste sort que celui du colon ;
ns parler de ses luttes contre mille obstacles, comme
terre rebelle, les intempéries, les catastrophes ; il faut
u'il se passe de traditions, de souvenirs, de ces nom-
reuses parentés, de tous ces liens qui font la vraie
atrie. Une nationalité ne se fonde pas en un jour. La
atrie algérienne n'existe pas. Le colon n'est qu'un soldat ;
en a les traits, l'énergie, les vices.

Ces réflexions peuvent s'appliquer à Douéra ; mais
du moins le pays est excellent : il y a, comme on dit, de
ressource. Plus avant, dans l'intérieur, on a fait bâtir
e ces villages par le génie militaire ; on y a mis tout
qu'on a pu, même des habitants ; mais la vie s'en
tire tous les jours. J'en ai vu un dans la montagne, il
appelle Bir-bab-allou. Il n'y reste pas quatre familles.
tremblement de terre a renversé les maisons, les
uterelles ont mangé les plantes, la sécheresse a tari
s sources, le choléra a frappé la moitié de la population ;
reste s'est enfui. Sauf quelques Juifs, un café maure
deux fermes, il n'y a plus rien. J'oubliais un grand
netière entouré d'arbres morts.

Le parasite.

Ces désastres, ce dépeuplement sont les bonnes fortes de l'Arabe. Il excelle à tirer parti de nos reliefs,
ivre de nos miettes. La ferme abandonnée devient
proie. Loin de lui la pensée de la restaurer, de l'en-
tenir seulement. Comme on le laisserait faire volon-

tiers! Au contraire, il la laisse crouler avec amour; il brûle les portes, les fenêtres, s'y arrête un temps et repart, ne laissant pour toutes traces que des immondices. Vous est-il arrivé, croyant surprendre une jolie couvée dans un nid coquet, d'y trouver un tas d'insectes noirs et grouillants? Tel est l'Arabe vagabond dans la maison délaissée. Autant il a de style, de couleur dans son douar enfumé, autant le cadre d'une demeure blanche et correcte le rend hideux et repoussant. C'est le cas de dire: Chacun chez soi.

Boufarik.

Les villages ont leurs destins. En voici un, Boufarik, qui par hasard a réussi, et auquel semblait promis un sort tout autre. C'était encore, il y a quinze ans, le point de la plaine le plus marécageux et le plus pestilentiel. Une végétation perfide cachait le sol vaseux d'où s'exhalait la fièvre en émanations subtiles. Des miasmes terribles, prompts, implacables, couchèrent sans merci les hôtes aventureux qu'attiraient là l'abondance de l'eau et tant de sourires trompeurs. Le voyageur lui-même était frappé au passage. Jamais lieu plus charmant ne fut plus redoutable et n'opposa une résistance plus tenace, plus cruelle à la conquête de l'homme. Combien périrent dans cette lutte sourde contre un insaisissable ennemi? Cette statistique ferait frémir. Peut-être n'existe-t-il plus quatre personnes qui puissent raconter ces combats douloureux et sans éclat où la victoire pourtant est restée au colon. Ici, au moins, ce soldat de la paix peut maintenant se regarder à bon droit comme chez lui, à des titres autrement respectables que la force des armes. Il a creusé, drainé, comblé, canalisé, créé tout un système de circulation pour cette eau meurtrière devenue ainsi bienfaisante. C'était là le grand assaut : ces marais déjà dangereux, une fois troublés, remués dans leurs profondeurs, devenaient inabordables et répandaient non plus la fièvre, mais la mort foudroyante. On tint bon et la place fut enlevée. Alors se dressèrent de tous côtés des jardins, des cottages, de belles allées ; on vit pousser comme par enchantement les trembles, les platanes, versant l'ombre sur de frais canaux. Le village fut bâti suivant un plan élégant et nullement mesquin ; toutes les cultures réussirent. La confiance gagna les populations voisines qui vinrent peu à peu grossir le noyau décimé des premiers occupants. Il y eut de sages administrateurs qui surent faire la part du sentiment dans des questions municipales, c'est-à-dire qu'ils ne ménagèrent ni l'espace, ni la dépense pour embellir les promenades, égayer les rues, charmer la vue, moyens excellents d'exciter et d'entretenir l'amour-propre local et l'affection au pays. Aujourd'hui le marché de Boufarik est le plus important de tout le Tell, et sa fête patronale où ma bonne étoile m'a conduit l'année dernière, l'emporte sur les plus belles des environs de Paris. On peut prédire à cet ancien cloaque l'avenir d'une grande ville. Pourquoi faut-il que ce soit là une exception ?

Parfums de Blida.

On aime Blida. Ce nom est doux à prononcer. C'est le « pays où les citronniers fleurissent ». Blida fait songer à Capoue ; les Maures l'appelaient la courtisane, par opposition à Alger la guerrière, à Coléa la sainte. Ils y avaient bâti de jolies demeures, sans luxe extérieur, mais fraîches, commodes, souriantes, et nous-mêmes

aujourd'hui les préférons aux nôtres. C'est la ville des
fleurs ; on y respire un air embaumé ; le parfum des
orangers s'étend des jardins jusque dans les rues, dans
les maisons. L'atmosphère un peu tiède y cause plus de
langueur que de malaise. Les abords sont remplis d'ombrages, de sentiers discrets, de jolis canaux. Les jardins
sont séparés par des plants de roseaux, de figuiers,
d'agaves aux feuilles métalliques semblables à de larges
glaives. Les oliviers forment sur les coteaux ravinés, le
long des pentes onduleuses, des bouquets ravissants, de
délicieux réduits, d'impénétrables fourrés hantés des
sangliers seuls. On a ainsi des échantillons de la nature
vierge à côté d'une campagne cultivée et riante. Des
maisons coquettes s'échelonnent sur la hauteur et semblent regarder par-dessus les massifs qui les enfouissent
à demi. Le vieil Atlas domine l'heureuse cité couchée
amoureusement à ses pieds ; pour lui plaire il adoucit
un peu sa rudesse, et se pare des plus vertes couleurs.
De ses flancs sort l'Oued-Kebir, un ruisseau qui ne
tarit jamais : il arrose l'oasis, et, s'il lui reste un peu
d'eau, il se remet à couler dans son beau lit de lauriers-
roses.

Vue panoramique.

J'ai gravi un des mamelons qui dominent la ville, pour
embrasser d'un coup d'œil l'ensemble de la Mitidja. En
effet, de ce point pas un détail, pas une ferme, pas un
arbre sur cet immense périmètre n'échappe au regard.
Au loin, sur ma gauche, s'élève la cime du Zachar, au-
dessus des derniers contre-forts du Petit Atlas. Sur un
plan plus rapproché se profilent les dentelures de l'Oua-
renseris dont la pointe principale ressemble au croc d'un

gigantesque carnassier. Plus près encore apparaît le Chénouah, piton colossal émergeant de la plaine qu'il domine majestueusement ; un petit dôme, revêtu de la même teinte indécise et grisâtre, s'abrite au pied du géant, comme un rejet de montagne auprès du tronc paternel : c'est le tombeau de la Chrétienne. Là commencent les coteaux du Sahel, qui sont un simple exhaussement de la plaine où se fondent mollement leurs pentes délicieuses. De blanches fumées, des points scintillant au soleil comme des perles, une verdure alternée de tons clairs et de taches sombres annoncent la vie, la prospérité qui succèdent enfin aux horreurs de la guerre, aux tristesses de l'abandon. Sur ce fond charmant se détache Coléa comme une pièce de lin immaculée étendue sur la pelouse. Plus loin, dans la direction d'Alger, on voit la mer, sous la forme d'un joli triangle bleu, derrière la trouée du Mazafran. Sous mes pieds, Blida ensevelie dans les orangers.

Les pommes d'or.

Ces orangers, si justement renommés, méritent bien une mention. L'arbuste maigre et souffreteux, que nous élevons dans des pots, donne une idée fort incongrue de ce bel arbre au feuillage dense et vernissé qui porte des fruits d'or et ressemble à un arbre de Noël. Blida, au temps des Maures, était plutôt une forêt qu'un jardin d'orangers ; ces bois somptueux ont péri en grande partie dans les cruels assauts d'autrefois. Depuis on a beaucoup planté, greffé, de quoi cette culture s'est très-bien trouvée. Les orangers veulent beaucoup de soins ; ils sont délicats comme tout ce qui produit des choses délicates. Ces nouveaux habitants se sont évertués à biner, à tailler, flairant une grande production qui s'est réalisée. En récompense, leurs orangeries peuvent rivaliser avec celles d'Espagne et d'Italie.

Ce progrès est dû entièrement aux Européens. L'Arabe, même civilisé, s'est toujours épargné le souci des perfectionnements. A peine a-t-il l'air de soupçonner qu'il soit utile de sarcler, d'émonder, d'irriguer. Qu'est-ce qu'un arbre ? Un porte-fruits que Dieu nous donne. Louange à Dieu ! Est-il besoin de venir en aide au Tout-Puissant. On ne peut pas accuser l'indigène de contrarier la nature. Quand il a semé, planté tant bien que mal, il s'en remet pour le reste au destin ; il cueille les fruits quand ils sont mûrs, souvent même bien avant. Voilà l'incurie que nous condamnons tant, sans songer assez qu'elle correspond à des besoins restreints, qui sait ? peut-être aussi à un respect inné des parures végétales dont la terre spontanément s'enveloppe. Ne dirait-on pas que l'Arabe, en y touchant, a peur de gâter l'œuvre de Dieu. Nous sommes un peu loin de ces scrupules. Lui, s'il fait intervenir son industrie dans la création, il s'écarte le moins possible de l'auguste modèle, et laisse insensiblement s'effacer les traces de sa profanation. Aussi un jardin maure est-il comme un paradis, comparé à un jardin français ; les plantes s'y livrent des combats acharnés, s'étreignent, s'étouffent, usurpent les unes sur les autres, dépensent en feuillée le meilleur de leur sève, et donnent au propriétaire, pour profit le plus clair, un séjour propice aux méridiennes : pour lui, c'est l'essentiel.

Maisons moresques.

Je n'aime pas moins l'intérieur de Blida que ses environs ; c'est bien la ville de cette campagne ; nos bâtisses ne l'ont pas encore tout à fait gâtée. Ni cet éternel clocher mexicain, ni les lourdes casernes, ni les maisons neuves n'ont pu encore lui ôter son air aimable. La maison moresque a subsisté, elle survit aux démolitions, aux déguisements qu'on lui inflige ; je retrouve partout ses petites portes ogivales, ses terrasses, ses galeries intérieures, son *patio* espagnol ombragé de pampres, à l'abri du soleil et des regards indiscrets. Cette architecture dépeint un peuple chez qui la vie extérieure et la vie intime ne se mêlent jamais. Que de calme dans ces asiles, quelle délicieuse pointe de mystère, quelle invitation aux mollesses traditionnelles! Très-peu ou point d'ameublement : des coussins, des tapis, quelques vaisselles. Nous n'entendons pas ce confort. Nous mettons notre luxe dans une complication de meubles fort laids, dont on ne penserait guère à faire usage, si l'on n'avait été perverti à ces besoins par un long apprentissage. La civilisation, sous ce rapport, nous rend certainement esclaves et malheureux : elle encombre notre existence d'une multitude de petites actions inutiles au véritable bien-être, et bonnes seulement à entretenir notre activité toujours inquiète. Nous pensons nous reposer, mais c'est pour nous tout un travail. Il faut une chaise pour s'asseoir, un fauteuil pour lire, un canapé pour ceci, un lit pour cela, une table pour le repas, une pour la toilette, autant de motifs de se mouvoir, de s'agiter. L'Arabe, plus sage, remplace tout cela par des coussins, des tapis où toutes les attitudes sont rendues faciles au moyen des plus légers déplacements. Trois coussins empilés font un tabouret, ôtez-en un, c'est un pouf que vous abaissez ; ne gardez que celui de dessous, votre tête repose sur un oreiller. Vous voulez du luxe, de l'élégance, quoi de plus coûteux, de plus riche, que ces immenses pièces d'étoffe tissées de laine, de soie et d'or? L'Orient seul a l'entente exacte du bien-être et de la vie oisive; nous, nous ne savons que nous démener. Ces maisons si bien closes ne sont pas des rues selon nos idées. Les Européens en font peu de cas ; ils n'y voient qu'un vide, un froid, un ennui ; ils n'y mettent jamais les pieds, de même qu'à Alger, les vieilles ruelles de la Casbah ne sont visitées que par les étrangers. Tout en ce quartier est silence, réserve, discrétion ; rien ne perce de l'intérieur des demeures. S'il passe quelqu'un, c'est un personnage indolent, glissant plutôt qu'il ne marche, ou deux hommes graves se tenant par le bout des doigts sans se rien dire. Parfois une Moresque hermétiquement voilée se faufile le long des murs, furtivement, et disparaît derrière une petite porte qui s'entr'ouvre à peine et se referme aussitôt.

Maures et Koulouglis.

Il y a loin de là au brouhaha de nos trottoirs. Nous le retrouvons dans la ville franco-arabe. Ici moins d'originalité, mais de l'animation, des uniformes, des costumes, des cafés, des arcades, des édifices, des fiacres, la fusion de l'Orient et de l'Occident. La population chrétienne tient une petite place par le nombre, mais elle déteint sur tout ; on voit qu'elle remplit sa mission envahissante et absorbante. Pourtant on n'aperçoit que des militaires, des employés de l'État, des Espagnols fabricants de cigares et divers *mercanti*. Le bourgeois algérien, rentier, propriétaire, indépendant, est un type que personne ne peut me montrer; s'il existe, c'est en infime minorité. Nous avons là une colonie très-superficielle où domine encore le cantinier.

Les Yaouleds.

Les figures indigènes offrent plus d'intérêt, éveillent plus de sympathie; elles entrent merveilleusement dans le ton général du tableau. Je ne sais si c'est une illusion, je ne vois que des hommes à la contenance efféminée, languie, beaux d'ailleurs, bien faits, très-blancs. Voilà bien le sang maure si pur, si fin, mais si affaibli sous 'influence d'un milieu énervant, d'une servitude immémoriale. Nous sommes, en effet, en pleine race maure, ce exquise, suave, indignement déchue. Rien d'attenrissant comme cette injuste agonie d'une famille à qui est ue une part de la civilisation moderne, qui a été le berceau de la poésie, et a empêché, dans un âge de ténèbres, s lettres et les sciences de s'éteindre. Que reste-t-il de es Maures vaillants qui furent les compagnons du grand arberousse ? Où sont les descendants des cinquante oulouglis qui mirent le feu aux poudres de la Casbah, t se firent sauter avec plus de deux mille janissaires e l'Odjack? Où sont ces corsaires d'autrefois dont les gares bravaient les vaisseaux de Doria, de Charles-Quint de Louis XIV, et qui pendant des siècles furent la terur du monde chrétien? Flammes éteintes. Les âmes t molli sous les coups prolongés de l'oppression et de dversité; mais le moule a été moins altéré; la décance a épargné les formes. Il y a sur la grande place Blida des nuées d'enfants, d'adolescents parmi lesquels un peintre n'aurait qu'à choisir des têtes d'archange ou de Bacchus indien. Leurs petits crânes pelés, coiffés de la chechia, sont parfaits; les visages ont des lignes féminines d'une grâce, d'une délicatesse incomparable; l'œil est noir, un peu voilé. Le costume laisse à nu des bras et des jambes d'un modelé irréprochable, sauf quelque chose d'un peu mou. Quelle mère souhaiterait de plus délicieux enfants que ces drôles, la plupart décrotteurs? Des gaillards dont le ciseau de Phidias n'eût pas répudié le galbe ont ciré mes bottes, dans un costume qui me rappelait le dernier des Abencerages. Le destin a des jeux horribles. Ce qui manque à ces splendides polissons, c'est, au physique, plus de nerf, plus de saillie dans les muscles, au moral à peu près tout. L'intelligence leur fait moins défaut; ils parlent français; on peut leur donner les commissions les plus compliquées, ils comprennent tout. Ils ont du gavroche frondeur et gouailleur, et, pour l'effronterie, en revendraient à leurs émules parisiens. Ajoutez à cela des grâces félines, une adresse extrême à exploiter leur bonne mine. Ce qu'ils dépensent de ruses, d'obsessions, de chatteries pour obtenir la préférence d'un client ou lui faire accepter leurs services est incroyable. Ils ont des professions qui n'en sont pas, ou plutôt ils les ont toutes; ils sont parvenus à se rendre indispensables: ils tiennent les chevaux, portent les paquets, font le marché, les ménages, toutes choses où l'on a fini par s'habituer à leur concours. Mais ils sont incapables d'un travail suivi. Veut-on se procurer un page à bon marché, on n'a qu'à prendre un yaouled maigre et affamé; il vous étonne par sa gentillesse et ses aptitudes, et vous quitte une fois repu. Au fond il ne tient qu'à sa liberté de lazarone, à sa cigarette, à ses vices, à sa tribu des *Ouled-plaça* (les descendants de la place publique), comme on dit en sabir. Quand il est grand il se fait turco, pour avoir la prime, et devient bon soldat.

Cafés maures. — Un vieux barde.

Visité quelques cafés maures. Ils m'ont un peu représenté l'ancienne Blida qui n'exhalait que mélodies, plaisirs et parfums. La plupart sont de petits monuments bas, ornés d'un porche à arcades sous lequel se tiennent des consommateurs qui ne boivent rien, assis, couchés, tous déchaussés et se tenant habituellement un pied avec la main. On entend là, du matin au soir, des chants, des airs de musique monotones et doux, comme une plainte amoureuse du passé se mêlant au tumulte de la cité envahie. Hélas ! le temps n'est plus aux fêtes ; il n'y a plus de fête que pour l'étranger. Quand ce pauvre peuple chante encore, on dirait qu'il berce son agonie. Sa musique dolente s'adapte singulièrement à son infortune : elle est simple comme la douleur, triste comme un hymne funèbre. J'ai entendu un grand vieillard aveugle qui m'est allé au cœur. Il avait une tête de derviche, tranchante, ascétique, inspirée; pour coiffure un haut turban roulé en cône ; sa barbiche blanche repoussée sur la peau bise tombait en pointe sur ses pectoraux découverts. Il chantait, la tête haute, semblant regarder le ciel à travers ses paupières closes, et sa voix chevrotante vibrait plaintivement. Je n'ai jamais rien entendu de plus navrant que cette mélopée interminable, tantôt stridente comme un sanglot, tantôt traînante comme un gémissement. On dit que les Arabes ne veulent rien comprendre à nos airs d'opéra, et délaissent nos musiques militaires pour les virtuoses burlesques du *Dani-Dan*. Je le crois. Qui leur raconterait mieux que ce vieillard et les beaux jours et les malheurs de la patrie?

Rien de remarquable sur l'estrade des musiciens, auprès du bon aveugle. Un jeune Maure fort adroit jouait à ravir d'un instrument à cordes très-compliqué, la sesta, je crois. Deux Moresques en costume traditionnel, mais profondément insignifiantes, se levaient à tour de rôle, chantaient quelques couplets sans voix et sans âme, s'interrompant à tout instant pour boire du café dans de petits coquetiers. Je commence à m'apercevoir que la femme est dans ce pays un personnage complétement sacrifié, fade, bête, faux et mal peint.

Échos du passé.

Le public était plus intéressant. Cette musique langoureuse agissait visiblement sur les âmes somnolentes des spectateurs ; je les voyais s'assoupir, les yeux ouverts, dans le voluptueux sommeil de l'extase. Voilà au moins un dilettantisme sincère. La dose de spiritualisme que comporte le tempérament arabe est toute dans cette passion pour des mélodies si dépourvues d'art et pourtant si puissantes. Ce peuple n'aime pas les plaisirs qui fatiguent : la suprême jouissance pour lui est celle qui est ressentie avec le moins d'effort. L'Orient jouit par les yeux, les oreilles, l'odorat, mais passivement. L'harmonie lui arrive ainsi ; il l'eût cultivée, embellie, s'il avait voulu, mais il a compris qu'une science musicale exigeait un travail pour être entendue ou sentie ; il a dédaigné ce travail. Ainsi de l'art dramatique : il n'a jamais dépassé chez les Maures les priapées de Caragousse, le bouffon cynique qui, il y a quelques années, pourfendait encore si comiquement des ombres de fantassins français. L'autorité a pudiquement interdit ce spectacle original, au grand regret de la populace, des enfants et des dames, et au mien en particulier. En réalité le polichinelle arabe n'était indécent qu'à travers nos lunettes; il a fallu que nous venions là pour qu'on y entendit malice. Les représentations des Aïssaoua, divertissement jadis sacré, s'en vont aussi. Les danses et les chants ont seuls subsisté de tant de réjouissances évanouies, et seuls exercent encore quelque séduction sur cette race ennuyée et moribonde que notre contact glace et tue.

La rue des Juifs. — Acheteurs et marchands.

Ce qu'il y a de plus curieux à Blida, c'est la rue des Juifs et les ruelles adjacentes où se fait le commerce indigène. Il ne s'agit nullement là d'un ghetto, d'un de ces quartiers impurs où l'on passe en retenant sa respiration. C'est un double alignement de boutiques de mêmes dimensions, exiguës, sans profondeur, très-basses, bourrées de produits empilés, pendus, entassés dans des coussins, mais proprement exposés, une sorte de escalin. Au milieu de chaque boutique se tient le marchand devant un petit comptoir; il peut atteindre toutes ces denrées avec la main. Rien du marchand français; nul empressement, nulle obséquiosité; il attend, impassible. Vous voyez un homme à l'air doux et paterne, assis à la turque, fumant ou lisant, la physionomie différente. Il ne répond pas à votre demande, étend un bras et vous présente l'objet que vous désirez. Si vous voulez engager un débat sur le prix, il l'accepte, mais sans verbiage inutile; dès qu'il est arrivé à la dernière limite des concessions, il devient de marbre, et n'ouvre plus la bouche. Il vous laisse partir sans dépit, sans même lever les yeux. Ce sang-froid lui est indispensable avec le chaland indigène très-âpre à délier les cordons de sa bourse, et ne cédant jamais sur un prix qu'à la dernière extrémité, après avoir visité vingt boutiques rivales. Un paysan du Tell n'achète pas une poignée de dattes sans avoir sondé tous les paniers du marché. Il est presque de la force de quelques-uns de nos campagnards sur ce point.

A Mustapha, j'avais sous mes fenêtres un épicier maltais qui vendait entre autres denrées locales, des figues embrochées par douzaines au moyen d'un petit bâton. C'est le mets favori du Mesquino, qui fait hardiment vingt lieues sans autres provisions de bouche qu'une de ces brochettes à un sou pièce. Ce qu'en débitait le Maltais en un jour est incroyable, mais il ne volait pas son bénéfice. Il ne passait pas un Arabe qui ne s'arrêtât devant l'étalage, ne choisit un bâton dans le panier, n'en comptât les figues comme les grains d'un chapelet. Vérification faite, il en comptait encore plusieurs, dans le fol espoir que le marchand se serait trompé d'une à son désavantage. Les figues, ainsi frottées, reluisaient au soleil. Quand c'était un acheteur au bout de sa tournée, ayant déjà visité tous les *mercanti* d'alentour, il tirait douloureusement un *soldi* de ses grègues, ayant soin de ne le lâcher qu'après avoir serré le précieux petit matraque. Les autres allaient chez le voisin. Eh bien, le Maltais ne s'est jamais fâché.

Ce qui distingue le marchand arabe, c'est qu'il ne tient pas à vendre, du moins en apparence. On dirait qu'il préfère qu'on le laisse en repos. Si votre visite lui est agréable, il cause volontiers de la pluie et du beau temps, vous offre du tabac, du café; quant à la vente, il n'en prend aucun souci. L'échoppe, devant laquelle sont installés des petits bancs ou bien des nattes, devient un cercle familier où s'engagent des parties d'échecs, de longs colloques. L'arrivée d'un client sérieux devient un contre-temps : c'est un importun qu'on n'est pas fâché de repasser au concurrent d'à côté. Comme les marchands sont tous ainsi, cela ne les empêche pas de s'enrichir. Rarement les Arabes vont dans les magasins français, où on les bouscule, les bafoue, où on les trompe toujours.

Aquarelles.

L'après-midi, la rue est fréquentée par des Moresques, qui vont se faire auner des cotonnades, et surtout deviser, comme en usent les commères des cinq parties du monde. L'aristocratie se rassemble chez le barbier, à l'exemple des chevaliers romains ; là on prend le café, on joue, on cause, on dort, le tout à découvert, *coram populo*. Ce négoce, ces rassemblements donnent peu de bruit, de désordre, mais du mouvement, de la couleur et le plus gai coup d'œil. Des femmes s'entretiennent avec leurs galants, en dépit des sévérités du harem, qui sont ici lettre morte. Aux fontaines, des groupes d'enfants et de vieilles appuyés sur de longues amphores de cuivre attendant leur tour sans trace d'impatience. On voit de très-bonnes caricatures, des négros réjouissants, des têtes fantasques, frais tondues, que surmonte la petite houppe roulée en vrille par où l'ange doit emporter les croyants au bienheureux séjour des houris. Des muchachos de bonne famille, à califourchon sur la croupe de leurs ânes, sans bride ni licou, passent au grand trot, sans déranger quiconque, s'arrêtant ici et là, entrant partout. La voie étroite est dans l'ombre. Une forte odeur de musc, de benjoin couvre toutes les odeurs.

Presque tout le commerce est aux Juifs indigènes. Je ne vois pas qu'ils diffèrent des nôtres, autrement que par l'idiome et le costume, et en ce sens qu'ils s'appellent Yousef au lieu de s'appeler Meyer. On sait que cette race, qui est l'incarnation de la fidélité au passé, conserve des caractères identiques sous toutes les latitudes. La différence entre un tailleur de Strasbourg et un marchand de Circassiennes à Constantinople n'est qu'une question de turban.

Les Yaoudis. — Beaux jours d'Israël.

Si la conquête de l'Algérie nous a peu profité, non plus qu'aux Arabes, les Juifs, du moins, n'ont pas à s'en plaindre. Leur sort, avant notre occupation, était ici ce qu'il fut en Europe au moyen âge : on les tolérait, bien moins par humanité que par calcul, et simplement pour les pressurer. Le droit commun n'existait pas pour eux; si on les laissait s'enrichir, c'était pour mieux les gruger. Le fanatisme musulman n'y allait pas de main morte, et si l'on songe à la rapacité proverbiale des Barbaresques, on peut se figurer en quelle condition précaire devaient vivre les malheureux fils d'Israël sur la terre classique de l'intolérance. Dans les premiers temps de notre présence, il n'y avait encore pas de fête complète pour les fidèles, sans quelques bonnes bastonnades administrées aux infortunés *Yaoudis*. Humbles, rampants, pusillanimes, ils courbaient l'échine, poursuivaient leur petit commerce avec la ténacité de la fourmi, et attendaient des temps meilleurs. Ces temps sont venus. Ils peuvent nous regarder comme des envoyés du ciel. A la faveur de nos principes libéraux, ils n'ont pas tardé longtemps à se montrer au grand jour. On pense s'ils se sont rangés de notre côté. Seulement, après avoir profité de notre appui, ils ont très-habilement exploité nos désastres économiques. Tandis que concessionnaires, colons, entrepreneurs se ruinaient à qui mieux mieux, faute de capitaux ou de savoir-faire, le juif thésauriseur arrondissait son pécule, prenant ses aises, se faisait prêteur, banquier, usurier, tirant parti de sa connaissance parfaite du pays rehaussée d'une prompte intelligence de nos procédés financiers. Il tondit jusqu'au vif l'Arabe, son ancien spoliateur, s'empara de toutes les industries urbaines où son génie spécial lui assurait le triomphe, tirant parti de la faiblesse, de l'inexpérience des uns, des incertitudes des autres, des fautes de tous. Aujourd'hui il tient, non pas le haut du pavé, qui est dévolu aux épaulettes, mais ce rang considérable que nos mœurs font immoralement à la fortune. Ils donnent à leurs enfants une éducation française, et adoptent nos usages, sans abjurer tout à fait une nationalité qui fait leur force. La plupart conservent le costume turc; les jeunes seuls substituent une casquette française au fez et au turban. Leurs femmes, qui, par parenthèse, ont laissé perdre ce type splendide encore commun chez leurs coreligionnaires du Nord, s'habillent à peu près comme les nôtres; elles n'ont gardé d'original qu'un affreux béguin qui eur cache le front et le bas du visage. Les hommes nt restés beaux. Je leur trouve ici un air français,

2.

tandis qu'en France, avec les mêmes figures, on leur découvre toujours quelque chose d'oriental, de biblique. Affaire de cadre. Ils sont très-majestueux dans la vieillesse; ils ont de nobles têtes, des têtes de pipe.

Ils ont bien oublié l'injuste mépris, les persécutions qui ont pesé sur eux si longtemps. Ils fréquentent les plus élégants cafés d'Alger, et, sur la place du Gouvernement, eux, les *lapidés*, écrasent de leur magnificence le pauvre Arabe en haillons, à son tour déchu, molesté, avili. A une première représentation cet hiver au théâtre d'Alger, un des personnages de la pièce appelait un Juif « fils de la race maudite qui a fait mourir notre Dieu », phrase d'ailleurs parfaitement bête, et qui ne s'expliquait même pas par le besoin du drame. On put voir alors que la tribu était devenue légion. Une tempête de cris, de protestations et de sifflets s'éleva de tous les points de la salle. Comme à Alger on n'aime pas ces trafiquants plus qu'il ne faut, il y eut immédiatement un parti opposé qui cria : « A bas les Juifs! » Le spectacle fut longtemps interrompu, et la victoire serait demeurée incertaine sans un speach conciliant du régisseur. Le mot fut retranché le lendemain. L'affaire ne se serait pas passée autrement à Paris ou à Londres.

Les fléaux.

Blida, la ville des parfums, est aussi la ville des fléaux. La médaille a un sombre revers. Il faut se méfier des prodigalités de la nature : elle oublie d'autant moins son impôt sur la souffrance humaine qu'elle dispense plus généreusement ses trésors. Elle met le venin dans la fleur, le fiel au fond de la coupe, et, de préférence, sème la mort sur les lieux où son caprice a rendu la vie plus belle. L'Algérie est là pour l'attester. Elle a essuyé en quelques années plus de calamités que l'Europe en plusieurs siècles. Une pauvre ville n'a que des sourires, la fièvre s'y installe, une année tout y brûle, une autre tout est dévoré, rasé par les sauterelles; on ensemence, on répare le mal, alors la terre s'ébranle, les maisons s'écroulent; on ne les a pas plutôt redressées que le choléra apparaît; puis vient la famine des indigènes d'où le typhus sortira.

Il faut avoir visité le Tell vers la fin de l'été de 1867, pour imaginer jusqu'où peut aller la misère humaine. Le choléra étendait ses ravages autour de Blida. Des villages français dont le tremblement de terre avait fait des monceaux de ruines étaient décimés. Les troupes campaient dans la montagne. A Larba, on me montra toutes les maisons, et dans chacune, la veille, il était mort quelqu'un. Mais tout cela n'était rien auprès de la mortalité des Arabes. On ne comptait pas. La famine commençait à s'en mêler. Les vagabonds parcouraient la plaine, vivant de figues de Barbarie, et mouraient le long des chemins. La plupart des corps restaient sans sépulture, et l'air s'en ressentait. Des êtres venaient mourir aux portes de la ville; on pouvait aller voir cela. Ils se roulaient sur eux-mêmes, la tête cachée sous les bras, et s'éteignaient sans un gémissement. On ne verra jamais éclater mieux le fatalisme de cette race, sa résignation bestiale et touchante. Point de deuil domestique, pas une ombre de précaution d'hygiène, pas un essai de remède, pas même l'idée de la fuite, mais la soumission aveugle aux desseins de Dieu. On aurait dit que l'instinct de conservation avait abandonné ces créatures, et qu'elles préféraient en finir vite. Des douars étaient réduits de moitié avant qu'on songeât à les changer de place. On m'en cita un dont tous les habitants succombèrent. On vit les troupeaux errer à l'abandon; on chercha les tentes : elles étaient pleines de cadavres. Il ne restait en vie qu'une petite fille qu'on trouva accroupie, hébétée; elle voulait rester; il fallut l'arracher de là, et l'emporter. Eh bien! ces horreurs n'étaient qu'un prélude. La famine qui les suivit devait laisser bien en arrière les désastres de l'épidémie. On vit tout l'hiver des hommes brouter l'herbe des bois, dévorer les racines des palmiers nains, et se ruer comme des bandes d'oiseaux rapaces sur les immondices des villes. Plus de vingt mille individus moururent de faim en quelques mois, sous les yeux de la colonie qui prenait l'absinthe, et se frottait les mains, en accusant l'administration dont l'embarras n'échappait à personne. Cependant il y eut des mères qui mangèrent leurs enfants. La chose fit du bruit. La charité s'émut, surtout à Paris. On commença à donner quelques secours ; cela durait depuis six mois.

Opinions de la colonie. — La politique de la haine.

Que fait, que dit la colonie, quelle est son attitude devant la famine? J'écoute, j'interroge, je recueille des conversations sur ce triste sujet. Je suis bientôt édifié.

A parler net, les colons, embusqués dans tous les bons coins du territoire, ne voient dans ces calamités qu'un précieux concours apporté par le destin à l'œuvre d'extermination qu'ils ont rêvée. Ils pensent en peuple conquérant; c'est dans l'ordre. Laissez-les faire, ils agiront dans le même sens. Ils n'ont qu'une opinion, elle est catégorique : c'est que les Arabes sont de trop sur ce sol, et qu'il n'y a pas de progrès possible sans leur suppression. L'Arabe est la pierre d'achoppement. L'Arabe n'est pas un homme, pas même un vaincu; c'est une des difficultés du pays, un parasite comme le palmier nain ou l'asphodèle, il faut l'extirper comme une mauvaise herbe, si l'on veut semer. Prétendre se l'assimiler est une folie; le soulager dans sa misère, c'est retarder son anéantissement, encourager son ingratitude. Il a tous les vices, il n'a aucune vertu. Il nous hait, et ne pouvant plus nous combattre par les armes, il nous oppose son invincible apathie. Il ne veut de nous qu'une chose, c'est que nous nous en allions. Pour nous chasser, il a brûlé toute sa poudre, il brûla nos moissons et les siennes propres. C'est une guerre sans merci où il ne cédera jamais. Est-ce à nous de céder? Est-ce au peuple le plus civilisé du monde à reculer devant la barbarie? Et si une race doit disparaître avec la barbarie, à quoi bon les ménagements? Voilà ce que j'entends dans les cercles, dans les cafés de l'Algérie; peu s'en faut que les journaux ne l'impriment en propres termes. Les modérés disent qu'il n'est besoin de rien brusquer, qu'il faut laisser l'extinction des indigènes suivre son cours; leur destinée est de périr pour nous faire place, à quoi bon aller à l'encontre? Laissez faire le choléra, ne contrariez pas trop la famine, garez-vous des éclaboussures, et laissez passer la justice de Dieu. Surtout point de sentiment. Le sentiment a inspiré la lettre de l'empereur, beau résultat! Gardez-vous comme de la peste d'une ombre de sympathie pour ce peuple qui ne vous en serait pas reconnaissant. Voici le mot de ralliement : Haine aux Arabes.

Un gros mot! C'est pourtant le mot vrai, le mot de

toute domination. On m'avait parlé de la haine des Arabes pour les Français ; je ne suis frappé que de la haine du Français pour l'Arabe. C'est logique : le vainqueur hait le vaincu, le fort hait le faible, la Russie hait la Pologne, c'est une loi de nature. Les colons d'Afrique ne font qu'y obéir. Un de leurs propos favoris est celui-ci : « Ah! si l'Algérie appartenait à l'Angleterre! » Pourquoi ce regret? Parbleu! parce qu'on connait le système colonisateur des Anglais, qui sous-entend la chasse à l'homme, comme au Cap, en Australie, dans les Indes. J'ai entendu réclamer sérieusement le droit de tuer pour quelques maraudes, et le gouvernement est trainé dans la boue si par hasard on inflige un an de prison au colon qui fusille un voleur de pommes. Ce n'est pas l'Angleterre qui aurait des sévérités pareilles. L'administration ne se fera jamais pardonner la protection qu'elle accorde aux Arabes. Ils sont nos ennemis, les soutenir, c'est faire acte d'hostilité contre la colonie, leur laisser leurs biens est impolitique, en faire des Français est immoral. Il n'y a pas un Arabe qui vaille la corde pour le pendre, pas un qui mérite le nom d'homme. Si un crime est commis, on s'écrie triomphalement : « Voyez, voilà comme ils sont tous! » Au mois de mai dernier, à Alger, un enfant français est assassiné par un indigène; il y a émeute; on craint presque un massacre d'Arabes. La foule exaspérée va donner un charivari au maréchal, protecteur officiel de la race odieuse et sanguinaire.

Essayez de soutenir que tous les peuples chez lesquels se commettent des meurtres ne sont pas pour cela des peuples d'assassins, on vous répondra en haussant les épaules : « Vous ne les connaissez pas! » Quand on dit de quelqu'un : c'est un arabophile, on a tout dit; autant vaudrait passer pour un voleur. Ayez un mot d'équité, de commisération pour ces parias, on vous objectera que vous défendez une mauvaise cause, que l'on connait les Arabes mieux que vous, qu'on a eu vos illusions; comme on en est revenu! Vous en reviendrez aussi. Et les exemples à l'appui vont leur train : un Kabyle s'est présenté à l'autorité pour avoir la permission de tuer son père qui le gênait; un enfant élevé par pitié a étranglé le fils de son père adoptif, des homicides ont été commis pour deux sous; il y a des mendiants, des vagabonds qui respectent peu la propriété. Et vous prenez pitié pour cette espèce! Je réponds timidement qu'il y a en France des sessions de cour d'assises assez bien remplies. On me dit que tous les Arabes méritent le bagne en principe, et s'ils n'y sont pas tous, c'est que tous ne se font pas prendre. Voilà les opinions, les renseignements que je récolte. De très-honnêtes gens tiennent ce langage. On sent qu'ils subissent l'empire d'une passion inconsciente, très-âpre, très-exaltée.

Je ne prétends pas donner un avis dans la question. Il est facile de poser les éléments du débat, mais conclure est impossible pour le moment; c'est l'avenir qui conclura. Un peuple nous est donné avec certaines doses de vertus et de vices, une part quelconque de bon et de mauvais, il faut savoir ce que nous avons fait pour nous l'attacher. Des lois? Mais quand les lois fondaient la tolérance, l'amitié, la mansuétude, les mœurs ne pensaient qu'à la haine. Les Arabes ne voulaient pas de nous; et nous, est-ce que nous avons voulu d'eux, est-ce que nous leur avons ouvert notre cœur? Est-il une plus dure oppression que celle du mépris? Les lois les plus douces deviennent féroces quand c'est la haine qui les interprète. Vous voulez gouverner l'Algérie, prenez des hommes du dehors exempts du préjugé anti-arabe : ceux qui n'ont vu le pays qu'à travers leurs passions et leurs intérêts sont ceux qui ne le connaissent pas. Il n'y a pas là de paradoxe. Si l'État subit un seul instant la pression des colons, le sang coulera. Certainement l'abolition du régime militaire n'est réclamée aussi ardemment qu'avec l'arrière-pensée d'étouffer l'Arabe dans des institutions incompatibles avec son caractère. Notre régime civil est inapplicable aux tribus; on ne le leur imposerait que par les armes, et nous leur verrions défendre leurs dernières parcelles d'autonomie.

Il n'y a rien à entreprendre de radical en vue de régénérer ce peuple. La tâche nous semble ardue parce qu'elle exige des lenteurs, une patience que notre impétuosité comporte peu. Nous voudrions déjà être à la fin; et l'émancipation n'étant pas encore parachevée, nous la déclarons chimérique. En France, on s'étonne que les Arabes qui ont le bonheur de vivre sous notre tutelle depuis trente-huit ans, ne portent pas encore le veston court et le lorgnon, et n'aient pas appris à persifler leur prophète comme nous en usons si agréablement à l'égard du nôtre. Pour nous, qui avons vu quatre gouvernements bien tranchés dans la même période de temps, rien de plus absurde que l'immobilité. L'idée ne nous vient pas qu'autrefois nous ne marchions pas vite non plus, et qu'il y a dans le mouvement du progrès un accroissement de vitesse aussi peu sensible au départ qu'il est précipité vers la fin. Pour que la féodalité française tombât, il a fallu qu'elle mûrit longtemps. Laissons mûrir la féodalité arabe.

Ce qu'on a fait.

N'est-ce donc rien que ce qui est fait déjà ? L'influence belliqueuse de l'islamisme presque détruite, une race de mœurs antipathiques aux nôtres devenue docile sous un joug longtemps abhorré, l'antique brigandage extirpé, la sécurité établie dans un pays grand comme la France et moins peuplé que deux de nos départements, la concussion, le despotisme des caïds contenus ou domptés, les grandes satrapies disparues, la délimitation du territoire des tribus, la régularisation de la propriété poursuivies sur une grande échelle, une large brèche ouverte dans les vieilles institutions de mainmorte, de biens indivis et de communisme féodal ; en un mot l'ordre installé à la place de l'anarchie, une centralisation puissante, des règles fixes succédant à l'incohérence, au bon plaisir, aux exactions. On ne veut voir que les abus, les moyens douteux employés, les fautes commises, les retards, les maladresses, et tout ce qui reste encore à faire ; de même qu'on ne voit que la résistance des Arabes, sans tenir compte des ménagements qu'il a fallu garder d'une part, et des froissements qui devaient être ressentis de l'autre. Quelle voie eût mieux convenu que celle qu'on a suivie ? En présence de tout ce qu'il y avait à détruire on n'a rien attaqué brusquement ; agir ainsi eût été tout perdre ; et peu à peu les abus enracinés, les préjugés farouches, les vieux us barbares ont été comprimés, affaiblis, refoulés. Et, voyez le triomphe, il n'a fallu ni changement d'institutions, ni attaque ouverte contre le Livre sacré. L'Arabe a pu garder sa foi, son genre de vie, jusqu'à son régime politique ; il s'est francisé à son insu, dans des limites étroites, il est vrai, mais très-étendues, si l'on fait la part de ses répugnances et de ses incapacités.

L'Arabe.

Je voudrais faire un portrait exact de l'Arabe, mais j'y arriverais difficilement. De parti pris, avec un type arrêté d'avance, on peut trouver des traits saisissants pour le peindre; mais si je cherche simplement la vérité, je ne puis percer certains voiles. Les hommes de l'Orient sont impénétrables; on croirait qu'ils mettent une sorte d'amour-propre, de force, de pudeur à ne jamais se livrer complétement; c'est ce qui les fait taxer de duplicité. Ils n'ouvrent pas plus facilement leurs âmes que leurs demeures; leur conscience a des recoins aussi inaccessibles que le gynécée. Une autre circonstance nous rend particulièrement incapables de les bien juger : c'est notre inévitable penchant à nous prendre nous-mêmes pour terme de comparaison. On a pu voir Tacite humilier Rome dans sa peinture des Germains, et Voltaire faire pièce à la France en inventant une Chine de sa façon; mais l'orgueil de notre supériorité éclate dans nos descriptions des peuples lointains, et sous nos éloges encore se cache un superbe dédain. Les jugements qui dérivent de cette tendance sont outrés en mal, comme le sont en bien ceux qui découlent de Tacite. Je sens l'abus de ces procédés, mais si je les écarte, le sujet devient confus.

Le modèle de la civilisation arabe appartient aux temps antéhistoriques; il faut aller le chercher dans les âges primitifs de l'humanité, chez les tribus pastorales devenues guerrières et industrieuses. Un tel état est loin de nous; il implique une simplicité extrême dans le mécanisme social; cette simplicité, nous l'appelons barbarie. Elle ne dénote cependant ni infériorité morale, ni impuissance à s'élever; c'est l'homme à l'une de ses phases normales. On peut envisager l'Arabe de deux manières : comme un descendant fort dégradé des propagateurs de l'Islam, ou comme un religieux conservateur de l'âge antique. Mais la grande civilisation dont il a ébloui le monde au moyen âge n'a été qu'un accident étonnant, un éclair extraordinaire, un des faits d'histoire à coup sûr les plus étranges, car il s'est produit en dehors de la marche ordinaire des sociétés, sans gradation dans son développement ni dans sa décadence. Quand ce météore s'est éteint, tout est rentré dans l'ordre antérieur. L'Arabe, passagèrement illustré, a semblé déchu quand il n'a fait que reprendre son rôle et sa position intermédiaire entre l'extrême barbarie et la civilisation indéfinie. C'est un peuple qui retarde sur nous. Un mot le peint, c'est un enfant.

Or, on ne passe pas d'un bond de l'enfance à la maturité. Nous héritons d'un édifice élevé pierre à pierre par nos ancêtres; notre puissance intellectuelle, notre génie est un élixir lentement élaboré dans le passé. Cette lenteur qui s'est produite dans la conception des sociétés modernes leur a inoculé les aptitudes au progrès, fruits du temps comme le progrès lui-même. Rien de brusque ne peut se produire dans l'émancipation morale d'une race. Les nations, comme les individus, obéissent à une loi de croissance et de développement qui peut être interrompue, non précipitée; elles passent par des phases sociales graduées comme les écoliers passent par diverses classes; et ce sera toujours une prétention hâtive et mal venue que de les pousser outre mesure.

De tels efforts n'aboutissent qu'à de cruels avortements. Il faut semer partout le grain de la civilisation, mais avec prudence; la véritable moisson n'est que pour un avenir lointain. L'Arabe est enfant comme nous l'avons été; ce n'est pas en trente ans que nous pouvions faire de lui un homme.

L'enfant.

Et à ce sujet, qui n'a remarqué la précocité de l'enfant arabe? Dès l'âge le plus tendre nous le voyons mener une existence toute virile; à dix ans, il est homme, parle, agit comme un adulte, en sait autant qu'il en saura jamais; il a déjà les muscles serrés, l'œil hardi. Il monte à cheval, suit les caravanes, a sa part dans les travaux domestiques, dans le combat. Bien mieux, il semble que ce moment de sa vie corresponde à l'apogée de son développement intellectuel, à l'épanouissement de ses forces actives. Il aurait là une analogie avec les grandes espèces mammifères, les fauves chez qui la maturité fait dominer l'instinct sauvage et disparaître toute trace d'éducabilité. L'Arabe est certainement plus accessible, plus actif, plus ouvert, plus doux dans l'enfance que dans l'âge mûr. Enfant, il vend, achète, se livre à la chasse, connait les ruses du discours, et déploie partout une énergie qui ne fait par la suite que décliner. Dans les tribus du Sahara, il ne se donne pas une fantasia où ne figurent des fils de grande tente hauts comme la jambe, déjà intrépides cavaliers. Cela n'est pas ordinaire, et ne s'explique pas seulement par une puberté hâtive comme chez les petites filles. Simplifiez la vie chez nous, il en sera de même. Retranchez la culture de l'esprit de notre éducation, et vous aurez de tout aussi bonne heure des enfants qui auront atteint le niveau moyen de savoir et d'expérience.

L'enfant est homme dans un peuple enfant. Et tel est, en effet, le peuple arabe. Il n'y a pas un trait de son caractère qui ne le démontre : son amour du plaisir et du bruit, le goût de la poudre, sa témérité si promptement suivie de panique, son insouciance de la mort, ses manières caressantes, ses haines inexpliquées, ses amitiés inconstantes, son audace à mentir, ses grands déploiements d'activité dans les exercices de son goût, son aversion pour les travaux lents, comme l'agriculture, et profitables seulement dans l'avenir; et encore sa rare intelligence à saisir tout ce qui le frappe au moyen d'une image, son impuissance à s'emparer de l'idée abstraite; n'est-ce pas là un enfant? A vingt ans ses facultés s'immobilisent dans cet état de demi-développement qui, chez nous, est seulement préparatoire, et l'homme moral reste, sa vie durant, ce qu'il a été à ses premiers pas. Par le fait, cet arrêt est une déchéance; ce qui était force en son temps est faiblesse, débilité plus tard; ce qui ressemblait à une promesse n'était qu'un mensonge. Le feu de la jeunesse éteint, aucune flamme ne semble plus animer ce corps rassis ou fatigué, sinon la flamme des passions brutales demeurées sans contre-poids. Alors survient une sorte de quiétude, de léthargie, incurable torpeur où l'Arabe s'endort. Bonne pâte préparée pour le fatalisme, par le vide de la pensée. Dégagé de toute curiosité, de toute ambition, de toute sollicitude, il n'a devant lui aucun but, se replie sur lui-même, et renferme sa vie entre quelques manies, comme l'avarice, et une perpétuelle contemplation. Le Coran lui fournit un rituel de pratiques où se borne sa dévotion, la terre que ses femmes ont grattée lui donne à peu près le couscouss journalier; son troupeau dort dans la plaine, son argent dort dans le silo; l'enfant, la femme, le kramès sont au travail; que ferait-il sinon fumer, prier et dormir?

L'assimilation est-elle possible?

Que conclure? Que tirerons-nous de l'Arabe? Comment nous l'assimiler? Certes, il faudrait centupler la population française de l'Algérie : races, antipathies, incompatibilités se fondraient peut-être alors dans le flot des nouveaux colons; mais où prendre tout ce monde? Je m'arrête à ceci, c'est que la grande difficulté vient moins de l'Arabe que de nous. Les gouvernements n'y peuvent rien; ils ne peuvent pas décréter la fraternité, ni faire que l'intrus ait de la tendresse pour celui qu'il vient supplanter, et qui, à son gré, ne disparait pas assez vite.

Cependant nous avons assez détruit, n'est-il pas temps d'édifier? La résistance est étouffée. Il ne faudrait plus qu'un seul Arabe mourût par notre faute. Que l'on tire un voile sur les horreurs du passé, les guerres inutiles, les carnages, les razzias et les longues traînées de feu qui ont assis dans le sang notre conquête. Elle eût peut-être moins exigé. Maintenant qu'elle est assurée, il y a autre chose en jeu que nos intérêts, car, Dieu merci! nous ne sommes pas Anglais; il y a une injustice à réparer, d'affreux moyens à légitimer, une race malheureuse à relever d'un abaissement où nous avons achevé de la précipiter. Opprimer le peuple arabe serait aujourd'hui sans excuse, puisqu'il s'est livré à nous. Ne voir ici qu'une colonie serait d'un égoïsme indigne de nous.

Pour une poignée de Français qui se tirent fort bien d'affaire, il y a en Algérie un peuple ruiné par nos armes, appauvri par notre invasion, écrasé sous sa défaite, et qui doit tout attendre de nous, grâce à son infortune même. Relevons-le, ou bien, inscrivons sur nos drapeaux cette devise : « Malheur aux vaincus! »

3 mai 1868. — L'Atlas. — Le col de la Chiffa.

Une heure de marche au sud de Blida nous mène à l'entrée des gorges de la Chiffa.

L'année précédente, j'avais franchi l'Atlas par la route hardie qui conduit à Bou-Çaada par Aumale. Il me restait de ce voyage ascensionnel, de ces masses escaladées, de ces abîmes contemplés des hauteurs, une impression puissante. J'espérais la compléter en observant de bas en haut ce que j'avais admiré à mes pieds. Lorsque, des crêtes de Sacchamodi, mes regards plongeaient dans ces gouffres où plane incessamment l'ange du vertige, une indicible curiosité s'emparait de moi, me sollicitait à m'enfoncer dans ces profondeurs où couraient comme des fils d'argent les sources limpides. Je trouvais que l'homme n'est pas à sa place sur les sommets : la plus grande jouissance qu'il y trouve est d'admirer les vallons d'alentour. Les vallées de l'Atlas m'attiraient.

Le col est ravissant et splendide d'un bout à l'autre. Je n'y trouve qu'une chose à redire, c'est qu'on a vu cela un peu partout, dans les Vosges, les Alpes, les Apennins. La teinte africaine y fait défaut. Nous sommes loin des effondrements inouïs, des ravins horribles, des crêtes tranchantes et striées de la Grande-Kabylie; je cherche en vain ces ballons énormes, mouchetés d'arbustes noirs sur un fond rougeâtre et comme vêtus d'immenses peaux de panthères, ces lignes qui racontent des convulsions formidables, ces blocs aux attitudes menaçantes qui rappellent les géants de la Fable.

De beaux reliefs, mais faibles comparés à la région djurjurienne. J'admire l'ordonnance poétique des massifs, l'infinie variété des aspects, dans le même style riant, l'harmonieuse distribution des plans. Les anneaux montagneux ont des contours très-doux; ils se succèdent sans monotonie dans un désordre savant, tous couverts de la même parure verdoyante. Les silhouettes des grands pins et des yeuses profilées sur les cimes, altèrent à peine le pur dessin des courbes lointaines. Sur les versants abrupts croissent le thuya, le chêne vert, le tamarin, le myrte, l'arbousier, le figuier ami des sources, le lentisque aux épaisses frondaisons. Mais la montagne rapetisse tout, hommes et plantes; les plus grands arbres en sont écrasés et ressemblent à des touffes d'herbe. Dans les replis et les vallons latéraux se presse une flore plus verte et plus touffue, lianes, roseaux, pariétaires, lauriers fleuris, lierres entrelacés, arcanes profonds où bruit une eau invisible lentement égrenée en perles fines à l'extrémité des tiges flottantes qui descendent jusqu'à la route. Des ruisseaux impétueux, courant sous ces voûtes, roulent une écume blanche dans leur lit rocailleux; tel est le ruisseau des Singes qui sort tout à coup d'un taillis impénétrable et se précipite comme un torrent au fond de la vallée.

La guinguette des singes.

Le site est charmant, mais trop voisin de Blida. Une guinguette en détruit un peu la poésie sauvage. Une enseigne de cabaret en un tel lieu! C'est à se demander si l'on a sous les yeux de véritables arbres ou bien quelque décoration de carton. Cela ne veut pas dire que la main de l'homme doive inévitablement gâter la nature. Une tente, une maison moresque embelliraient ce ruisseau, tandis qu'une maisonnette carrée surmontée de tuiles et ornée d'un jet d'eau, entre deux arbres en manche à balai, produit l'effet hideux d'un Tivoli de village. On vient là manger des fritures. Les Français passent pour avoir du goût; ils découvrent en effet de très-jolis endroits, mais c'est pour y mettre des malpropretés de ce genre. Si c'est là le fruit d'un sens pratique, il faudrait conclure que notre civilisation, c'est le laid. Alors, le ciel nous en garde!

J'ai mis pied à terre pour remonter le cours du ruisseau, le long du ravin luxuriant où la gent quadrumane est parvenue à maintenir une petite république, à la barbe de tous les conquérants qui ont passé par là. Voir des singes s'ébattre en liberté est un rêve caressé par tous les touristes; rien ne sort mieux du commun des aventures de voyage. On raconte qu'on a été assailli par une bande de ces grimpeurs agiles et criblé d'une grêle de glands, d'olives ou de noix. L'anecdote ne peut manquer son effet comique. Je dois dire que je fus très-heureux, car, si je n'eus à subir aucun outrage, du moins je trouvai quelques-uns de ces messieurs à leur poste, se livrant à une gymnastique effrénée dans les branches flottantes des grands caroubiers. C'est l'espèce vulgaire, d'ailleurs si intelligente, qu'on trouve depuis Gibraltar sur tout le littoral de la Méditerranée. J'essayai de nouer avec eux d'honnêtes relations au moyen de signes, comptant sur la foi de tant d'histoires, obtenir quelques grimaces imitatives et drôlatiques ; mais la tribu méprisa mes avances. Sans plus daigner s'inquiéter de moi, elle s'enfonça dans la forêt, où je vis encore pendant un instant osciller quelques hautes branches.

Un peintre, de passage par ici, a orné le mur de l'auberge d'une très-jolie guirlande de singes, de chiens et de pourceaux exécutant un steeple et des cabrioles de l'effet le plus macaronique. Le trait est excellent et jeté de main de maître. Je dois encore noter, pour être complet, une plantation de quinquina qui a été faite en cet endroit. Cet essai n'a encore que trop sa raison d'être en ce fiévreux pays, et cette culture doit réussir, s'il est vrai que la nature prévoyante favorise volontiers le remède auprès du mal.

Cascatelles.

Nous enfonçons plus avant dans le défilé. Les montagnes s'exhaussent, les versants se rapprochent ; les aspects deviennent cyclopéens et restent enchanteurs. Les petits cours d'eau se multiplient de chaque côté : les uns jaillissent en cascades ou tombent en poudre impalpable du haut des rochers à pic ; les autres se fondent dans le gravier des éboulements ou se divisent en mille filets capillaires, fines nervures d'argent courant entre les mousses ; on en voit qui pleurent des larmes diamantées à la pointe des stalactites. Au fond, sur un lit pierreux, coule l'oued limpide, avec un bruit strident de cailloux roulés, tantôt bouillonnant, tantôt paisible. Après une course désordonnée, il s'arrête parfois sur un beau fond de sable où il étend sa nappe claire et miroitante. Ailleurs il remplit les creux de rochers, vasques profondes où ses eaux prennent une belle teinte transparente d'émeraude. De petits barbeaux frétillent dans ces viviers naturels.

La route suit comme elle peut les sinuosités de la rivière. Cette voie fait honneur au génie militaire qui l'a tracée. Les travaux du génie ne sont pas toujours parfaits; mais beaucoup ont été exécutés à mesure que la conquête gagnait du terrain et en quelque sorte sous les balles de l'ennemi : cela mérite quelque indulgence. Ce fut ici le cas; de plus, on avait à lutter contre la nature torrentueuse de l'oued, ses crues énormes, contre une espèce d'ardoise pulvérulente que nos soldats ont baptisée du nom de rochers pourris. Encore aujourd'hui ces masses friables sont une menace pour le voyageur. La tendance visible des montagnes à s'affaisser dans la vallée éveille la sensation d'un péril vague et redoutable, quelque chose comme le rebours du vertige. L'imagination évoque le souvenir des Titans engloutis, et la dernière heure de Roland dans les vallons de Roncevaux. Cette émotion acquiert un certain fondement le jour de notre passage : on nous apprend que la circulation est interrompue par un éboulement, et nous passons à grand'peine à travers une barricade de pierres descendues de plus de cent mètres de haut, et dont la moindre eût suffi pour écraser une diligence.

Soirée au bivac.

Nous campons à moitié route de Médéah, au pied de quelques chênes dans une enceinte de montagnes étagées circulairement autour de nous. L'élargissement du ravin forme un cirque irrégulier qui semble fait pour abriter un village. Il n'y a qu'une auberge; mais nos tentes animent un instant cette solitude. Les échos répètent les chansons des soldats et le hennissement des chevaux. Un orage éclate et nous prive du plaisir de la promenade. La soirée est délicieuse; on respire, après la pluie, la senteur résineuse des conifères, l'odeur des romarins. Les feux du biwac s'allument. Autour d'une tribu de nos chasseurs, sont groupés quelques petits Arabes; ce sont des orphelins recueillis aux environs de Médéah par la charité épiscopale, et qu'on dirige sur Alger dans une prolonge. Ils sont bien vêtus, très-propres, jolis. Ils ont l'air extasié. On devine qu'ils retrouvent, loin du dispensaire d'où ils sortent, une image de leur chère vie nomade dans ce campement pittoresque. Belle vie, en effet, où le corps s'endurcit, où l'esprit s'affranchit vite des mille niaiseries qui l'assaillent ailleurs. Je m'endors heureux d'avoir rompu pour longtemps avec les tumultes du monde.

4 mai. — Médéah. — Obsession patriotique.

Une description de Médéah n'offrirait probablement pas plus d'attrait que n'en a la ville elle-même. Je ne sais rien de plus ennuyeux que cette cité neuve sans caractère et à peine à demi peuplée; on dirait un grand pénitencier. La campagne est beaucoup plus française que sur la côte. Vous fuyez l'Europe pour venir chercher sur un autre continent un peu de couleur, et vous êtes poursuivi par des champs de légumes. Qui ne prendrait en horreur ces échiquiers verts et jaunes, ces potagers, ces alignements qui font la fortune et l'abomination de l'*alma parens*. Transporté ici, ce prosaïsme devient une dissonance : on a hâte d'aller plus loin. Il n'y a qu'un plaisir qui l'emporte sur celui de revoir ces choses-là, c'est le plaisir de les quitter.

Une pluie abondante vient ajouter à la mauvaise impression du premier coup d'œil, si bien que nous restons à peine en ville le temps de serrer la main à quelques camarades. Nous passons deux jours dans le vaste champ sablonneux où nous avons dressé notre camp. Le soleil couchant me réconcilie un peu avec Médéah, dont la silhouette, découpée en noir sur le ciel pourpre, ne manque pas de grandeur.

Je vois très-bien ce qui enlaidit tant nos constructions militaires; c'est principalement l'abus des toits et des fenêtres, les fenêtres surtout. Elles sont percées avec une profusion que je ne m'explique pas plus au point de vue pratique que sous le rapport du goût. A quoi bon donner tant d'issues au soleil? Voyez les maisons indigènes aux murs épais, presque sans ouvertures; c'est là qu'on est au frais; on rôtit dans nos grandes cages. Un autre non-sens familier aux architectes français dans ce pays-ci comme ailleurs, c'est de bâtir de grandes boites rectangulaires dépourvues de toute espèce d'ailes, d'accessoires. Nulle saillie, nul angle rentrant. Qu'il s'agisse d'une église, d'une prison, d'un hôtel ou d'un hôpital, le modèle est invariablement celui de nos usines, avec ou sans cheminée. On comprend que ce n'est pas d'une gaieté folle. Ensuite, il y a trop d'étages, cela manque de proportion avec le reste. Les maisons de Médéah sont très-basses. Le colosse lourd et sans race émergeant du milieu de ces demeures minuscules a je ne sais quoi de bête. Les ombres du soir n'étaient pas de trop pour rendre supportables ces pauvretés.

Cependant Médéah est une jolie ville où ne manquent

ni les boutiques, ni l'eau, ni les jardins. C'est ce qu'on appelle un endroit *rempli d'agrément,* propre à faire rêver un bourgeois. On voit aux alentours de nombreuses villas qui rappellent les habitations champêtres des environs de Lyon, communément appelées *mon caprice* ou *ma folie.* Il y a des gens qui aiment cela.

Le deuxième jour, une certaine animation se produit autour de notre camp. C'est la population arabe qui se rend pour quelque fête à la kouba voisine. La race est belle; nous sommes toujours chez les Maures. Non loin de nous, une centaine d'enfants magnifiques, en dépit d'un soleil ardent, se livrent à des jeux bruyants, bondissent et luttent avec une vigueur peu commune. Ils déploient une force athlétique à lancer de grosses boules à l'aide d'une perche que termine un maillet; c'est à peu près notre ancien mail. De graves personnages coiffés du turban sphérique de Schaabaam, président à ces ébats. Ce sont les talebs professeurs de l'école arabe qui surveillent la récréation de leurs élèves.

La noce.

Nous voyons passer le cortége d'une noce arabe. Une vingtaine de femmes voilées dans tous leurs atours, chevauchent en tas sur de paisibles mules, jambes de ci, jambes de là. Tout porte à les supposer jolies, sous la gaze à demi transparente qui cache leurs traits. Leurs mains sont fort blanches. En tête est la mariée sur une haquenée couverte de tapis et de pendeloques. Elle porte un cafetan de brocart et d'or, un fonta couleur amarante, des voiles fins et toute une charge d'orfévrerie et de bimbeloterie; mais elle n'a pas de jarretières, de sorte que ses bas de soie mal tendus dessinent des tire-bouchons du plus désagréable effet pour un œil parisien. Autour de l'escadron féminin, cavalcadent les jeunes gens de la famille, tous bien faits et hardis. Des invités de moindre rang suivent à pied, fantassins et cavaliers tirent des coups de fusil et paraissent très-animés. Je cherche en vain l'époux. La noce a lieu sans doute dans le voisinage, car toute la nuit nous entendons un bruit de tam-tam et de mousqueterie. Quelques détonations font un tapage formidable. J'ai demandé le lendemain quelle était cette artillerie, on m'a dit que c'étaient des canons de fusil bourrés de sable jusqu'à la gueule.

Le camp des Mesquinos.

On nous apprend qu'il y a un camp de mesquinos établi dans notre voisinage. M. de L... et moi nous dirigeons de ce côté. Ce capharnaüm, caché par un repli de terrain, nous est révélé à deux cents mètres par une odeur assez fétide. La curiosité l'emporte sur notre violente répugnance et même sur l'appréhension d'un certain péril, car ces agglomérations sont des foyers de typhus. Nous découvrons une cinquantaine de tentes militaires autour desquelles s'étalent des tas de loques couleur de suie. Il est d'abord difficile de distinguer là des créatures humaines. Je compte bien ne revoir jamais quelque chose de pareil. L'espèce d'hommes que Gulliver rencontra dans l'île des Chevaux, et dont Swift nous a laissé la peinture satirique, pourrait passer pour un peuple d'Athéniens comparée aux êtres faméliques et hideux que nous avons sous les yeux. Il ne semble pas que la station verticale leur soit connue;

les rares mouvements qu'ils accomplissent appartiennent à la démarche quadrupède et tiennent bien plus des mœurs simianes que des nôtres. La longueur démesurée des bras, le gonflement du ventre, l'atrophie des membres, la dimension des extrémités complètent l'illusion; ils seraient même de très-laids animaux, bien inférieurs au singe agile et malicieux. Il est plaisant de ne pas oublier que ce sont là nos semblables; mais on voit que dans l'application, les préceptes de la fraternité ont été un peu négligés de notre part.

Rien ne peut rendre l'horreur de ce tableau assez indigne d'un pays qu'on a l'ambition d'appeler français, d'un sol où nous avons pris pied, quand la nation regorge de luxe, de superflu et s'enorgueillit d'une civilisation raffinée. N'est-il pas étrange de penser qu'avec le quart des appointements d'une diva ou de quelque drôlesse on rendrait une apparence humaine et peut-être la vie à un millier de ces créatures? C'est à se demander de quel côté est l'ignominie et qui l'on doit le plus mépriser des truands ou des égoïstes.

Cependant cette engeance pousse au dégoût plus qu'à la pitié; je parle de notre pitié commode qui se détourne volontiers des images grossières, la pitié des gens bien élevés. Il nous faut des victimes touchantes à soulager. Quel intérêt méritent alors ces sales Bédouins abrutis par une incurable paresse? Tu l'as voulu, misérable, croupis dans la crasse. Je tiens beaucoup à enregistrer les sentiments que j'entends émettre sur la misère arabe. J'ai encore entendu affirmer que c'était folie de venir en aide aux mendiants; c'est par là qu'ils se sont multipliés à l'infini. Quand ils ont vu qu'avec un air piteux on avait du pain sans travailler, ils ont saisi au vol l'occasion de vivre à nos dépens; ils n'avaient pas de peine à endosser la livrée du malheur. Remarquez quelle exactitude ils ont apportée à ce rôle : on en a vu, pour mieux nous tromper, rester des semaines entières sans prendre d'aliments. Est-ce assez infâme ? Conclusion : laissez-les se tirer de là. Qu'ils travaillent. Ce mot dans la bouche des colons est du haut comique, mais du comique féroce. Le gouvernement a créé des chantiers, des ateliers où réellement quelques indigènes ont eu le moyen de ne pas mourir de faim ; mais j'atteste que jamais un colon n'a employé un Arabe sans y être à peu près forcé, et à défaut d'autre ouvrier. Quand un Arabe se présente dans une ferme, il est chassé à coups de pied. Par hasard a-t-on besoin de lui, on lui offre dix sous par jour, sous prétexte qu'il a moins de besoins qu'un Français qui boit de l'absinthe et du cognac. S'il accepte, on remarque combien la somme de son travail est inférieure à ce que donne un ouvrier à trois francs. Voilà peut-être comment la colonie manque de bras.

Une Cour des miracles.

Nous parcourons les groupes silencieux des mesquinos. Il y a peu d'hommes; sans doute, ils sont allés gueuser, car on ne les retient pas prisonniers; on ne les attache que par les distributions. Les femmes, les enfants sont en majorité. Une femme nous étonne par sa maigreur entre toutes ces maigreurs ; c'est un squelette noir. Il y a des vieillards qui semblent occupés à mourir sur une poignée de paille infecte, des aveugles exposant au soleil leurs paupières sanglantes comme Régulus, des avortons vacillant sur leurs jambes grêles et noueuses. Pas un bruit, pas une voix. Les hommes nous regardent à peine; si près que nous passions, aucun ne se dérange. Plusieurs même nous montrent un œil farouche, presque menaçant. Chose caractéristique, on voit qu'en cet extrême dénûment, ils n'ont pas abjuré toute fierté; leur dédain du *roumi* n'a pas baissé d'une ligne. Les femmes sont plus curieuses et moins discrètes; elles sont aussi plus repoussantes. Leur occupation unique est une chasse qu'il n'est pas besoin de spécifier; la vermine n'est pas moins en si grande abondance qu'elles sont réduites à couper leurs cheveux pour s'y soustraire : le sol est jonché de ces dépouilles. Nous marchons avec de grandes précautions.

Le petit Mohamed.

Un gamin de onze ans s'est attaché à nos pas, et nous sert de cicerone. C'est un petit Laghouati du nom de Mohamed, qui se trouve sur le pavé de Médéah, après avoir suivi un fonctionnaire qui l'a abandonné. Fier de son éloquence et de notre compagnie, il se montre très-dur pour les pauvres mesquinos, sans doute pour s'associer aux sentiments qu'il nous suppose.

Devant un groupe plus nombreux et plus lamentable que tous les autres nous mettons instinctivement la main à la poche. En vain notre guide improvisé nous presse de refouler ce bon mouvement, une poignée de sous tombe au milieu du tas. Grave imprudence. En un clin d'œil la bande est sur pied, grouille, se démène, se gourme, poussant des cris rauques; voilà ces demi-cadavres galvanisés. On dirait une meute affamée se ruant sur quelques os. La curée est bientôt faite. Tous sont debout et nous entourent, étendant avec effronterie leurs mains hideuses jusqu'à toucher nos habits, chacun étalant tout ce qu'il possède de lèpre ou d'étisie. Des femmes nous tendent leurs nourrissons teigneux; des vieux à barbe grise s'emparent de nos mains, de nos vêtements qu'ils couvrent de baisers. Tous les yeux flamboient. Il nous devient presque impossible d'avancer. Les groupes voisins se sont émus, la tribu entière est à nos trousses : figurez-vous une fourmilière, un guêpier bouleversé; la scène tourne au cauchemar. Toute notre monnaie est épuisée. Le cercle s'épaissit et se resserre autour de nous. Ce baragouin, ces clameurs, ces têtes grimaçantes, ces nudités horribles prennent une tournure fantastique et macabre; il nous semble être entourés de démons. Le petit Mohamed nous tire d'affaire en prenant l'initiative d'un moyen connu : il s'empare d'un bâton et se met à frapper au hasard à tour de bras. Force nous est d'en faire autant, sous peine d'être étouffés, asphyxiés. Ainsi s'accomplit notre retraite. Le gros de la bande se retire devant l'argument suprême appliqué avec conviction; il ne reste sur nos ailes que quelques marmots obstinés que protège leur faiblesse. Notre jeune recrue en a facilement raison. Il nous tarde énormément d'aller prendre un bain.

Nous lions conversation avec l'enfant. Quand il apprend que nous allons à Laghouat, il nous demande de l'emmener avec nous : c'est son pays, il y a son père. Il paraît avoir la nostalgie du désert. Je lui dis de revenir le soir. Il n'y manque pas, et se présente accompagné d'un grand spahi qui est son parent. Le spahi, qui est médaillé et paraît honnête, nous donne sur le gamin des renseignements favorables; il nous dépeint son humeur vagabonde : à ses yeux cela n'a rien que de louable; il ajoute d'ailleurs le détail significatif :

— Lui, pas carottier !

On sait que ce mot soldatesque, qui répond si bien à un des traits du caractère arabe, est passé dans la langue sabir, avec une signification très-étendue et très-variée ; il est allé jusque dans les tribus du Sud les plus éloignées. Le plus grand éloge qu'un Arabe puisse nous faire d'un autre est de dire qu'il n'est pas carottier : cela résume à peu près toutes les vertus privées et publiques. Nous adoptons le petit Mohamed sous les auspices de cette bonne note, et aussi de sa mine intelligente. Il n'est pas beau, son teint est très-basané ; il a le type arabe prononcé. Il est convenu qu'il nous accompagnera sur un cheval de main, et sera attaché à notre cuisine comme premier marmiton.

7 mai. — Les montagnes.

Jusqu'à Boghar nous ne sommes pas sortis des montagnes. Au delà de Médéah, la campagne revêt une tristesse qui va en croissant à mesure qu'on atteint une plus grande altitude. Les ondulations du sol, d'abord douces et prolongées, se couvrent d'un manteau d'herbes courtes, fade d'aspect ; elles s'accentuent ensuite peu à peu, se découpent sur le ciel, ardues, fortement repoussées, éventrant de leurs arêtes les nuages que l'aube blanchit. Des chênes noueux aux rameaux sombres, de noires broussailles, des feuillages morts enduisent les versants d'une couleur d'incendie.

Berouaghia.

Il a fait ce jour-là un temps affreux. Nous avions quelque peine à nous figurer que nous marchions vers le Sud. Sous cette atmosphère pluvieuse, glaciale, dangereuse, tantôt âpre, tantôt lourde, on se serait plutôt cru dans les Alpes que dans le voisinage du Zacchar. Un soleil de plomb, voilé de vapeurs opaques, un silence doublé par la solitude sont les préludes d'un orage auquel succèdent des brises perfides, une implacable humidité. Le froid ne nous quitte pas jusqu'à Berouaghia, endroit où l'on paraît avoir eu la bonne intention de bâtir un village, mais sans succès. On nous dit qu'il y a là trois cents âmes; c'est possible. Je vois bien des maisons, mais d'habitants point. Cependant la culture ne finit pas encore; le pays paraît fertile; il doit l'être dans cette région tempérée; les vides de la forêt sont labourés. Par qui? Qui peut venir de gaieté de cœur confiner son existence dans cette antichambre du désert? C'est la question qu'on s'adresse depuis le premier caravansérail, à Ben-Chicao, jusqu'à Laghouat. Cependant on trouve des Français pour occuper, de dix lieues en dix lieues, tous ces postes dont le moindre inconvénient est d'être pillés et incendiés de temps en temps.

La pluie ne nous fait pas grâce un instant. Le soir, après de nouveaux orages, nous avons eu un brillant météore. C'était comme le tronçon d'un gigantesque rayon rougeâtre formant un angle de vingt degrés avec l'horizon; un fragment d'arc-en-ciel encadrait ce tableau étrange. Au Sud se montraient des éclairs fulgurants dans les nuées mates; au couchant, sur un fond moins chargé, le soleil projetait avec une symétrie magnifique de longs jets de pourpre. La pluie recommence, et toute la nuit les chacals mêlent leurs piaulements lugubres aux plaintes du vent.

Le lendemain nous dressons nos tentes au pied du

mont Grenot. On sent qu'on enfonce dans une solitude profonde; les douars deviennent de plus en plus rares, et l'orge ne se montre plus que de loin en loin, sur les bords de la route. Partout sur un terrain mi-parti sablonneux et pierreux, des bruyères, des genévriers, des chênes verts, de hautes touffes de dyss, dans les fonds de belles prairies.

La chasse. — Aventure de la femme sauvage.

Il paraît que le gibier est très-abondant. M. P..., qui connaît le pays, nous recommande d'être toujours au moins deux ensemble, car les Arabes ne se font pas faute d'assaillir les gens isolés, surtout quand ils sont tentés par l'appât d'un fusil. Il faut être prudent et ne se laisser approcher de trop près sous aucun prétexte. M. de L... et moi convenons de ne pas nous perdre de vue; mais les hasards du coup de fusil nous ont bientôt séparés. Je côtoie les bords d'un ravin au fond duquel un frais ruisseau chante sur les galets. La végétation y est très-belle, très-désordonnée. Sous le charme de cette nature ardente et fruste, j'oublie assez vite les perdreaux et les tourterelles. Soudain un bruit se fait entendre au-dessus de ma tête, dans un grand amandier. Instinctivement j'arme mon fusil, en levant les yeux. Je vois une forme étrange qui se meut dans le feuillage. Est-ce une bête, un homme, un chimpanzé? Le bizarre gibier descend rapidement de branche en branche, saute devant moi et s'enfuit à quelques pas, sans cesser de me regarder d'un œil effaré. C'est une femme d'une laideur idéale, bien que très-jeune. Elle a les cheveux affreusement mêlés, la peau bistrée, collée sur une ossature anguleuse, des pieds, des mains, des bras démesurés;

sur le torse décharné pendent deux seins d'une longueur invraisemblable. Un linge malpropre et déchiqueté lui entoure la ceinture. Les jambes n'ont d'autres reliefs que leurs nodosités; la peau en est squammeuse et crevassée; l'une d'elles saigne; le sang se divise sur le pied et rougit l'herbe. La pauvre créature fixe toujours sur mes yeux ses grands yeux de gazelle plantés sur une face de singe. En vain je lui fais des signes engageants; elle paraît partagée entre la curiosité et la peur. Je remets mon fusil en bandoulière, je tire une pièce de monnaie brillante; alors la convoitise l'emporte sur la crainte. Avec un geste hésitant et enfantin, elle me présente des amandes vertes qu'elle tient à la main, et en dévore quelques-unes; puis elle se met à parler avec une volubilité qui m'eût révélé son sexe, s'il m'était resté des doutes, s'accompagnant d'une pantomime indéfinissable où je crois reconnaître des indices de démence. Pour mettre un terme à ce soliloque, je lui montre le ruisseau en lui faisant signe d'aller y laver sa blessure.

Tandis que je m'éloigne fort navré, je vois venir à moi un grand diable d'Arabe avec un long fusil en travers du dos. Je me rappelle les recommandations de M. P... Le camp est loin, et le lieu justifie une certaine méfiance. Qui sait s'il n'existe aucun rapport entre la femme sauvage et cet Arabe? Cependant il m'aborde de la façon la plus amicale, avec force salutations. Je comprends à ses gestes qu'il me demande si j'ai fait bonne chasse. Il regarde le gibier que je lui montre; puis il veut voir mon fusil. Je me dis : Voilà le nœud de l'aventure; le gaillard va s'emparer de mon arme, si je la lui mets dans les mains, et détaler. Pourtant je lui montre le mécanisme du Lefaucheux, sans le lâcher, bien entendu. Il paraît émerveillé, et, comme s'il voulait me donner l'exemple de la confiance, il me tend son *moukala*. En ce moment survient M. de L..., qui, m'ayant vu de loin parlementer avec un naturel, est accouru à tout hasard. A l'aide de signes et de notre petit répertoire de mots indigènes, nous continuons l'entretien avec notre homme qui est fort intelligent, nous entend très-bien et se fait entendre. Il nous propose de l'accompagner dans un bois voisin où il nous promet des perdrix à foison. Mais le bois est loin, très-solitaire; ne serions-nous pas attirés dans un piége? Nous nous promettons la plus grande vigilance. Nous faisons marcher notre compagnon devant nous; il saisit parfaitement le rôle qu'on lui destine, et s'en acquitte mieux qu'un chien courant : il bat les buissons avec sa crosse, lance des pierres dans les fourrés, pousse des cris singuliers. Il montre une joie excessive à chaque pièce qu'il nous fait tuer; mais il faut la lui arracher des mains pour empêcher qu'il lui tranche le cou.

Nous retrouvons la femme sauvage. Je demande à l'Arabe : Qu'est-ce que c'est? Tous les indigènes comprennent cette forme d'interrogation qui nous est, paraît-il, très-familière. Il me répond, en se touchant le front : — Maboul! Je m'en étais douté.

L'Arabe est inoffensif.

En rentrant au camp, la carnassière bien garnie, nous rions de notre méfiance si mal fondée. Le bon Arabe, à qui nous donnons de la poudre, nous comble de bénédictions. Je suis de plus en plus confirmé dans cette opinion que l'Arabe n'est ni plus traître ni plus méchant qu'aucun autre peuple, et que sa prétendue aversion pour nous est extrêmement exagérée; elle vient le plus souvent de nos procédés hautains et despotiques.

J'ai parcouru, dans le Dirah, les tribus les plus arriérées de toute la province, vivant dans des douars inaccessibles, dans des cavernes; j'ai rencontré, seul, des hommes nombreux, armés, dans des endroits où un crime n'eût pas laissé plus de traces que n'en laisse un cadavre au fond de la mer; jamais je n'ai surpris seulement un regard hostile. Des gens, qui auraient pu, en toute impunité, me faire disparaître, me saluaient habituellement. Un jour, j'avais mis pied à terre, mon cheval, effrayé par quelque fauve, s'était enfui dans la montagne. J'étais dans le plus grand embarras. Un berger se trouvait par là; il vit ma position; il me fit le geste de me rassurer; *chouia! chouia!* et, montant sur un haut mamelon, il se mit à pousser des clameurs prolongées sur ce ton guttural familier aux Arabes, et qui porte à des distances incroyables. C'est la télégraphie primitive. D'autres voix répondirent de loin à ces signaux; je compris que la chasse allait s'organiser. A plusieurs reprises, je vis mon cheval effaré apparaître sur les crêtes, irrésolu comme un animal qui se voit cerné. Au bout d'une demi-heure, le pâtre me l'amena par la bride. Tout à ma gratitude, je tirai mon porte-monnaie et l'ouvris sous les yeux de mon homme. Il put voir l'or distinctement. J'avais, pour toute arme, une cravache, lui un énorme bâton; nous étions précisément au fond d'un ravin. Je pensai à tout cela plus tard. On dit que l'or exerce sur cette race une fascination singulière, irrésistible, et qu'il ne faut pas tenter les plus honnêtes. Celui-ci l'avait belle ; mais il n'était pas un véritable Arabe apparemment, car il me tint l'étrier, et, comme je l'avais bien récompensé, il me suivit pendant cinq minutes en baisant les manches de mon habit. Il est certain que des faits particuliers ne prouvent rien, mais les crimes prouvent encore moins. L'Arabe n'est pas plus méchant que ne le comportent son ignorance et son abaissement funeste.

Le Chélif. — Entrée du Sahara.

Le lendemain nous traversons le Chélif, un fleuve africain, où, grâce, sans doute, aux pluies récentes, nous trouvons un pied d'eau. Le Chélif limite à peu près le Tell sur ce point, et nous entrons géographiquement dans le Sahara algérien. Au loin se creuse une large ouverture entre les montagnes ; sur la droite, à une grande hauteur apparaît la citadelle de Boghar qui commande le passage. Enfin nous atteignons le village français, qui se compose d'une douzaine de maisons bâties sur la route : ce sont des auberges, des boutiques et quelques établissements militaires.

On reconnaît qu'on est à une des portes qui s'ouvrent sur la vaste région improprement appelée le Désert. De tous côtés se montre une population évidemment flottante et passagère. On voit vaguer des chevaux sellés, des mulets, des ânes, non loin des tentes brunes installées dans le sable. Des légions de chameaux couchés ruminent silencieusement. Il faut, pour établir l'escadron, que nous fassions déloger plusieurs familles ; elles s'y soumettent de bonne grâce. Le petit Mohamed, chargé de transmettre nos ordres, et trouvant que le déménagement ne s'effectue pas assez vite, appuie ses discours de quelques coups de matraque administrés en notre nom, et très-humblement accueillis. Je remarque combien cet enfant, qui paraît doux et même timide, est dur pour ses compatriotes. Il manifeste le plus grand mépris pour la classe misérable à laquelle il semble si près d'appartenir. J'ai eu plus tard l'explication de cette apparente anomalie : Mohamed n'est ni plus ni moins que fils de noble, c'est-à-dire que son père possède un cheval et vit de ses rentes; il n'en faut pas davantage pour faire partie de l'aristocratie du Sahara.

Couleur africaine. — Ksar Boghari.

Nous gravissons le mamelon irrégulier en haut duquel est perché Boghari. A mesure que nous avançons à travers ces terrains rouges, nus, comme frits, sans herbes d'aucune sorte, heurtés et crevassés, nous nous sentons dans un milieu tout nouveau.

Ici seulement commence l'Afrique, avec ses tons fauves, sa chaude couleur, son aridité grandiose, l'Afrique que le poëte appelait la nourricière des lions : *leonum arida nutrix*.

Le ksar n'a rien d'une ville, même d'une ville moresque. D'en bas, on n'y distingue que des murs confus, insignifiants, les uns blanchis, les autres bruns ou grisâtres, un certain nombre chancelants. La masse est aplatie, et suit fidèlement les courbes de la colline. La principale entrée donne sur une rue prodigieusement montueuse. Il semble insensé qu'on soit allé mettre des maisons sur cette rampe; c'est plutôt un escalier qu'une rue, ce qui n'empêche ni les chevaux ni les bêtes de somme d'y charrier leurs cavaliers et leurs fardeaux. Il n'y a, bien entendu, ni toits ni fenêtres; toutes les ouvertures sont au dedans, sauf les portes larges et basses. Devant chacune se tiennent accroupis, avachis, des gens flegmatiques, somnolents, nullement ennuyés ni moroses, dans les diverses attitudes du repos, repos physique et moral.

Ne les dérange pas, ils t'appelleraient chien !

Le lazaronisme oriental n'a pas d'adeptes plus parfaits. Cependant, si la paresse est en sentinelle sur le seuil, l'activité ne paraît pas exilée à l'intérieur. Toutes ces portes s'ouvrent, en général, sur des ateliers dont le personnel est composé d'un homme et d'un enfant. Ici c'est un forgeron assis qui bat le fer sur une enclume de six pouces de haut : la forge est remplacée par un petit réchaud à charbon comme en ont nos grisettes. Plus loin sont des charrons, des tisserands, des armuriers, dans de petites salles vides de matériel, sans outils de rechange. La simplicité est dans la production comme dans la consommation. Pourtant il sort de là des ouvrages solides.

Croquis.

Au faîte du village d'autres rues se greffent sur la première et forment un réseau d'impasses, de carrefours, d'angles saillants et rentrants. La vie en cet endroit est plus active, la population plus condensée, plus remuante ; c'est le cœur de la ville. Il y a presque encombrement. Des marchandes de légumes, de fruits, de galettes se tiennent cantonnées dans les encoignures ; elles rient, bavardent, ripostent aux lazzi des passants. La plupart sont des négresses aux formes sculpturales ; on les croirait détachées de bas-reliefs égyptiens. Elles sont vêtues de longues gandouras rayées longitudinalement de rouge et de bleu ; la tête est enveloppée dans des espèces de bandelettes qui leur donnent un air assez archaïque. Leur face camarde respire une gaieté bonasse, épanouie, une aménité parfaite. Rien de plus doux que ces créatures inoffensives. S'il est rare qu'elles soient jolies, la plupart rachètent bien l'imperfection générique du visage par des bras, un torse, une gorge splendides : c'est du bronze luisant. Devant ces chefs-d'œuvre de plastique humaine, il est difficile de s'épargner un triste retour sur notre étiolement. On aimerait à se figurer que les races africaines sont une réserve de sang pur et vivace où l'espèce blanche épuisée ira se raviver un jour. Tandis que la fièvre de la pensée et la fureur nerveuse nous conduisent à l'atrophie du corps, une sérénité douce, un heureux abrutissement entretiennent les bons mélaniens dans leur santé superbe. Qui soutiendrait qu'une secrète et sage prévoyance n'est pas cachée sous ce contraste ?

Nous baptisons du nom de Halles centrales une ruelle où se trouvent réunies une vingtaine de ces marchandes des quatre saisons à la peau d'ébène. Ce commerce est purement accessoire. De nombreuses boutiques dépourvues de devanture ouvrent au public leurs étroits portiques où s'amasse la foule indolente. Ce sont autant de petits bazars d'apparence modeste, en réalité très-bien fournis. On ne saurait croire quelle énorme quantité d'objets peuvent être rassemblés dans un espace si étroit ; mercerie, quincaillerie, chapellerie, parfumerie, nouveautés d'origine française ou indigène s'accumulent dans ces chambres basses, tenues proprement et avec ordre. Une odeur particulière s'en exhale. Les négociants sont de beaux mzabites à la figure souriante, avenants, empressés, point trompeurs. Nous achetons de très-belles djobels pour douze francs, ainsi que de ces grands chapeaux parasols qui sont bien connus par les livres illustrés. Nous habillons le petit Mohamed des pieds à la tête pour une somme extrêmement minime. Les transactions sont faciles. Presque tous les marchands parlent français; du moins, avec un très-petit nombre de mots, ils expriment tout ce qu'ils veulent dire, même des idées assez fines. Ils ont des façons caressantes et persuasives, point d'entêtement, et le rabais qu'on réclame s'obtient sans aigreur réciproque. Ils ont un joli mot qu'ils répètent sans cesse avec des inflexions très-expressives, et souvent en s'appliquant l'index sur l'œil droit : *chouf*, regarde, examine, juge, ne fais rien à la légère; ne t'en rapporte pas à moi, mais à tes yeux seuls; tu ne me proposerais pas ce prix si tu avais bien vu. Voilà un mot, s'écrierait M. Jourdain, qui en dit plus qu'il n'est gros.

D'autres industriels ne débitent que des produits alimentaires, grains, figues, dattes, piments, caroubes, œufs, etc. Toute une rue est garnie de leurs échoppes. J'entends mes compagnons se récrier sur la malpropreté de cet ensemble. Il y a là une illusion. Rien dans tout cela n'est sale absolument, mais rien n'est astiqué, fourbi, rien n'est arrangé en trompe-l'œil; l'artifice de la montre est inconnu. Tout est à portée d'être examiné, touché, retourné; Dieu sait si les chalands s'en privent ! Quant à l'odeur qu'on respire, cette fameuse odeur arabe, elle provient, je crois, tout simplement du suint que contiennent les burnouss, et aussi de la fréquentation des chameaux, animaux fort puants. On pourrait dire sans paradoxe que l'Arabe de sa personne est moins négligé que nos paysans : d'abord il se salit moins parce qu'il travaille très-peu; il n'a pas les mains calleuses; il a toujours la tête et le cou bien rasés, opération dont il s'acquitte lui-même à l'aide du *mouss*, couteau grossier mais très-bien affilé; deux fois par jour il fait ses ablutions. Seulement il n'a qu'un vêtement, robe d'hiver, robe d'été, qui est très-long et de couleur blanche; les taches s'y étalent audacieusement. L'usage de coucher par terre, l'accumulation de la poussière, le soleil et la pluie rendent vite les burnouss jaunes et pisseux; de là la répulsion produite. Mais l'odorat n'est blessé qu'après la vue. La véritable saleté est dans la voirie. Boghari ne brille pas sous ce rapport. Nous en faisons l'épreuve en poursuivant notre promenade à travers le dédale des ruelles. Il n'y a pas un coin qui ne soit contaminé par les polissons ou souillé de détritus de tous genres. Le seul édile qui ait la main à ces détails est le vent.

Les almées. — Fatma.

Si, par moments, notre odorat est désagréablement affecté, nous sommes dédommagés de cet inconvénient par la fréquente rencontre d'odalisques fort attrayantes et pleines de caractère. Ce sont des filles des Ouled-Nail ou du Djebel-Amour venues à Boghari pour s'amasser une dot en exécutant les danses de leur pays. A cette industrie elles en joignent une autre qui chez nous sert rarement à introduire les jeunes personnes dans la carrière de l'hyménée. Mais ici, comme dans l'ancienne Grèce, il ne paraît pas que les courtisanes soient bien méprisées; on peut même remarquer, en poursuivant la comparaison, qu'elles ont un sort plus enviable que celui de la femme légitime tenue sous le séquestre conjugal. Le nombre en est grand dans les ksours. Usant de nos priviléges de voyageurs, nous n'hésitons pas à aborder une de ces almées; elle accepte le café avec un empressement digne d'une habituée du bal Mabille.

C'est une femme de haute taille, bien faite, aux traits masculins, admirablement taillée pour sa chorégraphie fatigante. Elle a les yeux classiques des houris, suffisamment langoureux, et bordés d'antimoine, les cils très-longs. Son tatouage consiste en quatre étoiles placées au front, aux joues, au menton. Elle a le teint presque blanc, fort mat, le profil droit et correct, la physionomie inintelligente. Il y a dans cet ensemble je ne sais quoi d'inerte, de passif; c'est beau, mais comme une chose inanimée, un parfum, une fleur épanouie : rien de l'âme. Le costume est très-noble. Il se compose d'une longue tunique à moitié serrée sur la taille par une ceinture de couleur rouge; par-dessus s'étend une immense pièce d'étoffe sans forme déterminée et qui enveloppe tout le corps. Le pantalon est celui des Moresques. Elle a la tête emmaillottée dans un haïk que surmonte un épais turban historié de filigranes. Au-dessus du turban s'élève une sorte de bonnet cauchois plaqué de dorures. Les cheveux ne se montrent que sous la forme de deux larges nattes descendant des tempes au bas du visage. Les bras, les chevilles et le cou sont littéralement chargés de bracelets, d'anneaux, de chapelets, d'amulettes et de colliers. Il y a dans ce clinquant quelques objets de valeur, de très-beaux coraux, par exemple, mêlés à de simples haricots, à des grains de girofle. On voit que l'essentiel est qu'il y en ait beaucoup. Entre autres brimborions singuliers, je remarque des monnaies fausses, un rond de serviette, et, comme pièce rare, sans doute, une petite bouteille d'encre bleue placée bien ostensiblement.

Nous acceptons les honneurs d'une petite représentation que la belle Fatma tient beaucoup à nous offrir. Après s'être tordue, cambrée et déhanchée pendant un quart d'heure, elle fait « le tour de la société », tout en dansant; et, suivant l'usage, nous lui appliquons des pièces de monnaie sur le front.

Autres bayadères. Les plus jolies sont de sang arabe et très-brunes. Les blanches sont remarquables par un air de stupidité fade; elles sont maquillées avec une exagération abominable, une naïveté comique. Elles ont sur les joues des plaques de carmin cru, sans demi-teintes, et des mouches à la Pompadour en profusion effrénée. On dirait de ces têtes de poupées qui servent de patrons à nos modistes : même expression, même enluminure.

La citadelle. — Splendeurs du Sud.

J'ai aussi visité Boghar, la ville française qui se dresse en face de Boghari dans une position formidable. Beau jardin public, avec cascades, grottes naturelles tapissées de fougères et capricieusement ombragées. Hors de la citadelle, les maisons sont éparses entre de jolis jardins, et ne forment point de rues. N'était la peine de faire huit kilomètres pour arriver là, ce serait un séjour charmant. Mais on ne va pas à Boghar; c'est la ville du monde la plus isolée, en haut de son aire; les étrangers la voient pendant trois jours en passant, et n'y montent pas; tout le mouvement est en bas, sur la route. Les habitants ont de quoi s'en consoler dans la contemplation du paysage qui se déroule à leurs pieds. Je les crois peu sensibles à ce spectacle; moi, j'en ai encore les yeux éblouis. C'est splendidement beau. Boghari n'est plus qu'un point blanc dans ce panorama immense de montagnes fuyant vers l'Orient, chaudes, nues, convulsives, semblables à une mer pétrifiée au milieu de quelque effroyable tempête. Le ciel couleur d'outremer est plus foncé que la terre aux tons gris légèrement rubéfiés. Des bois de pins couronnent les crêtes au-dessus du ksar, comme un manteau trop court sur une épaule nue. J'ai vu cela le matin, en pleine lumière; le regard se fatiguait à sonder les lointains irisés. On voyait l'ombre des nuages, comme des nefs énormes, courir parmi ces vagues blondes. Dans la vallée, on apercevait la smala de Moudjebeur, un point verdoyant, et le Chélif indiqué par une longue crevasse sinueuse à travers les terres meubles. Au sud, la plaine des Angades ressemblait à un lac immense bordé de monts bleuâtres et violacés à ses confins extrêmes. Des vols de cangas, d'étourneaux disposés en losange, en triangle passaient innombr   s sous l'azur calme du Sahara ouvert. Sur nos têtes, à l'ouest, la montagne du Lion vêtue d'une robe épaisse de sapins noirs, bien digne par son grand air fier et sauvage des hôtes terribles qui la peuplèrent. L'ensemble est une initiation grandiose aux graves magies de la nature africaine où nous entrons.

Encore des gueux, des mesquinos, des affamés autour du camp : nouvelles scènes du drame affreux où se débattent en ce moment plus d'un million de personnages, la misère algérienne. Mais la plume se lasse à retracer ces douleurs, comme aussi, hélas! la pitié se lasse et s'émousse à les contempler. Demain finira pour nous l'obsession de ce mauvais rêve. La famine ne s'est pas étendue au Sahara. Chose bizarre, devant nous, dans ces steppes sans bornes, infécondes, désolées, règnent l'aisance, la prospérité, tandis que la misère et la mort habitent les campagnes riantes que nous venons de parcourir. Il faut ici, plus qu'ailleurs, perdre l'habitude de s'étonner.

9 mai. — L'escadron.

L'escadron a fait sa toilette du désert. Les couvre-nuque flottent au vent, les chapeaux en palmier déploient leurs ailes immenses, les burnouss blancs resplendissent; les gourdes, les peaux de bouc sont garnies et soigneusement pendues du côté de la selle opposé au soleil; on emporte du bois pour faire la cuisine, indice significatif. Des chameaux ont remplacé nos mulets. Quelques spahis marchent sur notre flanc. On n'est pas mieux que nous ne le sommes dans la couleur locale. La colonne, avec son aspect martial, son équipement léger, ses couleurs bleues, ne dépare pas le théâtre qu'elle parcourt. Des hussards, des fantassins ne seraient pas dans le ton.

Il y a quelque chose de solennel, du moins un sujet d'émotion comparable à un embarquement, à s'enfoncer pour la première fois dans ces espaces vides. C'est plus qu'un trajet, c'est une traversée. On s'exagère et les périls et les ennuis du voyage. Volontiers on se représente un océan solide dont les oasis sont les rares archipels. L'imagination s'exalte et amplifie tout, au point de se ménager des déceptions, en dépit d'une réalité merveilleuse.

Le changement n'est pas subit, comme on s'y attend. La zone nouvelle n'apparaît pas comme à un lever de rideau, mais graduellement. Les ondulations du plateau s'adoucissent, s'allongent, mais les montagnes persistent de tous côtés, non plus très-hautes, mais accentuées, anguleuses. La plaine s'enrichit des teintes les plus variées : l'ocre, le vert clair, le blanc des rocs polis. La terre, fauve et fendillée, n'est d'une infertilité absolue qu'autour de Boghar ; au delà du Chélif paraissent de fines graminées parmi les touffes d'absinthe sauvage, les lavandes, les herbages sombres, mais rien ne dépasse ces végétations écourtées ; de là, l'impression de vide et de néant. Cependant, ces espaces sont des pâturages ; on voit encore des douars, des troupeaux. C'est la plaine des Angades, une préface du désert, le désert moins le nom.

La poésie de cette région est dans les horizons, les perspectives, dans des choses vagues, des montagnes échelonnées de tons tour à tour rouges, bleus, roses et tout au loin violets, dans la limpidité de l'air, l'azur éclatant du ciel, l'incomparable netteté des lignes.

Barbarus his ego sum.

La grandeur de ce spectacle échappe aux esprits positifs, même aux gens qui se croient épris de la nature, parce qu'ils aiment les kiosques et les allées de tilleuls. Ici, point de ces ornements où la vue se repose des monotonies de l'immensité : tout est nudité et désolation pour le vulgaire. Les soldats, qui se rappellent leurs champs si différents, criblent de quolibets ce pays maussade où, suivant eux, « le bon Dieu n'est jamais passé ». Dans leur sentiment, la terre improductive n'a droit qu'au dédain, parce qu'ils sont nés dans la Brie ou la Beauce, et aucune magnificence ne saurait les toucher s'ils n'en peuvent saisir le côté utile. On dit que l'homme est cosmopolite; il l'est rarement d'une manière absolue, sa prédilection pour une patrie quelconque, même ingrate, le suit partout. Le sens du beau l'abandonne sur un sol étranger, et les plus grandes merveilles n'approchent jamais dans son cœur du coin qui l'a vu naître. Quels bocages, quelles prairies fortunées ont inspiré un plus profond attachement, une tendresse plus vivace que ces solitudes mornes que nous parcourons? Si l'amour du sol natal disparaissait du monde, c'est chez le Saharien qu'on le retrouverait. Lui-même, s'identifiant à force de tendresse avec sa patrie sans limites, en devient une sorte de reflet; son œil étrange, profond, largement ouvert, n'est-il pas une vague et mystérieuse image des étendues qu'il explore? Quoi de mieux justifié à nos yeux qu'un tel amour? Il y a bien des préjugés à secouer quand on veut voyager et se dire concitoyen de tous les lieux; mais quelle récompense si l'on arrive à contempler, ne fût-ce qu'un instant, un pays comme celui-ci avec les yeux de l'Arabe! Où tant d'autres voient le néant, on jouit d'un tableau sublime. Un de nos hommes, me voyant un jour écrire au crayon, me demanda en riant si je prenais des notes sur le pays.

— Certainement, lui dis-je.

Il fut très-étonné.

— Mais, fit-il, qu'avez-vous pu remarquer? il n'y a rien!

Les caravansérails.

Nous atteignons le caravansérail de Boug-Zoul. Ce bâtiment, comme tous ceux dont l'occupation française a jalonné les routes du sud, se compose d'un grand parallélogramme, de hauteur médiocre, avec tours carrées aux quatre angles et meurtrières tout autour. La porte est assez solidement fortifiée ; le nom de la localité est écrit sur le fronton. Ces constructions, d'aspect essentiellement militaire, se marient très-bien avec le paysage dénudé qui les environne. L'intérieur se compose d'une cour au milieu de laquelle est un puits. Les faces sont garnies de chambres et de galeries couvertes. Un règlement affiché établit les prix de l'hospitalité : tant pour un Français, tant pour un Arabe, tant pour un cheval, un âne, un chameau. On n'est pas moins rançonné à outrance par les honorables industriels investis de ces emplois de confiance. Presque tous sont Français ; ils ont de la famille et des domestiques indigènes. Ils ont montré beaucoup de courage dans l'insurrection de 1864, et plusieurs, avec des garnisons dérisoires, ont soutenu des siéges héroïques. Hommes, femmes, enfants sont endurcis au péril, et savent défendre leurs foyers le fusil à la main. Malheureusement cet esprit belliqueux déteint sur leurs habitudes et leurs façons. Leur abord est d'autant moins agréable qu'ils se sentent en possession d'un monopole absolu et n'ont aucune raison pour mitiger leur rudesse envers les infortunés voyageurs. Comme on n'a pas le choix des auberges, il faut en passer par leurs redoutables festins et leurs plus cruelles additions. C'est à prendre ou à laisser. Il passe peu d'Européens ; le tavernier se rattrape sur ceux que leur mauvais sort lui amène; ceux-là doivent s'attendre à payer au moins pour quatre, en dépit des tarifs, qui n'ont force de loi que pour les militaires. Quant aux Arabes, l'accueil qui les attend dans ces bordj, créés en grande partie à leur intention, est tellement gracieux qu'ils s'établissent généralement à côté, le long des murs.

Fort heureusement nous n'avons pas grand'chose à démêler avec ces honnêtes gens ils nous doivent le pain, l'orge et l'eau, comme mandataires de l'administration. En dehors de cela, nous vivons de nos ressources, et nous en trouvons fort bien.

Aïn-Oussera. — Paysage dantesque.

Boug-Zoul et Aïn-Oussera nous donnent un triste avant-goût de nos gîtes futurs.

A Aïn-Oussera on se croirait dans un coin de l'enfer de Dante. D'horribles herbes noires s'étendent à perte de vue, sans le moindre reflet vert. L'œil, pour se distraire de cet implacable tableau, ne rencontre que des tas d'ossements dépouillés, dispersés par les vautours, blanchis par le soleil. Nous trouvons le squelette d'une hyène, auprès des restes d'un chameau. Sans doute elle a été tuée là, sur la proie qui a servi à l'attirer. La vie animale n'a pas perdu son empire sur ce sol lamentable, mais elle engendre une faune appropriée à ce cadre; ce sont d'énormes scorpions, de hideux mille-pattes, des scolopendres, de gros scarabées fouisseurs qui roulent à reculons des fientes desséchées. Seule, l'espèce d'alouette huppée appelée calandre fait planer un peu de joie sur cette région maudite.

Non loin du bordj est une source qui rembrunit encore les sombres couleurs de ce séjour. Imaginez une flaque d'eau trouble, verdie et croupissante, suintant plutôt qu'elle ne coule jusqu'à son lit puant et vaseux. On ne se fait pas une autre idée du noir Cocyte. Aucune herbe ne croît sur ce bord sinistre, sauf quelques joncs rigides. Là aussi la vie se manifeste et plus hideusement encore que sur la terre ferme. Tout un peuple immonde de reptiles grouille dans ce limon, comme dans la marmite d'une sorcière, serpents amphibies, salamandres, têtards de toutes sortes. Il y a des crapauds gros comme la tête et dont le cri ferait pâlir. Je vois sortir de la bourbe des tortues aquatiques informes, visqueuses. Nos chevaux, réduits à cet abreuvoir impur, ont la langue saignante de la morsure des sangsues. Le ciel, ce jour-là, s'est mis en harmonie avec le tableau; sa coupole est de plomb, mate, écrasante. Pas un souffle d'air. De grands oiseaux noirs planent sur nos têtes. La scène est d'un romantisme saisissant.

Il y a dans le caravansérail une petite fille arabe qui a été trouvée dans le voisinage après l'insurrection. Ses parents doivent être morts. Les gens de la maison l'ont recueillie et élevée. Elle a un esprit étonnant, un feu particulier et des traits bizarres, sous ses haillons à demi français. Elle se cache la figure quand on paraît faire attention à son tatouage, et, si on l'appelle *petite arbi,* elle boude et finit par pleurer.

Le mirage s'est produit pendant une partie de la journée. Sans doute le phénomène n'était pas très-complet; il m'a paru bien au-dessous des descriptions qu'on en voit partout. Ç'a été d'abord une ondulation sensible de l'air dilaté outre mesure qui s'est produite sur une vaste étendue, à une distance inappréciable.

C'était fatigant à regarder. On aurait dit une brume translucide, à la fois apparente et invisible, semblable tout à fait au tremblotement de l'air au-dessus d'un poêle chauffé. La vapeur s'est épaissie ensuite et a formé une longue bande d'un blanc azuré ondulant de la même manière et semblant poussée de l'ouest à l'est. Cela ne manquait pas de ressemblance avec un lac agité; mais en y mettant la meilleure volonté, je n'ai découvert ni jardins, ni palmiers, ni aucun des accessoires si magnifiquement dépeints dans le *Napoléon en Égypte*. La nappe gazeuse s'est déplacée plusieurs fois; en s'ouvrant elle nous a montré quelques îles, il est vrai peu engageantes. Il y a eu vers le soir un effet de réfraction plus curieux. Des chameaux épars, très-près de nous, ont été reproduits plus loin assez nettement pour qu'il fût difficile de distinguer l'ombre de la réalité.

14 mai. — Les Seba-Rous.

Arrivés à Guelt-Estel, où est le troisième caravansérail après Boghar. Devant nous se dressaient depuis deux jours les sept têtes du Seba-Rous, comme une vapeur bleu tendre aux contours argentés. La monotonie de la route est peu interrompue dans cet espace de vingt lieues qui est la moindre largeur de la plaine. Toujours les mêmes herbes, le même ciel, les mêmes horizons. À un certain endroit commence l'alfa, dont nous ne quittons plus les touffes fastidieuses. Nous les retrouverons par intermittences jusque dans l'extrême Sud. Ailleurs on rencontre de longues tiges en forme de quenouille dues à une plante dont le nom m'échappe. Les soldats les appellent des réguliers, parce qu'on les prit souvent pendant la guerre pour des fantassins d'Abd-el-Kader;

plus d'un général fit exécuter des charges contre ces guerriers inoffensifs. Une si forte illusion s'explique par une lumière intense à laquelle nos yeux ne sont pas faits : la vue en est déroutée. Plus loin, nous traversons des dunes de sables mouvants, passage fort pénible pour les chevaux ; c'est le seul accident topographique qui se montre sur tout le trajet.

En l'absence d'autres épisodes, l'attention s'attache aux choses les plus futiles qui rompent par hasard cette éternelle monotonie, ce vide silencieux ; on suit des yeux un aigle qui passe, une outarde qui s'enlève au bruit des chevaux et lourdement vole à fleur de terre, quelques pies-grièches curieusement posées sur les poteaux du télégraphe. Même ces aventures sont rares. Ce qu'on trouve le plus, ce sont des squelettes d'animaux ; à défaut d'autres traces, ils serviraient à marquer le chemin. Il y a aussi quelques jujubiers et des bétoums rabougris qu'on aperçoit de très-loin : on marche, les regards fixés dessus, comme si l'on avait devant soi des sites pleins de promesses. La route, une ligne droite de vingt lieues, est une simple piste qui s'est faite d'elle-même : c'est par là que l'on passe habituellement, et l'herbe y pousse moins, voilà tout.

L'Arabe et ses cachettes.

Il paraît que les Arabes ont peu de goût pour ce tracé, car nous n'en rencontrons pas quatre en deux jours. Les caravanes évitent, dit-on, notre rencontre assez volontiers et fuient nos voies de communication. Vieille habitude de mystère due évidemment au besoin d'esquiver les attaques et les coups de main. Tout dans la vie de l'Arabe trahit ce penchant défensif à voiler son existence, à ne révéler que le moins possible sa demeure ou son passage : le douar se tapit dans des replis de montagnes invisibles, la caravane glisse par des défilés inconnus. Vous vous croyez souvent dans un monde inhabité, et vous traversez réellement des pays populeux. Vienne à passer un vent d'insurrection, il sortira des milliers de burnouss, on ne sait d'où, comme s'il en tombait du ciel. Le matin du second jour, après une forte pluie, nous apercevons une troupe bizarre d'hommes nus s'agitant parmi de grandes flammes ; on dirait des démons. Ce sont bien des habitants du voisinage. Ils ont allumé des touffes d'alfa et font sécher leurs burnouss trempés d'eau. Où sont leurs tentes, leurs bestiaux ? Tout près, à coup sûr ; mais on ne voit rien.

Terre à terre.

A défaut de tableaux où l'homme ait un rôle, il faut se contenter de ces vignettes, rares elles-mêmes. L'œil fatigué, confondu devant les perspectives sans limites, s'abaisse alors vers le sol et se délasse à examiner tout un monde entomique qui rampe, grince, bourdonne, sans que son perpétuel murmure monte seulement jusqu'à nos oreilles. Il y a là, pour un naturaliste, des volumes d'observations à récolter. Étrange contraste que ce microcosme d'insectes et de gazons dans l'immense déploiement de l'espace ; c'est l'infiniment petit dans l'infiniment grand ; il semble que l'atome usurpe le domaine du géant. A l'ombre des bouquets de drin et des gerbes chevelues de l'alfa, apparaissent de minces tiges vertes, hautes d'un pouce, que surmontent d'imperceptibles bluets, des miniatures de pâquerettes, une flore nombreuse dont les mille échantillons tiendraient dans le creux de la main. Des sauterelles, des scarabées de toutes formes et de toutes couleurs, de jolis lézards gris, des tarentes mordorées parcourent ces humbles prairies avec une animation singulière. La cigale y jette son cri joyeux, le papillon y fait miroiter ses ailes diaprées, la fourmi s'y fortifie dans son rempart de sable ; la vipère, hôte redoutable, y poursuit sa victime. Il n'est pas rare de voir un gros caméléon roulant philosophiquement ses prunelles mobiles, dans une attitude bizarre et prolongée, la plus laide et la plus inoffensive des bêtes, une belle âme dans un corps difforme, une physionomie qui commande la sympathie. Voilà à quelle faune sont réduites ces solitudes que hantaient autrefois les plus grandes espèces. Alors des troupeaux de mouflons, de bubales, d'antilopes broutaient ces pâturages amers, l'autruche venait boire l'eau des redirs. L'homme, l'Européen pour mieux dire, a refoulé ces primitifs habitants jusqu'aux derniers confins du Sahara. La petite gazelle elle-même, si abondante, si familière, a cherché un refuge au delà de Laghouat, hors de notre influence. Le gibier ordinaire a presque disparu : lièvres, lapins, perdrix, caugas, outardes ont émigré on ne sait où ; les disettes ont fait de l'Arabe un chasseur impitoyable ; il s'est associé à notre fureur de destruction : tout est descendu. Les fauves ont suivi leurs proies. Les grands oiseaux, qui aimaient le feuillage des dayas, ne trouvent plus que la place des vieux térébinthes tombés sous la hache des mercanti ; ils passent maintenant et poursuivent leurs pèlerinages sans s'arrêter. Nous avons fait le désert dans le désert.

Guelt-Estel.

De loin en loin quelques chaînes montagneuses barrent le passage ; il faut un siècle pour y arriver ; la plaine recommence de l'autre côté.

C'est dans un massif de ce genre que se trouve Guelt-Estel. Le lieu est sombre et sauvage ; la croupe des montagnes est faite de rocs énormes crevassés de longues fissures. Ils sont tellement blancs et polis qu'à une faible distance on les croirait couverts de neige. Des genévriers, d'épaisses broussailles, des pins rabougris croissent dans les interstices. Un douar misérable aux tentes noires et déchiquetées est installé au fond de la gorge. Au-dessus, dans leurs aires inaccessibles, nichent les aigles.

Il est tombé tout ce jour une pluie battante, ce qui fait dire aux soldats que Mahomet a pris la semaine, plaisanterie qui a droit à plusieurs chevrons. Nous n'avons pu visiter aux environs autre chose que la Guelta. On nomme ainsi un réservoir naturel formé par le roc, et où se déversent les eaux pluviales par diverses pentes. C'est la première notion d'une citerne fournie par le Créateur. La Guelta d'Estel est fort belle : les eaux s'y précipitent en cascades des plus grandes hauteurs, serpentent torrentueusement entre les troncs penchés des sapins, ou descendent en belles nappes écumeuses sur des plans de rochers unis comme du marbre. Le bassin étroit et profond est fait de quelques blocs juxtaposés entre lesquels percent des aigrettes de roseaux ; il est surplombé en partie par un grand figuier sauvage. L'ensemble figure assez une vue de la Suisse.

La pluie est tombée encore toute la nuit. Le lendemain la plaine d'alfa est un vaste marais où nos chevaux enfoncent jusqu'au jarret. Chaque pas que nous faisons est une glissade ou un engloutissement. C'est un piteux voyage. Et toujours le même niveau, derrière, à côté, devant soi. On est embourbé sans merci, sans une ombre d'espoir d'atteindre la moindre hauteur avant d'être parvenu là-bas, là-bas, à l'horizon lointain où se dressent les Seba-Rous. La montagne renchérit sur les montagnes du Prophète, qui se contentaient de ne pas venir à lui; elle semble fuir devant nos pas ralentis, et conserve une teinte désespérément confuse et vaporeuse.

La Guelta. — Le Rocher de Sel.

Enfin nous atteignons la rivière qui contourne le Rocher de Sel; c'est l'Oued-Djelfa.

Devant nous se dresse un morne grisâtre, colossal, tourmenté, offrant de près l'apparence et la couleur d'une montagne qu'on apercevrait de deux lieues. On dirait un amas immense de scories et de cendres durcies. La stérilité y est absolue; il n'y a point de pierres. Les ombres ont un beau velouté. Les lignes sont abruptes, sévères, à certains endroits très-heurtées. Tout cela est un mélange de gravier et d'argile formant une sorte de ciment fortement saturé d'un sel que l'eau désagrège et charrie. Il y a tout un réseau d'excavations au fond desquelles filtre une eau claire qui dépose, comme une efflorescence, des couches cristallines semblables à de la neige fraîchement tombée. Ce sel est de la plus grande finesse. Ailleurs on peut se pencher sur le bord de petits réservoirs extrêmement profonds remplis de cette eau limpide d'un beau vert perlé, et peu transparente. Elle est tellement salée que les corps les plus lourds ont peine à descendre au fond. En y plongeant la main on éprouve une vive sensation de froid qui devient bientôt cuisante. Après une minute d'immersion, la peau se tuméfie, devient écarlate et brûle cruellement.

Un chasseur s'est jeté dans un de ces bassins, et s'est maintenu un bon moment à la surface, sans faire le moindre mouvement, dans toutes les attitudes, même ramassé et se tenant les pieds. Quand il en est sorti, sa peau, devenue pourpre, s'est promptement couverte d'une poudre blanche ; il était passé à l'état de petit salé.

Beaucoup de ces petits lacs sont couverts d'une croûte exactement pareille aux surfaces voisines, et d'une solidité douteuse. On voit partout des traces d'affaissement ; il est évident que la montagne, en se dégageant d'un de ses éléments constitutifs, diminue de volume ; aussi est-il téméraire de s'aventurer sans guide en dehors du sentier qui serpente au travers. On dit que des voyageurs ont été engloutis dans ces étangs souterrains. L'étrangeté de cette mort est que les cadavres doivent échapper à la décomposition dans ce bain salé. Si l'on fait jamais des fouilles dans le rocher, on pourra y trouver en bon état de conservation des personnages contemporains de la plus haute antiquité et des animaux des âges lointains. Cependant des accidents de ce genre doivent être rares, si l'on considère le petit nombre de gens et le peu de traces humaines que l'on rencontre en ce lieu. Cette mine, qui représente des millions, n'est exploitée que par les tribus voisines et les soldats de passage ; c'est un trésor perdu. Rien ne surprend davantage l'Européen, à qui les produits du globe semblent toujours prêts à manquer, que de voir des masses de matières utiles demeurer à l'abri de la pioche et du railway. On peut s'étonner qu'un rocher si précieux n'ait encore servi que de repaire aux corbeaux.

Nous avons ramassé dans la rivière une grande quantité de pépites polyédriques fort brillantes qui paraissent être du cuivre. Quelques-unes sont enchâssées dans des plaques de grès noir, comme des étoiles d'or dans le firmament. La rivière au-dessous du rocher est salée comme de l'eau de mer.

On pourrait dire de la forêt qui s'étend sur les deux rives comme du rocher de sel, c'est encore une richesse qui ne profite à personne. Elle y gagne peu en pittoresque. Pour une forêt vierge, on ne peut rien voir de plus triste ; des arbres clair-semés, malingres, noueux, tordus, avares d'ombre et comme atteints de la maladie de la plique ; des ravins, des torrents d'une largeur énorme, de gros troncs morts pourrissant sur place, tel est ce bois en parfaite harmonie avec l'affreuse roche grise qu'il avoisine. Nous y avons tué de beaux ramiers ; c'est le seul bon souvenir qu'il nous ait laissé.

Cependant le Rocher de Sel est une de nos meilleures étapes. Nous sommes ravis de voir quelque chose. Outre le caravansérail, il y a sur le bord de la rivière une jolie maison blanche de mine avenante, entourée de haies et de saules. Tout y respire l'aisance et le travail ; le jardin est bien tenu, la basse-cour superbe. Les propriétaires paraissent de braves gens, la femme est jolie. Ils tiennent auberge, et vendent honnêtement. La vue de cette petite colonie, après trois jours passés à travers les solitudes désolées de la plaine, réjouit comme si d'un coup de baguette on était transporté dans une ferme française. Je ne trouve plus que la couleur locale est gâtée, et, sans être injuste pour les magnificences de la nature sauvage, le cœur fait bon accueil aux images effacées qu'évoque l'humble maisonnette.

Feu de bivac.

Le soir, l'air est vif. Il règne dans le camp une gaieté sans cause apparente. Le bois est abondant; les chasseurs allument des feux qui finissent par se fondre en un seul immense brasier où des arbres entiers sont apportés. On forme autour un grand cercle. Les groupes tranchent en noir sur la flamme éclatante. Les figures martiales, les draperies des manteaux, les rouges phécy s'éclairent splendidement vers le foyer où ces gerbes d'étincelles petillantes succèdent à d'épaisses langues de feu. La combustion des résines donne comme un parfum d'encens. Le rocher, la forêt sont ensevelis dans le silence et les ténèbres; le ciel n'a d'autres clartés que celle des étoiles. Un sous-officier joue des airs de flûte, des soldats entonnent des chansons tendres ou plaisantes dont les refrains sont redits en chœur aux échos. Un charme puissant se dégage de cette fête improvisée: ces voix un peu rauques, ces couplets trivials exhalent une poésie qu'on ne leur eût jamais soupçonnée; on oublie le reste du monde, on sent que, si loin qu'on aille, on aura toujours avec soi une patrie. A dix heures, tout repose; la voix nocturne des chacals succède aux chants de la colonne.

Djelfa.

Rien de remarquable jusqu'à Djelfa. Au delà du Rocher de Sel, le pays devient abrupt et rocailleux; c'est une plaine inégale hérissée de cailloux tranchants, creusée de fondrières.

Tout à coup apparaît un moulin, un moulin français dans un bouquet de verdure tendre. La présence de l'homme s'annonce encore, bien plus, la présence de notre occupation active et colonisante. Nous dépassons un grand bordj, demeure de l'Agha; une nappe d'orge et de saules s'étend devant nous, posée comme un beau tapis sur le sol rubigineux.

Nous sommes à Djelfa. On s'attend à toute autre chose, après avoir vu Boghari; on augure mieux d'un pays où la nature africaine se déclare si complétement et étale à perte de vue son ardente nudité. On dirait la peau nue du globe hâlée, brunie, calcinée par le soleil. Les ondulations du sol s'étendent en vagues prolongées, toujours enduites de la même teinte fauve homogène. On rêve une oasis, tout au moins une première ville du Sahara, avec ses murs de sable, ses terrasses, ses mosquées. A la place s'élève un village copié sur les derniers modèles du genre : des rues d'une largeur inadmissible, des maisons atroces avec de grandes enseignes de boutique, un Hôtel du Nord, une église et tout ce qui s'ensuit. Passons, si nous devons rencontrer ces horreurs pour la dernière fois. Les Vandales, qui saccageaient tout, laissaient de belles ruines; nous, qui bâtissons, nous laissons des traces hideuses; nous sommes les vrais Vandales.

Je préfère oublier ce bourg ridicule et ne voir que le bordj, sorte de place forte qui fut construite en quarante jours. Il a un air imposant et passablement féodal sur le plateau d'où il commande la ville et la plaine; il exprime éloquemment l'idée de la puissance des armes implantée à jamais sur ce territoire. Le caractère guerrier particulier à ce pays et qui perce en tout, dans les ksours fortifiés, dans les bordjs français, jusque dans la configuration du sol, devient très-sensible à Djelfa. On se sent ici comme entre le fort et les quatre blockhaus carrés dressés sur les faces de la ville. Cela aurait une physionomie, sans les abominables bâtisses dont j'ai parlé. Je cherche en vain un point de vue : les tuiles, les cheminées, les enseignes, les manutentions me poursuivent partout. Alors mes regards se tournent vers le Midi et plongent dans le grand espace rouge ouvert sous le ciel bleu. Quand serons-nous à Laghouat?

Le Marché.

Nous sommes arrivés à Djelfa un jour de marché. Toute la matinée il est descendu des Arabes par les versants à pente prolongée qui entourent la ville. Anes, chevaux, mulets, chameaux chargés de tellis pleines, d'outres gonflées, de couffins affluaient de tous côtés vers la colline où se tient cette espèce de foire hebdomadaire très-déchue aujourd'hui.

De cette assemblée, tumultueuse comme un marché de village en France, se dégage un brouhaha assourdissant de clameurs, de bêlements, de disputes, et des odeurs étonnantes. On vend là des grains, de l'huile, du miel, du goudron, des pastèques, des raisins, des grenades, du bétail, et, dans ces petites tentes basses, toute espèce de mercerie et de colifichets. Marchands et acheteurs campent sur le terrain. L'emplacement est un mamelon qui disparaît sous la foule pressée, houleuse, grouillante et ressemble de loin à un nid de termites. Au milieu de tout cela circulent, on ne sait comment, les baudets, les bestiaux et les cavaliers. Je trouve aux paysans de belles figures. La teinte basanée domine. Ce peuple est très-rustique, très-dur, et robuste quoique mal nourri, s'il faut en juger par quelques familles superbes que nous voyons déjeuner d'une écuelle de son délayé dans de l'eau. Hommes, femmes, enfants plongent leurs doigts dans cette maigre pitance et les sucent, d'ailleurs sans gourmandise ni trace de sensualité. On sent qu'ils accomplissent une fonction nécessaire exempte de plaisir.

Fantasmagorie.

Une bonne inspiration me ramène le soir de ce côté. Le mouvement et le bruit se sont apaisés. La scène est ce qu'on peut rêver de plus sombre et de plus fantastique, sous la pâle clarté de la lune. Au milieu d'une confusion d'ombres spectrales scintillent d'innombrables petits feux entourés d'un double cercle de gens et de bêtes, celles-ci servant de remparts et d'enceinte à la tribu rassemblée. Je suis certainement très-habitué à voir des chameaux, mais cet animal bizarre ne saurait lasser l'étonnement. Vus de la sorte à la lueur des foyers rouges, leur long cou dressé, la tête somnolente et grimaçante, emboîtés les uns dans les autres, ils prennent à mes yeux des proportions et des formes tout infernales; on dirait des hydres gigantesques, des dragons, des chimères, des monstres inconnus conviés à quelque sabbat. Les Arabes en rond, adossés à ce bétail chaud, exposent à la flamme leurs tibias nus et leurs mains ouvertes, serrés côte à côte, la tête enfoncée dans les épaules, la face éclairée dans l'obscurité du capuchon. Des flocons de fumée lumineuse planent sur l'étrange assemblée. Un original, debout, qui me parait avoir quinze pieds de haut, psalmodie un chant très-dur d'une voix stridente et nasillarde. On l'écoute, mais personne ne le regarde. L'astre de la nuit découpe sur les contours de la colline des silhouettes noires, très-nettes, mais sans forme appréciable. Ce n'est pas un tableau, c'est une eau-forte à la Rembrandt. L'obscurité ambiante, la confusion accroissent l'effet de multitude : on ne sait où commence, où finit cette foule.

Mademoiselle Tine.

On nous apprend qu'une caravane a été enlevée entre Guelt-Estel et le Rocher de Sel deux jours avant notre passage.

Il est aussi beaucoup question à Djelfa d'une femme bien remarquable dont nous entendons parler depuis Médéah, c'est mademoiselle Tine. Cette personne courageuse nous précède de quelques jours sur la route du M'zab. Son éloge est dans toutes les bouches. On vante son énergie simple, sa science, sa connaissance des langues, et par-dessus encore sa bonté. Il faut ajouter qu'elle trouve partout un accueil empressé de la part de l'autorité militaire, qui seule peut lui fournir les moyens de poursuivre son entreprise. Elle a avec elle quelques femmes africaines et l'équipage de son yacht, qui est resté dans le port d'Alger. Cette petite escorte d'hommes sûrs la protége tant bien que mal non-seulement contre les voleurs, mais contre les indigènes qu'elle est obligée de s'adjoindre en chemin. Ses bagages, en effet, proportionnés à la durée présumable de son expédition et à la pénurie de ressources qu'offre le pays, sont faits pour allumer et tenter bien des convoitises. Il faut connaître le caractère essentiellement pillard des Arabes du Sahara pour comprendre les dangers d'un pareil voyage. Une femme qui, par amour de la science, ou simplement par une noble curiosité, emploie les dons de la fortune à courir de pareilles aventures, a droit à une grande admiration. Quand on voit les difficultés que mademoiselle Tine a rencontrées seulement jusqu'ici en territoire bien gardé, on se demande ce qui l'attend dans les régions mystérieuses et redoutables que hantent les Touaregs, ces pirates du désert. Ne faut-il pas un cœur doublé du triple airain dont parle Horace pour affronter, justement sous les ardeurs de l'été, des périls qui n'ont de comparables que les fatigues et les souffrances sans nombre réservées aux explorateurs de l'Afrique torride? Mais rien, parait-il, ne saurait décourager cette héroïque dame.

Histoires de voleurs. — Un jovial coquin.

On remet entre nos mains un grand coquin d'Arabe qui lui a volé quelques mille francs. Il va sans dire que, si le voleur est retrouvé, l'argent est désormais aussi bien perdu que s'il n'avait jamais existé. Avec les intéressants bandits de ce pays, on peut espérer bien des choses, comme de les mettre en fuite, de leur échapper ou de les faire pendre; quant à remettre la main sur sa dépouille, il est inutile d'y songer. Le secret du silo n'a que Dieu pour confident. L'Arabe ne fait pas de testament et encore moins de donation, et ne dépense jamais; il enfouit son trésor acquis ou volé, et ne pouvant l'emporter dans la tombe, il garde à cet égard un silence farouche : avec lui meurt sa fortune. L'action de la justice fût-elle poussée jusqu'à la torture, ne saurait arriver à faire avouer à un larron arabe en quelle cachette il a enterré une poignée de gros sous.

Le drôle que le bureau arabe confie aux bons soins de nos chasseurs se nomme Ben-Kadour. Il paraît que c'est un scélérat assez accompli qui a trempé dans mainte arrestation à main armée. Ses antécédents sont d'ailleurs voilés d'une obscurité d'assez mauvais augure et qui permet de supposer tout sans qu'on sache rien de précis; ce n'est pas lui qui se compromettra. Jusqu'au moment où on nous l'a livré, sa grande préoccupation a été de s'évader, ce qui se comprend fort bien : sa fortune étant assurée, rien de plus naturel qu'il aspire à en jouir en paix. Le plus extraordinaire est qu'il soit parvenu trois fois à se délivrer des spahis qui le conduisaient. Pour qui connaît les spahis et leur fanatisme de la consigne, une évasion entre leurs mains doit sembler un tour d'adresse tenant du miracle. Aussi nous présente-t-on Ben-Kadour comme un homme très-fort, partant dangereux. Il n'a été rattrapé les deux premières fois que par hasard; la troisième on s'est emparé de lui en faisant surveiller et garder par des traqueurs hardis tous les endroits où la soif pouvait le conduire. Cette ruse réussit souvent, surtout l'été, alors qu'il ne reste d'eau que dans un petit nombre de citernes ou de redirs; la nécessité de boire amène tôt ou tard le malfaiteur en un de ces endroits. Il a beau n'y venir que de nuit et en rampant comme une couleuvre, à peine s'est-il accroupi pour étancher sa soif, qu'il est saisi et garrotté, à moins qu'il ne reçoive une balle dans le dos, cas plus ordinaire autrefois. Kadour doit certainement la vie à notre influence qui a déjà modifié quelque peu ces façons expéditives : sous les Turcs les gaillards qui l'ont ressaisi se seraient probablement bornés à rapporter sa tête dans un mouchoir : lui-même n'eût pas trouvé le procédé excessif. Nos lenteurs judiciaires doivent le surprendre énormément et lui donner de nous une triste opinion. Les Turcs, les chefs arabes allaient plus rudement en besogne. De leur temps, un criminel était rarement jugé. On le dirigeait sous escorte vers le siège du tribunal. Une fois en rase campagne, l'escorte fusillait son prisonnier et revenait aussitôt raconter qu'il avait voulu s'échapper; tout était dit par là.

J'examine avec curiosité ce Fra-Diavolo indigène. C'est un grand escogriffe jaune, sec, nerveux, sordide et complétement déguenillé; il a le nez des rapaces, l'œil rond, le front fuyant; là-dessus un air jovial qui décèle une remarquable fourberie. On ne saurait imaginer un scélérat plus souriant, plus content de lui, une meilleure pâte de voleur, si ce n'était son diable de regard astucieux, vipérin, qui donne un peu froid. Il met à se laisser lier une complaisance qui touche à l'empressement; il a l'air de se prêter à une bonne plaisanterie, et répète sans cesse : Bono Français, Bono Français! A-t-il l'espoir d'amadouer ses nouveaux gardiens, ou se tient-il en défiance contre maître bâton? S'il a gardé quelque arrière-pensée de reprendre la clef des champs, il doit éprouver une certaine déception en se trouvant entre quatre chasseurs narquois, bien armés et tenant à deux les bouts de la corde qui lui lie les mains. Il fait contre fortune bon cœur, et se met courageusement au pas des chevaux.

17 mai. — Aïn-el-Ibel. — L'oasis de la Belle au bois dormant.

Nous avons quitté Djelfa par un temps alterné de coups de soleil et d'ondées hivernales. On nous avait signalé cette ville comme un des points les plus froids de toute l'Algérie, ce que nous aurions eu peine à croire s'il ne nous avait fallu conserver nos manteaux pendant les deux jours que nous y avons passés.

Sur notre droite, s'étend l'immense chaîne du Djebel-Amour dont nous longeons les derniers contre-forts. Rien de plus sinistre, de plus caractéristique que ces montagnes; leurs flancs sont taillés à pic, en falaises, et leurs sommets, au lieu d'une succession de courbes, n'offrent que de grandes lignes horizontales, presque toutes au même niveau. On dirait un môle sans fin, ou plutôt une interminable fortification, avec créneaux et bastions, une espèce de muraille de la Chine. La plaine prend ses aises sur notre gauche jusqu'aux lointaines dentelures de quelques collines couleur gorge de pigeon.

Derrière un pli du terrain apparaît le caravansérail d'Aïn-el-Ibel. Nous arrivons mal pour goûter le premier effet que doit produire ce lieu charmant; il nous semble aborder un gîte en tout pareil aux autres. Cependant, après avoir mis pied à terre, tout en flânant, nous découvrons une petite rivière qui s'est creusé une sorte de canal irrégulier dans le sable. Nous escaladons un fouillis de rochers et de dunes qui nous masque le fond de la vallée, ce qu'on appelle la Daya. Il nous échappe un cri de surprise et d'admiration. Un deuxième caravansérail, de forme arabe, émerge d'un parc immense; au-dessus et parmi d'autres rocs, se dresse un palais oriental du style le plus élégant; des jardins touffus s'étendent vers le bas, suivant le ruisseau dont le lit dessine au loin ses méandres verdoyants. Nous descendons pour contempler de bas en haut les trois édifices dont un nous est caché dans la position où nous sommes. Le spectacle que nous avons alors sous les yeux est féerique; nous pouvons nous imaginer avoir découvert une de ces villes enchantées que les génies rendent invisibles au commun des mortels. Le palais se dresse fièrement, comme un asile royal, dominant le ksar, dont une face ouverte montre trois belles rangées d'arcades entourant un puits à clocheton. Les figuiers, les tamarins, vingt espèces d'arbres chargés de fruits enlacent les murailles, adoucissent les angles et atténuent la noblesse un peu sévère de la ligne horizontale copiée d'instinct, et non sans quelque abus, par l'architecture arabe sur les plans infinis de la nature saharienne. Au-dessus du groupe s'étend le plateau stérile, le désert, vaste océan où est enfouie cette perle.

A mesure que nous parcourons les ruelles formées par les petits parapets de sable qui séparent les jardins, nous sommes frappés de l'incroyable tristesse qui se dégage en détail de cet Éden enchanteur. On se croirait aux abords du château de la Belle au bois dormant. Les murs bosselés, crevés, branlants, ne remplissent nulle part leur office; les arbres désordonnés se serrent à s'étouffer; les fruits mûrs jonchent le chemin; les légumes disparaissent dans les herbes sauvages; les portes sont obstruées de broussailles; des troncs déracinés barrent la voie à chaque pas; des carcasses d'animaux pourrissent dans les bocages. Tout trahit un complet abandon et l'effacement de l'homme devant les forces végétatives. L'exubérance même du sol livré sans direction à son intempérante fécondité ajoute un surcroit de mélancolie à ces ruines. La nature vierge a de ces désordres, mais il s'en dégage une harmonie joyeuse et puissante que n'ont pas les plantations abandonnées.

Nous entrons dans le bordj arabe où l'on pénètre par une sorte de portique voûté intérieurement. Là aussi tout est morne et silencieux. Une odeur sépulcrale s'échappe de l'enceinte déserte; les briques se disjoignent, les portes s'ouvrent d'elles-mêmes, le puits est comblé. Çà et là quelques pierres noircies rappellent les foyers éphémères de rares voyageurs; la place des chevaux est marquée par une poignée de paille mêlée de boue. Un gueux dort dans ses haillons, adossé à un pilier; près de lui un âne malade et taciturne semble songer. Nous montons jusqu'à la maison de commandement, mais la porte en est close, et les coups frappés restent sans réponse; peut-être faut-il des paroles magiques, quelque « Sésame, ouvre-toi! » que nous ne savons pas.

Deux races en présence.

Le gardien du caravansérail nous a donné l'explication de ces étrangetés. La population d'Aïn-el-Ibel était très prospère avant 1864. L'administration lui avait fait bâtir le bordj que nous avons vu, ainsi que la belle maison du chef, des tentes nombreuses s'éparpillaient autour du ksar. Mais à cette époque, le caïd nous trahit et se lança dans l'insurrection, entraînant sa tribu avec lui. L'oasis fut à peu près abandonnée et ses anciens habitants redevinrent nomades. Cependant quelques familles reparurent, et l'on mit un autre caïd quand la révolte du Sud fut terminée. Seulement ces familles appartenaient à la classe inférieure, vicieuse et nonchalante; ce n'étaient que des kramès, des domestiques des anciens maîtres, ou des vagabonds; ils y sont encore aujourd'hui; mais ils n'ont pris aucun accroissement, n'ont rien gagné, rien fait. Ils possèdent d'excellents jardins dont ils ne songent à tirer d'autre parti que d'en saccager les fruits avant maturité ; loin de cultiver, ils dévastent. Un règlement leur concède l'eau pendant cinq jours de la semaine ; les deux autres jours sont abandonnés au gardien français. Eh bien ! pas un ne prend la peine d'arroser, quand il n'aurait pour inonder son champ qu'à donner un coup de pioche. Les canaux sont engorgés, coupés, détruits. L'eau, c'est-à-dire la fortune, la vie, passe sans profit à la porte de ces malheureux qui meurent de faim les trois quarts de l'année. Ils ont pourtant sous les yeux l'exemple du gardien qui, d'un petit carré de terrain conquis sur le sable par son industrie, tire un revenu moyen de quinze francs par jour, malgré l'absence à peu près complète de tout débouché ; encore est-il volé continuellement. Il nous a montré de magnifiques volailles, des champs couverts d'épis, des potagères phénoménales, et jusqu'à du poisson dans un vivier.

Cet homme nous a beaucoup intéressés. Il professe à l'endroit des Arabes une antipathie qui est trop naturelle de sa part pour qu'on n'en excuse pas l'exagération. En contact avec une engeance dégradée, en butte à toutes sortes de maraudages, témoin d'une apathie qui semble insulter à ses efforts, il n'a aucun souci des raisons philosophiques qui peuvent expliquer la décadence de ses voisins ; cependant il ne peut trouver d'aide que chez eux, et, un peu malgré lui, il en fait vivre une bonne partie. Il nous a raconté un trait qui dépeint assez énergiquement les mœurs arabes vues d'un certain côté.

Le pâtre.

Il avait à son service, comme berger, un gars vigoureux élevé par ses soins. Le gaillard, bien nourri, presque éduqué, semblait à peu près tiré de la fange où croupissent ses pareils. C.., un de ces derniers jours, vient à passer une bande de mesquinos que des soldats conduisaient de Laghouat à Médéah. Il paraît que ce n'étaient pas des mendiants aussi à plaindre que ceux du Tell, mais plutôt quelque espèce de bohémiens, de zingari de moralité fort équivoque. Ils prenaient gaiement leur détresse et semblaient n'avoir jamais eu destin plus heureux. L'endroit leur plut, et, sur le tard, bien reposés des fatigues de l'étape, ils improvisèrent une petite fête de famille. L'orchestre alla se pourvoir d'instruments dans les roseaux de la rivière ; une casserole servit de tarbouka ; les filles exécutèrent des danses lascives, les hommes chantèrent. Les habitants d'Aïn-el-Ibel, si froids, si peu empressés à notre passage (nous n'en avons pas vu six), accoururent, se mirent dans le cercle et passèrent une soirée délicieuse. Notre pâtre ne fut pas des moins avides à goûter ce spectacle, et même y trouva tant de charmes que le lendemain au point du jour il partit avec la petite troupe. Où allait-il ? Certes, il ignorait si c'était en prison ou ailleurs ; mais il savait qu'on allait voyager, changer de place, danser parfois, au demeurant ne rie   ire ; que lui importait le reste ? Il avait mangé pour lo. gtemps : qu'avait-il besoin de travailler, n'ayant plus faim ? Et d'ailleurs les mesquinos ne travaillaient pas, et cependant on leur distribuait d'excellent pain.

L'aventure n'est pas unique. L'Arabe est ainsi fait ; il

ne prend la vie au sérieux que par le côté fantaisiste. Qu'en faut-il conclure, sinon que nous avons le crâne autrement fait que ces gens-là? Nous sommes les sages, eux les fous; mais il est d'heureuses folies.

Le gardien. — Un épisode de l'insurrection.

Le gardien est un homme d'énergie. Il nous a raconté que son caravansérail est le seul qui n'ait pas été attaqué, de Boghar à Laghouat, lors de l'insurrection. Il y était resté, après avoir éloigné sa famille, avec une garnison composée de quatre zouaves, gens fort décidés comme lui. Le ksar, à cent pas plus loin, était occupé par des bandes nombreuses, et chaque soir donnait asile aux révoltés de passage dont le flot grossissant montait vers le nord. Comment éviter une attaque, et, le cas échéant, comment la soutenir? Que pouvaient faire cinq hommes contre cent, mille, dix mille?

— Nous avions en tout trois cents cartouches, nous dit le brave X...; mais, une fois brûlées, la mort était au bout. Puis, comment défendre à la fois les quatre tours et la porte? Nous n'aurions pas tenu une heure. La nuit nous n'osions pas dormir; nous attendions toujours une surprise. Un de nous faisait sentinelle, et je vous réponds qu'il ouvrait les yeux. Pendant ce temps nous discutions des moyens de défense et des plans pour nous tirer de là, sans absolument sacrifier notre peau. Nous rendre à la première sommation aurait pu être honorable, en considérant les forces de l'ennemi; mais, avec ces gredins d'Arabes, mieux vaut être mort que prisonnier. Nous nous arrêtâmes à une idée assez originale. J'avais dans ma cave deux tonneaux de trois-six; nous les transportâmes sur la porte qui est couverte d'une plate-forme sur toute l'épaisseur du bâtiment. Notre plan était de concentrer là toute la résistance; les Arabes s'y porteraient naturellement, et chercheraient d'abord à pénétrer par cette simple barrière; ils n'avaient qu'à la brûler. Nous les laissions faire, et, la brèche faite, ils se précipitaient en masse sous la plate-forme; alors nous versions sur eux l'alcool allumé, et, déguisés nous-mêmes en Arabes, nous prenions la fuite à la faveur du désordre.

Cela n'eut pas lieu. Un des quatre zouaves était tambour. C'était un enfant de Paris; il *blaguait* du matin au soir; mais il eut une bonne idée : il avisa une vieille caisse qui traînait dans un coin, et dit : « Nous sommes sauvés ! » Il se mit à faire à chaque heure du jour les batteries habituelles d'une caserne; le matin c'était le réveil dont nous n'avions, hélas! guère besoin; puis l'appel; et il appelait une série de noms cocasses d'une voix très-élevée, à quoi nous répondions pendant un quart d'heure sur divers tons : « Présent! » C'était ensuite la soupe, et tous les signaux imaginables. Il imitait même le bruit de plusieurs tambours. Vous comprenez que cela avait pour but de faire croire aux Arabes que nous étions une compagnie au moins, un bataillon. Et réellement ils donnèrent dans le piége. Nous en vîmes rôder bien près; mais alors le tambour battait la générale, nous faisions un grand tapage de fusils, et nos imbéciles s'éloignaient. Cela dura huit jours. Nous avions des vivres, nous faisions bombance, et notre Parisien ne tarissait pas avec son instrument; jamais service de garnison dans les places les plus sévères ne fut plus régulièrement battu. Nous ne fûmes pas attaqués. Une colonne allant à Djelfa, et repoussant devant elle les Arabes, nous prit et nous emmena.

Sidi-Makelouf.

Le soir, un orage épouvantable fait fondre sur notre camp toutes les cataractes du ciel. On se demande s'il sera possible de se mettre en route le lendemain. Il le faut cependant, car nous n'avons pas d'orge. On veut aller en demander au caïd; mais la rivière débordée est infranchissable. Heureusement la pluie cesse vers dix heures, et nous pouvons partir le lendemain par un temps radieux à travers un terrain détrempé.

Nous laissons toujours à notre droite le Djebel-Amour de plus en plus âpre et sauvage. On croirait recommencer l'étape de la veille, tant les aspects ont peu changé. Bon gîte à Sidi-Makelouf, un embryon d'oasis. Nous saluons la première apparition des palmiers représentée par trois ou quatre perches mutilées. Un de mes compagnons les compare à de vieux plumeaux hors de service. Mieux vaut qu'il en soit ainsi pour ne pas affaiblir la surprise qui nous attend à Laghouat.

Arrivée à Laghouat.

C'est le lendemain que nous devons arriver. Nous ne nous arrêtons pas à Métili. Le trajet n'est plus qu'une question de temps; il n'y a rien de nouveau à attendre jusqu'au terme du voyage; les montagnes, qui sont près de finir, semblent se multiplier. Le dessin n'en est pas changé : ce sont toujours les mêmes remparts sédimentaires frangés des mêmes créneaux. Nous atteignons l'Oued-M'zi, la rivière de Laghouat, qui est considérablement grossie ce jour-là. Rien encore n'annonce une ville. Au détour d'un mamelon auquel on a donné le nom de Chapeau de Gendarme, apparaît une sorte de fort près d'un jardin, et en avant, une longue avenue de saules pleureurs. Ce n'est pas ce que je cherche. Nous faisons encore cent pas, et trois choses se montrent à nos yeux éblouis, trois choses qui méritent qu'on fasse, non pas trois cents lieues, mais trois mille pour en rapporter l'image, trois choses qu'il faut contempler réunies, le ciel, l'oasis, le désert.

II

Mai–juin. — De l'Orient.

Les notes de voyage qui composent ce volume ont été écrites jour par jour; elles ne prétendent à rien, sinon à donner fidèlement ma première impression sur chaque chose, en dehors de toute composition et de tout artifice. Je ne dissimule pas que j'ai vu ce pays en beau, grâce à l'attrait de nouveauté qu'il m'offrait. Il en est toujours ainsi quand on se promène hors d'Europe. Mais pour s'en tenir à cette impression, il est bon d'aller vite; si l'on veut garder un bon souvenir des contrées du Levant, il faut se borner à les effleurer du regard : il n'y a pas d'autre procédé pour se garantir de l'observation étudiée qui mène à la critique et au dénigrement. Lorsque je lis une description de Constantinople, je ferme le livre aussitôt qu'il me parle des malpropretés de la ville intérieure : à quoi bon soulever des voiles charmants? A quoi bon chercher le fumier sous les fleurs? Si vous faites état de courir le monde pour y cueillir quelques joies, ne vous arrêtez jamais longtemps au même endroit, pour peu qu'une larme de sang artiste soit en vous; n'ouvrez jamais un guide, n'interrogez personne, voyez vous-même et vous verrez plus juste. Un aspect, une rencontre, une scène, la plus maigre aventure en disent plus que vingt livres, et laissent des images autrement durables. J'ai oublié bien des lectures, je n'ai jamais oublié sous quel jour grandiose me fut révélée la dévotion musulmane : un tumulus, quelques chameaux couchés au pied, en haut une famille groupée : l'aube blanchissante apparaît et commence à dissiper les ombres ; la tribu se prosterne vers le Levant, les fronts touchent la terre ; un grand vieillard se dresse fervent, auguste, d'une taille surhumaine dans les plis droits de son vêtement ; il murmure une prière, étend en croix ses longs bras et les élève au ciel, dans un magnifique essor vers la Divinité. Quelle dissertation vaut ce tableau ?

Ce n'est pas ici se montrer superficiel que d'attacher de l'importance à l'extérieur des choses. En général, les impressions les plus solides, les plus exactes nous sont imposées subitement à première vue. L'aspect d'un mendiant sordide nous raconte le poëme de la misère, un cavalier lancé à travers la plaine nous dit les ivresses de la vie errante, une tente, un palmier nous peignent les poésies du désert. L'examen nous apprend ensuite beaucoup, mais n'ajoute rien à la sensation, loin de là, il l'affaiblit, la déroute. Observez avec les yeux, avec l'âme, tout est lumière ; scrutez, étudiez, cherchez le fond, tout est confusion, le trait d'ensemble se perd, les nuances, les détails, les contrastes encombrent l'image d'abord si nette et si ferme.

L'Orient demande une dose médiocre d'analyse au voyageur : de prime abord il se livre, s'imprime, se burine dans l'imagination en traits vigoureux et sûrs ; sa physionomie, c'est lui-même. Son ciel, son architecture, ses types reflètent son âme et la traduisent en un langage dont aucune philosophie ne saurait égaler la force. Il serait téméraire de juger des nations européennes d'après une promenade à travers les villes; nos civilisations compliquées ont mille faces qui exigent une observation multiple, des études historiques, une synthèse ingénieuse pour arriver à en retracer seulement quelques faces avec une vérité contestable. Les sociétés plus voisines de l'état primitif n'ont pas de ces arcanes; elles sont presque pures de tout mélange et n'obéissent qu'à leur génie propre; les nôtres, au contraire, s'amalgament entre elles, et chacune se crée un caractère tellement composite qu'il n'est plus un caractère. C'est ainsi que dans nos lois, nos mœurs, nos monuments, les règles, la morale, le style de tous les peuples, se donnent la main. Plus l'homme est policé, je veux dire savant, plus il se ressemble sous quelque latitude que ce soit : le progrès est en train de couler l'humanité dans un moule unique. Lorsque, en France, nous cherchons des figures originales, nous allons droit aux départements arriérés, ignorants, dont notre mouvement unitaire n'a pas encore étouffé complétement l'autonomie. Une société avancée et sans préjugés est nécessairement sans relief et sans couleur; la sagesse y a planté ses racines, la poésie s'en est éloignée. L'Orient n'a vu se produire encore rien de pareil : tel il a été, tel il est; son génie est immuable, c'est pourquoi nous le trouvons inférieur. Dans la grandeur, dans l'abjection il est toujours resté lui-même. Cette force de virtualité a été la source de sa puissance; elle devient un levain de mort : l'immobilité est atonie, car l'homme doit marcher. Mais de tout cela quelque chose est resté de bien étrange et qui nous offre un merveilleux intérêt, c'est le spectacle de ces sociétés si simples, si originales, si naturelles, si harmonieuses, où tout nous apparait tel qu'il doit être logiquement.

En effet, ce qui doit frapper le plus quand on examine d'un peu haut les peuples que nous avons la puérilité d'appeler barbares, n'est-ce pas d'y voir tout enchainé de telle sorte que vices, vertus, institutions, religion, climat, coutumes y sont réellement la conséquence les uns des autres? Nos réformes, quand elles pénètrent dans ce milieu, n'y introduisent que des nonsens; on sent très-bien qu'en y changeant seulement la forme des maisons on va produire une cacophonie; ou bien il faut tout changer, les lois, les costumes, les mœurs et jusqu'au climat. C'est une machine peu perfectionnée peut-être, mais combinée de telle façon que tout y a impérieusement sa raison d'être; l'agencement en est grossier, mais il ne saurait se concevoir autrement; en ôter le plus mince rouage serait désorganiser la machine entière. Tout cela est étroitement uni, c'est l'expression d'un effort normal, régulier, je dirai rectiligne; que ce soit bien ou mal, cela ne saurait être autrement. Les grands espaces de terre arides expliquent la vie nomade d'où découle le fractionnement des peuples et l'individualisme de la tribu; une race morcelée ne saurait être unie, de là l'état guerrier. Il faut un lien cependant entre les groupes de même origine, de même sang; c'est la foi religieuse qui l'établit. Cherchons d'autres exemples. Les troupeaux donnent la laine, la laine est mauvais conducteur de la chaleur; peut-on concevoir que ces pasteurs soient vêtus autrement que de laine? Nous tournerons toujours dans un cercle de ce genre. Sous un ciel de feu, le labeur est dur, des besoins nombreux ne peuvent être satisfaits qu'avec beaucoup d'industrie, un travail acharné, l'Arabe aura peu de besoins. Une température ardente pousse à la mollesse, à la volupté, voilà pour la polygamie. Dans l'état de guerre la force fait loi, d'ailleurs l'indolence et l'égoïsme de famille prédestinent à la servitude ; le despotisme est là chez lui avec ses conséquences énervantes. Le travail de l'esprit est une fatigue comme celui des bras ; cependant l'Arabe aura sa littérature, sa métaphysique sous la forme d'un monument sacré, d'une Bible où étincellent des gerbes de métaphores : l'image remplace l'abstraction. Ainsi tout se lie, et l'Orient a une physionomie. Le Moyen âge, la Renaissance chez nous ont eu la leur ; notre société actuelle n'en a pas. Nous sommes avant tout sceptiques, éclectiques et pratiques ; mais avec notre sagesse et la puissance de notre essor, nous poursuivons encore un idéal intangible et mal défini, tandis que les musulmans depuis longtemps ont atteint le leur.

Voilà pourquoi les contrées de l'Orient sont poétiques. Elles ont les splendeurs d'un azur sans taches, les lignes pures découpées dans la lumière blonde, les végétaux charmants ; et l'homme y est resté simple. Il n'est pas allé chercher son idéal en dehors de la nature qui l'enveloppe, dont, en quelque sorte, il émane ; il entre dans ce grand concert avec des notes justes, parce que son inspiration est née du milieu même, qu'il remplit ; et il a trouvé le vrai qui est le beau. Son âme s'est racontée dans ses mosquées, dans ses palais, ses douars, jusque dans les traits de son visage, dans ses moindres gestes. Il a été artiste à son insu, et si grand artiste qu'il s'est

incrusté lui-même dans son œuvre et en est devenu
comme une partie intégrante.

Considérez une bourgade française remplie de gens
endimanchés; qu'est-ce qu'un peintre fera de cela?
Rien. Nos paysans, nos citadins, nos villes, nos champs,
tout ce qui sort de nos mains est laid. Nous avons des
arts brillants, mais c'est à part. Nos édifices, nos
tableaux, nos statues sont des choses en dehors de la
vie commune et de l'aspect général; c'est notre tribut
payé consciencieusement à l'idéal, au culte du beau;
mais l'idéal, le beau, le vrai, l'harmonie sont absents
de tout le reste. Notre coin de terre faussé, mutilé,
équarri est un domicile confortable; il n'exprime rien
de nous; notre âme est ailleurs. C'est une de nos
marques distinctives que de tout séparer, de tout classer; nos besoins, nos penchants ont leurs compartiments, nous n'embrouillons rien : la foi est pour telle
heure à l'église, le patriotisme a son jour, l'amour
ses instants, la poésie ses minutes; l'art se parque dans
les musées. Nous devisons beaucoup sur les choses de
l'âme : pures spéculations qui ne dépassent pas l'ordre
moral; cela nous fait une âme littéraire qui ne déteint
sur rien. Notre vie réelle, journalière est plate, étrangère à peu près à toute contemplation, à tout sentiment
de la nature. Avec un esprit raffiné, nous vivons dans
un paysage taillé à l'équerre, dans des maisons ridicules et vêtus comme des singes à la foire. Nous habillons la création comme nous nous habillons nous-
mêmes, d'une façon atroce, exhilarante, injurieuse pour
le Créateur. On dirait que la nature spontanée nous fait
horreur, tant nous prenons à tâche de la découper, de
l'aligner, de la peigner. C'est plus que du faux goût,

c'est une haine déclarée; c'est sans doute le dernier mot de la lutte de l'homme contre les forces inertes, c'est l'outrage après la victoire.

L'Arabe, lui, n'a point d'esthétique, mais il a mis partout son âme, une âme jeune et naïve; il est artiste, il est poëte, à force d'être poétique, dans ses ksours, ses huttes, ses habits, ses moindres ustensiles, toutes choses qui sont bien comme elles sont et dans le ton exact. S'il sort du ton, c'est qu'il nous imite. Il ne saurait produire rien de laid, et lui-même est toujours beau; il est vrai, on peut le peindre, fût-il chassieux, immonde, sordide, mendiant. Delacroix, Decamps, Bida, Fromentin tireront de lui un chef-d'œuvre. Habillez ce pouilleux de vos défroques, alors seulement il sera laid, c'est-à-dire faux. J'écoute l'hymne parfait que chante le bel Orient. J'aime ce pays et n'en veux rien dédaigner : tout y a un sens, tout y est saisissable, intelligible, tout y est fête pour les yeux; c'est un pays plastique, et qui se raconte lui-même : je n'ai qu'à le laisser parler.

Laghouat.

Laghouat est notre sentinelle avancée dans le Sud; elle protége Boghar, qui lui-même assure la sécurité de Médéah et du Tell. De vastes étendues sont difficiles à garder, on n'y arrive qu'en reculant ses frontières. Peut-être irons-nous plus loin; c'est une question militaire plus qu'une affaire d'envahissement. On n'a certainement que faire de ces steppes improductives, de ces ksours féodaux sourdement hostiles à notre domination, et qui donnent à peine un impôt suffisant pour y entretenir des garnisons. Il ne faut voir dans nos extensions de ce côté qu'une nécessité stratégique, défensive, et non un accroissement de colonisation : la colonie finit et finira toujours avec le Tell; Médéah est la limite que lui impose la nature. Vouloir coloniser le Sahara serait une chimère; en occuper trois points est déjà un lourd fardeau, et une garantie incertaine, comme l'a prouvé l'insurrection de 1864. Beaucoup de personnes pourraient croire que Biskra, Laghouat, Gériville sont des pays devenus français et constituent les foyers extrêmes de notre influence; ce ne sont que des postes militaires se reliant plus ou moins bien entre eux et avec le Nord. Ainsi Gériville est si peu sûr qu'on ne saurait atteindre ce point sans être constitué en petit corps d'armée. Le cercle de Laghouat est mieux soumis, mais dans l'éventualité toujours possible d'une guerre, cette place a une importance capitale et peut être regardée comme la clef de la province. Elle a été fortifiée à grands frais; et comme il serait extrêmement facile aux Arabes de remonter par d'autres issues, on entretient sous ces murs une colonne mobile de trois mille hommes pouvant se porter rapidement de tous côtés, et propre surtout à fondre par derrière sur l'ennemi qui aurait franchi nos lignes.

La colonne. — Le camp.

Cette colonne volante est assez sédentaire, grâce à la tranquillité du pays. Elle s'est dressé à quinze cents mètres de la ville un camp très-commode et très-curieux, où l'on voit que nos soldats ne brillent pas moins par l'industrie que par le courage; il y a un terme familier qui les peint : ils sont débrouillards. Trois mille hommes jetés sur un terrain nu comme la main, sans autre abri que leurs petites tentes contre un soleil torride et des vents étouffants, ne semblaient pas voués à un séjour couleur de rose. Ils n'ont pas été embarrassés : ils ont aussitôt bâti une ville. Ils n'avaient d'autres outils que leurs ustensiles de campement, le bois manquait absolument ; il ne fallait pas songer à construire des baraques ; à peine pouvait-on en avoir quelques souches qu'on allait prendre à Tademit, à vingt lieues de là. Ils ont pétri du sable dans l'eau, et fabriqué des briques qu'ils ont fait durcir au soleil à la mode du pays. En un clin d'œil une multitude de gourbis de formes variées et pittoresques se sont élevés. Chacun, dans ses maçonneries, suivait sa fantaisie : celui-ci bâtissait un chalet, celui-là un Panthéon, l'un se creusait un terrier, l'autre se dressait une tour ; on vit surgir de petits alcazars, des minarets, des zaouïas, des casemates, des huttes grossières. L'art gothique fraternisa avec l'architecture sarrazine ; il naquit des ordres nouveaux. Cela a duré, s'est accru, embelli ; on a fait de la chaux, beaucoup de murs ont été blanchis. Peu à peu, avec les vieilles caisses à biscuit, on a fabriqué des portes, des fenêtres, et des serrures avec des cercles de tonneaux. On a fait des vérandahs avec des roseaux : des contrevents avec des joncs et de l'alfa. Les intérieurs sont bien aménagés en supports, bancs, râteliers ; il y a même des ornements, des plumes d'oiseaux, des cornes d'antilope, des bêtes empaillées, des inscriptions guerrières, des devises, des dessins facétieux.

Chaque corps de troupe a son emplacement, ses rues, ses petits monuments habités par les officiers. Ces derniers sont logés comme des princes : chacun a deux ou trois pièces, une vérandah, une petite cour, et sur la façade des volubilis grimpant dans les treillages. L'épaisseur des murs laisse aux appartements une fraîcheur relative. Quand le soleil darde ses rayons sur cette cité bizarre aplatie sur le sol brûlant, on croirait que ses infortunés habitants doivent cuire à l'étuvée dans leurs demeures closes, tandis qu'ils y sont presque au frais, grâce à d'habiles procédés d'aération.

Le camp est très-sain, d'une remarquable propreté. Il y règne une grande animation. Les soldats, vêtus de toile, le ventre entouré de leurs ceintures rouges, déploient une activité incessante : on les voit fourbir leurs armes, charrier l'eau, jouer aux boules, manœuvrer. A dix heures du matin on bat la retraite ; au bout d'un instant le calme s'établit aussi profond que si la nuit était tombée ; la colonne se plonge dans les douceurs de la sieste, jusqu'à deux heures. A ce moment le bruit des tambours et des clairons recommence, la vie revient.

Coquinville.

Sur la face méridionale du camp s'étend une ligne de maisonnettes d'un goût banal et vulgaire, ce sont les cantines. Les troupiers, entraînés par de doux penchants à hanter ces tavernes, se sont vengés des mercantis, qui leur vendent de l'absinthe au vert-de-gris, en baptisant leur quartier du nom de Coquinville, dénomination que j'ai lieu de croire méritée. La plupart de ces négociants ont un passé judiciaire, ce qui ne les empêche pas d'amasser de bons bénéfices en faisant fleurir l'art des Locuste et des Brinvilliers. Les plus honnêtes sont les Juifs indigènes. Au même endroit affluent des Arabes qui viennent écouler diverses denrées ; ils apportent, suivant la saison, des légumes, des fruits, des pastèques, du gibier ; ou bien encore des curiosités, des animaux vivants, des ouranes, des lézards de palmier, des vipères, des gazelles, des chacals, des lynx. Le camp est peuplé de ces hôtes, mais le plus grand nombre goûtent mal les bienfaits de l'éducation et se laissent mourir doucement : ils sont un peu comme les Arabes. Les seules gazelles abjurent assez volontiers leurs instincts farouches, et deviennent d'une familiarité charmante ; c'est un plaisir de les voir bondir comme des balles élastiques sur leurs fines jambes d'acier.

Le Sahara.

Nous nous avançons au delà du camp. A la surprise que nous a procurée ce biwac singulier, succède enfin l'aspect du désert, réel cette fois, se déroulant au midi dans son immensité magnifique. A notre droite, se dressent les crêtes dentelées du Ras-el-Aïoun ; à gauche, s'élèvent les collines de Laghouat, baignées dans les palmiers et hérissées de tours carrées ; leur série se termine au rocher des Chiens, masse affreuse et noirâtre, semblable à la coque gigantesque d'un vaisseau renversé. La chaîne de droite, qui court du nord au sud, parallèlement à celle-ci, se prolonge en abaissant peu à peu ses hauteurs, et s'enfonce dans la plaine comme un long promontoire dans une mer paisible. Au delà de ces deux pointes extrêmes, plus rien que l'espace sans fin ; et tout au loin, au terme du rayon visuel, une ligne aussi droite, aussi pure que celle de l'horizon marin qui caresse le ciel argenté.

Pleine lumière.

Sur les premiers plans les teintes sont dures, fauves, incandescentes, les collines ont des ombres violentes comme leur dessin, et leur surface granuleuse renchérit encore d'aridité sur le sol rouge et nu. Sur nos têtes, la voûte céleste est d'un bleu cru, presque invraisemblable. L'oasis, sur un fond clair, étend un tapis d'un vert si noir qu'il troue en quelque sorte le tableau. Le rocher des Chiens, qui n'a guère moins d'une lieue de longueur, est tellement inondé de lumière qu'il semble qu'on va le dépasser en quelques enjambées : on en compterait les cailloux d'un bout à l'autre. On dirait que le grand paysagiste a fait une faute, et transposé ce plan du premier au second rang. Mais, à une distance indéterminée, les tons rudes commencent à s'adoucir. La netteté des contours montagneux n'est pas altérée, seulement la masse en devient comme veloutée; aux âpres rocailles succède un satin changeant, une moire légèrement froissée. Les dernières arêtes, encore fermement accentuées, ont une sorte de transparence gris perle. La plaine, qu'un œil inattentif jurerait monochrome, n'est pas moins féconde en couleurs, depuis l'ocre que nous foulons jusqu'aux lointains bleuâtres sur lesquels la lumière blanche étend une gaze diaphane. Rien d'insensible, de délicat et de moelleux comme les transitions qui conduisent, suivant une gamme indescriptible, du jaune rutilant aux suavités du violet tendre. L'azur du ciel va pâlissant vers l'horizon et finit par se changer en une bande éblouissante d'argent, sans diminuer de profondeur et de limpidité.

Nous approchions de midi. Un soleil embrasé, dont un air assez vif tempérait à peine la rigueur, versait sur la scène des torrents de clarté. Après une route contrariée de nuages et de pluie, nous tombions, presque sans gradation, dans un océan de lumière. Mes regards supportaient difficilement ce phénomène de transparence atmosphérique, et se détournaient éblouis, comme s'ils eussent été accablés de leur puissance inattendue. Ma vision, déroutée par cet accroissement subit d'acuité, me faisait perdre le sentiment exact des distances; je pris un troupeau de chèvres, qui paissaient au loin, pour des chameaux; un jujubier me parut un arbre. L'émotion était neuve, bien que nous eussions vu tout cela par degrés et en détail : là seulement l'effet panoramique se produisait avec un éclat sans pareil; un rideau se levait, nous découvrions un monde nouveau. J'éprouvai la fraîcheur d'impression que devait ressentir ce personnage d'un conte de fées qui se trouvait transporté d'un bout de la terre à l'autre rien qu'en s'asseyant sur son tapis.

Les dattiers.

Quant à Laghouat, je n'en vois encore que les quatre ou cinq pointes émergeant du sein des palmiers pressés. Ce côté animé de la scène a une sévérité que contrarient assez malheureusement nos plantations de saules et de peupliers. Le vert austère et froid de l'oasis primitive convient seul ici. Le palmier ne souffre aucun rival sur son domaine.

Il a une poésie grave bien différente des molles séductions de nos bocages. C'est un arbre monumental, puissant, royal; il a en partage la force, la majesté et l'élégance parfaites. Sa tige isolée remplit un cadre de cinq lieues et peuple une solitude. Son élan vers le ciel est magnifique de simplicité, et se rehausse encore des nivellements qui l'entourent; il accroit par le contraste les vastes nappes sablonneuses où s'allonge, au couchant, son ombre mince et démesurée. En groupe, il a des attitudes remplies de grâce; entre les rejets touffus jaillissent ses troncs inégaux et divergents qui, tour à tour, se penchent et redressent orgueilleusement leurs aigrettes. Le vent dans ses palmes a des modulations étranges. Ses oscillations ont je ne sais quoi de voluptueux; c'est la sultane que balance un esclave attentif. La tempête l'éprouve sans l'ébranler; il se tord comme un arc et se relève avec la vigueur d'une lame d'épée. Tout en lui respire les énergies primordiales et chante le cantique de l'Orient. On aime à se rappeler la légende poétiquement obscène qui lui donne un patriarche pour ancêtre.

Le palmier n'est bien qu'à sa place, là où la nature a le moins subi nos affronts. Transplanté dans nos cités géométriques, parmi les foules bariolées du littoral, il exhale les tristesses de l'exil, et semble rêver d'autres cieux; son grand air de noblesse lui est ravi par la servitude. On en voit à Nice, en Provence : ils ont l'air de pleurer une patrie à jamais absente, sous ce climat comparativement glacial qui les condamne à une éternelle stérilité. Alger même ne voit pas mûrir les dattes. Je n'aime pas les palmiers du jardin d'essai, soignés, nivelés et alignés; il leur faudrait moins de symétrie, plus d'indépendance. Quand toutes ces tiges verticales, tous ces panaches semblables n'offrent pas quelques déviations, et se présentent rangés en ordre, sans que l'un dépasse l'autre, le coup d'œil devient d'une monotonie désolante; ce qui convient au tilleul ou au platane est mortel au palmier. Je le préfère servant de parure aux villas, et dressant sa tête aérienne par-dessus les terrasses et les jardins en fleur. Un des premiers dattiers que je vis en Afrique, fut celui qu'on rencontre au milieu du faubourg de Mustapha, entre deux rangées de maisons à cinq étages. Ce fut pour moi un grand désenchantement : cela me fit l'effet d'un arbre de liberté. Mais je persistai à avoir foi dans ce roi des végétaux. Ma confiance a été largement récompensée à Laghouat. Rien de noble et de gracieux comme cette forêt de vingt mille palmiers entremêlés des feuillages les plus variés. Je me suis demandé si je ne cédais pas à une admiration préconçue, à une tendresse littéraire enfin couronnée : cet enthousiasme résisterait-il à l'épreuve d'une longue habitude ? J'en ai fait l'expérience, et depuis quatre mois mes yeux se détachaient encore avec regret de ce délicieux spectacle.

L'oasis. — L'Oued-M'zi.

Voici ce que c'est que l'oasis de Laghouat.

Une singularité des rivières du Sahara, je parle des plus grandes qui tarissent rarement, c'est l'intermittence de leur cours. Elles ont un lit de sable blanc admirablement tracé où roule l'hiver et après les orages leur flot limoneux ; mais, en temps ordinaire, l'eau n'y apparait que de distance en distance ; elle sort tout à coup du sable, par suintement, par filtration, on ne sait trop comment, suit aussitôt sa pente, disparait un peu plus loin, poursuit sans doute son cours souterrain et reparait bien au delà. Si les causes géologiques de ce phénomène sont obscures, la sagesse du Créateur y éclate manifestement, car, à couler au soleil, ces ruisseaux n'iraient pas loin sans s'évaporer. En se frayant un passage sous la croûte de leur thalweg, ils parcourent d'aussi longues distances que nos fleuves en fécondant par-ci par-là d'heureuses parcelles de terrain sur des étendues immenses. Chaque apparition de ces courants mystérieux est marquée par une manifestation joyeuse de la vie : des roseaux, des tamarins, des lauriers-roses s'élèvent sur les rives, des bandes d'oiseaux y accourent, les troupeaux sauvages viennent s'y désaltérer, l'Arabe y bâtit ses ksours.

Tel est l'Oued-M'zi, qui, sur un espace d'une trentaine de lieues, se montre quatre ou cinq fois sous des noms différents, et donne naissance aux oasis d'El-Aoueta, de Tadjemout, d'El-Aghouat, d'El-Assafia et d'El-Airan.

L'eau étant assurée, il reste à en faire l'emploi. L'élément est précieux, il n'en faut pas perdre une goutte. L'Oued-M'zi n'a pas plutôt fait son apparition à trois quarts de lieue au-dessus de Laghouat qu'il est accaparé par un barrage et dirigé au moyen d'un petit canal sur l'oasis. Toute construction solide est impossible dans ce lit mouvant; l'écluse est faite de sable relevé à la pelle; chaque crue l'emporte. L'eau filtre au travers, et une partie irait serpenter inutilement dans la plaine, sans un deuxième barrage qui retient tout ce que laisse échapper le premier. Cette double dérivation suit la rive droite où s'élève la ville entre deux massifs de jardins qui lui font une épaisse ceinture interrompue seulement aux extrémités nord et sud. Au premier abord, les jardins n'en forment qu'un; mais ils sont divisés en une multitude de petits compartiments par des murailles de sable ou de pisé fort délabrées, mais infranchissables. Un réseau compliqué de ruelles donne accès à de petites lagunes sur lesquelles chaque propriétaire possède une prise dont il dispose à des heures déterminées. L'homme au sablier préposé à cette répartition, et que les lecteurs de M. Fromentin se rappellent

7.

sans doute, n'est plus là. D'ailleurs les montres, à Laghouat, ont depuis longtemps remplacé l'antique sablier.

Ainsi arrosés copieusement, et sans le secours d'aucun engrais, ces jardins, dont l'humus contient une notable partie de sable, ont une fertilité surprenante. Ils se ressemblent tous : chacun forme un carré plus ou moins grand; sur chaque face est adossé au mur un fourré plantureux d'arbres fruitiers qui font prendre en pitié nos maigres espaliers. Les figuiers, les grenadiers, les pêchers, les cognassiers croissent là pêle-mêle, sans que leur feuillage nourri semble porter tort à l'abondance des fruits. Ils ne reçoivent aucun soin, l'eau et le soleil leur suffisent. Les roseaux envahisseurs, les cactus, la vigne aux cent bras leur disputent vainement l'air et la lumière; ils s'accommodent de toutes les conditions, et ne sont pas moins prodigues de fruits que d'ombrages. A vrai dire, la qualité de ces fruits est assez inférieure : les espèces, ainsi abandonnées à la nature, tendent à retourner à l'état primitif, se rapetissent et perdent de leur saveur. Mais quelle profusion magnifique, quels bosquets, quel luxe de végétation! D'ailleurs il n'y a que les arbres étrangers qui dégénèrent, le prunier, le poirier; ceux-là mêmes ne produisent que longtemps après leurs congénères du Tell et de France. En revanche, la figue, la pêche, l'abricot, la grenade, le raisin arrivent en grande primeur et sont d'un goût excellent.

L'intérieur du carré est consacré à l'orge, au jardinage; la culture y est traitée très-cavalièrement. L'Arabe gratte avec ménagements la surface du sol; s'il rencontre une plante parasite un peu dure à extraire, il la contourne soigneusement. Il sème si mal que la moisson s'élève par petits bouquets où la moitié des tiges sont étouffées. Après l'orge viennent les melons, les pastèques, le maïs, sans soins, sans ordre et comme le reste à l'aventure. Les dattiers n'ont pas des allures moins indépendantes ; on en voit de toutes les tailles ; quelques-uns atteignent vingt mètres de hauteur. Ils viennent comme ils l'entendent, mâles et femelles, par groupes, espacés, réunis, isolés ; ils constituent la valeur propre du jardin, le reste n'est qu'accessoire. L'Arabe loue son jardin, mais la récolte des dattes est en dehors du marché. C'est un produit très-irrégulier ; on ne peut pas prévoir exactement les bonnes années. Le rendement moyen d'un dattier est de dix francs net ; mais le même pied a des séries de fécondité surprenantes : il peut produire cent ou cent cinquante francs en cinq ou six ans. L'oasis de Laghouat renferme dix-huit cents pieds de palmiers, ce qui donne un revenu total de cent quatre-vingt mille francs, rapport très-considérable pour une population inférieure à trois mille âmes, et qui a d'autres sources de richesse. C'est une culture pleine d'imprévu, d'émotions, en somme excellente. Les dattes de Laghouat sont communes et ne sortent pas de la consommation indigène et locale ; la chair en est sèche, âpre, filandreuse. On fait sur chaque régime le triage de celles qui ont mûri les premières ; celles-là sont très-bonnes. Les autres ont souvent manqué de soleil : l'été n'a pas duré assez longtemps ou a commencé trop tard.

L'Arabe du ksar est citadin ; il n'habite pas son jardin. Il y envoie sa femme, son fils, son nègre pour arroser, semer, faucher ; la besogne s'en ressent tristement : l'enfant laisse brouter son âne à plaisir, se gorge de fruits verts, casse les branches; la femme délivrée de l'œil du maitre dort ou bavarde avec les voisines; le nègre vole. Cependant le maitre aime son champ; il s'y rend souvent pour goûter le kief et reposer à l'ombre. Il referme soigneusement à l'aide d'une clef de bois sa porte basse et sans interstice, scrute la hauteur des murs, et s'assure qu'il est bien chez lui. Il a la jalousie de la propriété et n'accueille qu'avec défiance l'étranger dans son *buen retiro*; mais sa tendresse est toute platonique. Il n'a cure des embellissements, des améliorations qui pourraient augmenter son revenu. Qu'il est loin de l'ardeur inquiète et remuante de nos paysans se torturant à faire suer la terre, et la retournant sans miséricorde ! Lui, il semble n'y toucher qu'à regret. Dans cet étroit espace, dont un bon jardinier ne perdrait pas un pouce, il laisse du terrain en friche, des dunes de sable, des joncs, des broussailles qui pompent les sucs nourriciers et empiètent toujours. Il ne sème qu'à proportion de ses besoins personnels; ce qu'il a en surplus le tourmente peu : il n'y tient pas. On a peine à comprendre une pareille incurie, car il est des débouchés auprès des nomades, et il tient beaucoup à l'argent. Il paraît que quand un peuple n'est pas né agriculteur, il ne le devient pas aisément. Je crois d'ailleurs qu'un Tourangeau, un Champenois, de leur côté, seraient très-rebelles à la vie nomade : à chacun son génie. L'administration a fait creuser des puits et des norias aux environs de Laghouat, dans des dayas qui rendraient de l'or : on aurait là du grain à vendre aux caravanes qui vont en chercher du fond du Sahara jusqu'à Alger et s'épargneraient volontiers la moitié du voyage. Il ne faudrait que du travail; c'est justement ce qui manque; il y a des bras, mais la bonne volonté, l'entente pratique, le sens calculateur n'y sont pas. Les puits, les norias, les terrains concédés à qui en a voulu sont abandonnés peu à peu. Nos exhortations, notre appui sont impuissants et viennent échouer devant cette force d'inertie, ce mauvais vouloir qui n'est autre chose qu'une incapacité générique. L'Arabe est physiquement en état de travailler, mais ses instincts ont une direction opposée ; changerons-nous ses instincts? Nous avons beau faire et nous indigner, ce peuple n'est pas près de nous ressembler. Laghouat, avec sa rivière, des citernes et de la culture pourrait nourrir vingt mille habitants. Notre influence, qui s'exerce maintenant sans résistance ouverte, semblerait faite pour pousser énergiquement vers cette extension, et la population diminue; seuls, la paresse et les vices augmentent.

Que n'a-t-on pas fait? Il s'est rencontré à la tête du cercle un homme élevé en Algérie, versé dans la connaissance et la pratique des mœurs arabes, ayant vécu avec les indigènes et comme eux, les possédant à fond, les aimant même, adoré d'eux, intelligent, actif, et si bien rompu à la langue du pays que les talebs l'appelaient Bouche d'or; c'est le colonel M..., aujourd'hui général de cavalerie. Il voulut non pas franciser le pays, ce qui eût été une idée de colon, mais en accroître la prospérité dans une voie exclusivement arabe, sans froisser la tradition ni l'esprit national. Il a fait beaucoup de bien : il a rebâti la ville, il a fait construire une mosquée, perfectionné, étendu l'irrigation, élargi le champ de culture, creusé des puits, défriché les dayas, requis les corvées, enrichi les gens malgré eux. Il avait le secret pour manier cette population; il en tirait ce qu'il voulait : un jour son souvenir sera légendaire à Laghouat. Quelques années ont passé sur tant de bienfaits, et rien n'y paraît plus.

Aïn-Mylok.

J'ai visité un site appelé Aïn-Mylok, à quelques lieues de Laghouat. C'est une échancrure profonde et sauvage creusée dans la montagne par un éboulement formidable. Entre les blocs de rochers semés de toutes parts, filtre une source qui se répand à travers une véritable forêt de lauriers-roses, d'énormes figuiers, et va se perdre dans la plaine altérée. Cette eau constante est une fortune ; elle ferait vivre un village. La vigueur des arbres sauvages qu'elle arrose indique assez le parti qu'on en pourrait tirer. Le colonel M... avait fait construire un bordj dans ce coin fortuné, et y avait mis quelques familles qui durent, bon gré mal gré, semer et planter, étant défrayées de toutes dépenses. Il y a bien de cela six ou huit ans. A l'heure qu'il est le bordj est détruit, crevé, effondré, on n'y trouverait pas une ételle de bois. De culture, il ne reste aucune trace, si ce n'est quelques pieds de citrouilles étalant leurs fleurs jaunes dans l'herbe drue. Les plus beaux figuiers sont couchés à terre. J'ai vu deux tentes misérables, peuplées de femmes ; une demi-douzaine d'enfants moitié nus s'ébattaient autour ; ils me tendaient les mains en pleurnichant. J'ai demandé du feu pour allumer un cigare, mais les femmes m'ont répondu qu'elles n'en avaient pas. C'était là ce qui restait de la colonie ; des ruines, une famille de mendiants, et tout en haut deux chèvres suspendues aux flancs des rochers. On peut dire que le génie barbare avait bien secoué notre intervention et repris son empire. Il restait quelques palmiers épars, longs, mélancoliques, chauves. J'en ai remarqué trois qui étaient très-artistement groupés, trois centenaires : une main impie les avait incendiés, un monceau de cendres fumait encore à leurs pieds, entre leurs troncs qui se touchaient à la base, et le long de leur écorce montait une grande tache noire.

Voilà le sort que rencontrent ici les entreprises agricoles. L'Arabe du Tell pourra devenir excellent cultivateur. Le Kabyle l'est déjà, mais l'homme du Sahara ne le sera jamais que dans une mesure très-restreinte, guère plus que ne le comportent son tempérament, ses besoins, son climat. Et encore je parle du Saharien sédentaire, du Laghouati, qui connaît la propriété immobilière, se livre à l'industrie, au commerce, comprend nos idées, les accepte, en un mot se rapproche de nous autant que le permettent des dissidences radicales. Celui-là ne dédaigne pas les côtés positifs de la vie, il sent jusqu'à un certain point les bienfaits du travail, il est avare, thésauriseur, âpre au gain, sans préjugés. Mais, rentier, propriétaire, négociant ou laboureur, il a du sang nomade dans les veines : le bohémien subsiste sous le bourgeois. L'Arabe de la plaine méprise celui des villes voué au lucre et qui ment à sa destinée; le citadin, qui sent ce mépris et l'excuse, ne veut le mériter qu'à moitié; il veut bien posséder, mais il entend ne s'avilir au travail que le moins possible.

Le travail! Grand mot où nous avons mis le commencement et la fin de la sagesse, la vertu suprême! Ce n'est au fond qu'une vertu du Nord. Il faut savoir si c'est à la perfection morale ou bien au bonheur que l'humanité doit viser. Cette perfection, nous y tendons.

évidemment; quant au bonheur, les peuples simples en sont plus près que nous. Sommes-nous assez sûrs d'être dans le vrai pour affirmer qu'ils ont pris la mauvaise voie?

La ville.

Une large avenue percée dans l'oasis conduit du camp à Laghouat. Par elle on arrive à la porte principale formée d'une arcade à plein cintre. On a devant soi la mosquée, monument lourd, majestueux, de couleur très-locale. Plus haut, vers la droite, s'élève l'hôpital, forteresse par les créneaux, simple maison par les fenêtres. D'autres défenses s'étendent sur la même ligne, jusqu'à une zaouïa au dôme blanchi, moitié bastion, moitié chapelle. A gauche, et sur un point plus élevé, s'élève un fortin qui marque le point culminant de la place. Une longue muraille relie entre eux ces édifices et suit fidèlement les contours capricieux des collines. Il ne reste rien de saillant du vieux Laghouat; tout ce qui domine sort de nos mains. Cependant les bâtiments ont exactement la teinte fauve des rochers qui les portent, et un certain air féodal empreint déjà de vétusté. Mais l'hôpital est trop massif, trop haut pour son piédestal. A cela près, l'ensemble n'est pas dépourvu de grandeur. Le génie militaire semble avoir eu ici un vague sentiment artistique dont il n'est pas coutumier.

L'avenue est de chaque côté bordée de murs penchés, troués, bombés, et couronnés de ronces en guise de tessons de verre; la chaleur y est extrême, l'aspect en est fort triste. On traverse les jardins sans les voir; on n'en distingue que la cime des arbres. De petites ruelles, qui n'ont pas un mètre de large, s'ouvrent latéralement;

l'entrée en est tellement malpropre qu'on hésite à s'aventurer dans leurs labyrinthes. Mais la rue est animée : des cavaliers la parcourent au galop, des bandes de chameaux encombrent le passage, des gamins à califourchon sur la croupe de leurs petits ânes, le corps penché en avant, stimulent les pauvres bêtes à coups redoublés, en criant avec une sorte de rage : « Arri! arri! » Il y a des passants de toutes couleurs, nègres à peau d'ébène, mulâtres, Arabes bistrés ou blancs; des vieilles en grand nombre chargées comme des bêtes de somme; des familles en promenade traînant des troupeaux d'enfants; de graves vieillards cheminant sur leurs mules; des spahis cavalcadant. On rencontre souvent une couple de femmes enveloppées dans le même haïck immense qui les voile jusqu'aux yeux; elles tiennent même des enfants là-dessous : c'est une tente ambulante. On se demande quel est ce monstre à quatre pieds. Peut-être ce sont deux épouses rivales qui se détestent et s'espionnent. Horrible intimité! Ce serait le triomphe du despotisme marital tenant à la chaîne ses victimes comme des forçats. Dante a oublié ce supplice.

La grande porte, porte Cassaigne, donne accès sur une place très-moresque, plantée de hauts palmiers dispersés sans symétrie. Sur la face occidentale s'étendent de beaux jardins francisés; à gauche, commence une série d'arcades s'élevant du sol jusqu'aux terrasses des maisons sans étage. Il y a là un café indigène très-aristocratique où des personnages de distinction prennent le *kaoua* et jouent aux échecs avec un maintien des plus dignes. Une rue large et encore inachevée s'ouvre à droite; elle se compose d'une double ligne de galeries comme la rue de Rivoli, avec cette différence que les cintres sont plus étroits et que les maisons finissent avec eux. Ces quartiers, bien que de style arabe, sentent le maçon français; rien qu'à la fureur des alignements, on y reconnaîtrait notre empreinte. Ce n'est pourtant pas laid. Cette architecture ennoblit les moindres bicoques et les fait ressembler à des palais; elle rend dupe d'une illusion complète : en l'absence de comparaison, on se croirait transporté dans une cité princière quand, en réalité, on n'a sous les yeux que des masures déguisées. Si nous nous tournons vers la dernière face, nous aurons devant nous une partie de la ville arabe s'étageant jusqu'à l'ancienne Casbah. Voilà enfin le vieux ksar d'El-Aghouat : c'est un amas de rectangles enchâssés l'un dans l'autre, de murs confus percés d'étroites lucarnes, avec un effet dominant de ruine et de délabrement. Pour la couleur, on n'a qu'à se figurer un plan en relief taillé dans le liège; c'est le même ton grisâtre, un peu plus enfumé. Tout est bâti en sable, en pisé; la pluie a émoussé et fondu à moitié les murs, en a arrondi les angles et souillé les parois de longues traînées noires. Des loques pendent deçà de là. Théophile Gautier appellerait cela un tableau truculent, un bon ragoût de bâtisses. Le fait est que rien n'est plus éloigné du coquet et du joli; c'est peut-être pour cette raison qu'on se sent là devant pénétré d'une si grande joie. Que de fois, intérieurement, en présence de ces taudis que baigne un soleil d'or, j'ai savouré cette jouissance ineffable de n'être ni à Paris ni à Marseille.

Les bains.

Sur le prolongement du café maure s'étend une rue construite dans le même système d'arcades, et d'une régularité parfaite. Ses façades sont blanchies à la chaux, et ses terrasses surmontées d'une balustrade élégante. De loin en loin, une boutique arabe, étroite et sombre, s'ouvre sur les galeries, d'ailleurs vides et négligées; un côté est occupé par des cabarets français. Vers le milieu est situé l'établissement des bains : bains maures et français, comme l'indique une enseigne irréprochable. Ce lieu mérite quelque attention.

On y pénètre par une porte cintrée, large, mais assez basse, suivie de quelques marches d'escalier par où l'on descend immédiatement dans le sous-sol. Un vestibule de deux mètres carrés sert de contrôle, si ce mot peut s'appliquer à un endroit d'accès aussi libre. Cette petite salle aux murs jaune clair, et dépourvue de mobilier, arbore des prétentions décoratives assez amusantes. Sur la paroi du fond, qui peut être vue de la rue, s'étale une inscription en caractères arabes qu'entourent diverses peintures à la détrempe dues à des artistes du cru. Ces échantillons d'un art dans l'enfance respirent au plus haut point la naïveté prime-sautière dont nos archéologues sont si friands. Les mosaïques du moyen âge et les potiches du Japon peuvent en donner une idée. Les figures principales sont deux lions qui ne rappellent que de bien loin Delacroix ou Barye. Ils sont accroupis en face l'un de l'autre dans l'attitude du combat, les ongles dehors, la queue majestueusement recourbée; les corps sont de profil; les têtes énormes, vues de face, offrent une grande expression de férocité; c'est enfantin, comique et terrible. Une jolie lanterne de couleur en forme de mosquée pend au plafond.

Un personnage sérieux et poli vous introduit de là dans un couloir étroit et humide, imprégné d'une vague odeur de caveau. On éprouve un soulagement en entrant ensuite dans une grande salle éclairée par en haut, et assez semblable à un corps de garde. Sur un vaste lit de camp s'étalent les baigneurs : les uns attendant leur tour, jouant aux échecs, les autres nonchalamment couchés et plongés dans cette torpeur voluptueuse qui accompagne le bain. Beaucoup sont nus.

Les Arabes n'ont pas les mêmes idées que nous sur la pudeur; ils n'ont jamais songé à proscrire le nu, et n'y voient rien de contraire à la décence. Dans les tribus, les enfants des deux sexes, jusqu'à un âge indéterminé, se dépouillent de leurs gandouras pour toute espèce de travail, ou simplement pour jouer, et nous savons que cette sorte de chemise est leur unique vêtement. Les femmes elles-mêmes n'attachent aucune importance à laisser voir publiquement leurs bras et leurs jambes. Il ne faut donc pas s'étonner si dans un lieu convenable comme celui-ci, la toilette de nos premiers parents n'éveille aucune susceptibilité. C'est à tel point que des femmes se montrent souvent dans la salle commune en même temps que les hommes et s'y livrent à leurs préparatifs de bain, au milieu d'une complète indifférence.

L'étuve.

Ce fut de nuit que nous allâmes pour la première fois à nos bains maures. Nous eûmes les honneurs d'un cabinet attenant à la grande salle, et sans doute réservé aux baigneurs de qualité. J'y remarquai des peintures de la même école que celles de l'antichambre; une entre autres nous fit beaucoup rire; c'était la figuration d'un train en marche représenté par une longue file de petites boîtes à lucarnes précédée d'une espèce de cafetière fumante, avec cette inscription dessous en belle anglaise : *Chemin de fir.*

Lorsque nous fûmes dépouillés de nos habits, trois grands diables de masseurs nous invitèrent à les suivre. Nous traversâmes de nouveaux corridors plongés dans une nuit profonde et aboutissant à une salle glacée. Une dernière porte se referma sur nous, les masseurs disparurent; une sensation de chaleur intense et moite nous avertit que nous étions dans l'étuve. Une lampe fumeuse nous éclairait de sa clarté lugubre. On n'imagine pas un lieu plus sinistre. Les murs sont noirs, la voûte sonore, les dalles glissantes; des objets confus dans les coins ressemblent à des instruments de torture; on croirait être venu là pour subir la question. Sans doute le juge, le bourreau vont entrer, apportant les cordes, les réchauds, les entonnoirs et les tenailles. La table de marbre uni établie au milieu fait horreur : elle rappelle à volonté la Morgue, l'amphithéâtre ou le sépulcre. L'illusion peut se prolonger à la rentrée de nos masseurs demi-mulâtres vêtus d'un simple pagne d'étoffe blanche; ils figureraient des tortionnaires très-remarquables. Notre supplice se borna aux opérations que l'on connaît, frictions, massage, douches; nos hommes s'entendaient très-bien à leur métier, et c'était plaisir que de sentir ses os craquer sous leur étreinte souple et vigoureuse.

La place.

Comme, à ma connaissance, il n'y a pas un voyageur en Orient qui ait omis la description obligée du bain maure, le lecteur me saura gré de passer outre et nous arriverons à la place principale de Laghouat. Là, nous retrouvons la France, mais une France algérienne, acclimatée, on pourrait dire arabisée, telle que j'aimerais la voir installée dans toute l'Algérie. D'abord il faut bénir le ciel qui a permis qu'on n'ait pas eu de bois de charpente pour faire des toitures, comme à Médéah, à Djelfa. L'insulte de notre architecture ordinaire infligée si pitoyablement à ces deux localités a été épargnée à Laghouat pour cause de force majeure. J'aime à croire aussi que le génie, malgré lui, a subi une influence de milieu irrésistible et reculé d'épouvante devant ses plans accoutumés. De quelque dépravation que le goût soit frappé par la recherche exclusive de l'utile, il est tels lieux où l'ingénieur militaire lui-même pose ses compas et s'abandonne à la rêverie.

La grande place de Laghouat n'est ni française ni arabe, elle est jolie. Un côté est formé de la maison du gouverneur et du cercle, deux bâtiments à arcades point mesquins et très-coquets; en regard s'élève le bureau arabe construit dans le même goût et surmonté d'un minaret charmant; le côté nord est fermé par une galerie que garnissent des boutiques indigènes; au milieu de cette face se dresse un clocheton orné d'une horloge et surmonté d'un dôme pyriforme; une grande maison close complète le carré. Toutes les issues s'ouvrent sur de belles échappées, et de quelque côté qu'on regarde, on n'aperçoit que des enfilades de murs blancs, de coupoles entremêlées de palmiers. Une balustrade à hauteur d'appui dessine dans le milieu un grand carré où quelques acacias ont peine à réussir. Nous retrouvons là nos amis les Ouled plaça, les plus superbes polissons du monde, plus bruns, plus bouillants qu'à Blidah ; le peu de mouvement qui se sente dans la ville vient d'eux. La population, grave et décente, ne circule presque pas.

Types.

J'observe quelques hommes. Ils sont beaux, de prestance martiale, grands et droits, mais leur énergie est toute latente; leur physionomie placide et souriante ne trahit le barbare que par l'éclat des yeux. La plupart ont la peau basanée et le type accentué de la race : les sourcils relevés vers les tempes, l'œil très-noir, le nez mince, vigoureusement aquilin, la narine échancrée en forme d'S, la lèvre inférieure orgueilleusement saillante. On voit des barbes rouges, mais point de blondes. Cependant, parmi les bambins et les yaouleds, on rencontre des cheveux blonds et des yeux bleus, mais, en calculant, on découvre que la naissance de ces blondins est postérieure à l'arrivée de nos troupes. Les individus de race berbère sont nombreux ; on les reconnaît à leur teint d'un blanc mat, à leur élégance, à leur propreté. C'est une famille patiente, laborieuse, en tant qu'arabe, paisible, industrielle et marchande, un peu pâle, un peu effacée auprès de la race conquérante où brille encore un beau feu guerrier. On admire l'intrépide *Makhzen* emporté par son cheval de bataille, on aime le Mzabite honnête, bon, poli ; c'est notre ami, notre allié le plus sûr. Les chefs, les personnages de l'aristocratie, tous Arabes, caïds, cheiks, marabouts, amins, cadis, spahis, sont remarquables par un grand air d'aisance et de distinction, des traits fins, une peau soignée. Tel est, par exemple, en toute perfection l'agha actuel, Sidi Ben-Assa. Mais on voit très-bien que la puissance, la richesse et les dignités ne sont pas un monopole conservé par des familles de race distincte; du moins, les éléments multiples de la population se sont beaucoup mêlés. Ainsi la couleur de la peau ne paraît entrer pour rien dans le partage des distinctions sociales et ne constitue pas le moins du monde un stigmate d'infériorité. L'homme le plus considérable à vingt lieues à la ronde, le marabout d'Aïn-Mahdi, est mulâtre. Beaucoup de nos officiers indigènes, spahis et tirailleurs, sont nègres, mais nègres par la couleur seulement; quant aux lignes du visage, ils se rapprochent beaucoup du type caucasique. Ce qui distingue ces métis, c'est surtout leur haute stature, leurs membres athlétiques, bénéfice du croisement; on leur reconnaît généralement plus d'intelligence qu'aux Arabes de sang pur; bel argument au profit des négrophiles. Il y a de très-jolies filles parmi les négresses, des têtes fines, mignonnes, sur des épaules de statues antiques. Les jeunes négrillons rappellent l'Hercule enfant par leur carrure précoce : un rire large et magnifiquement endenté illumine leurs bonnes faces camardes épanouies dans la force et la santé!

A toute heure on peut observer sur la place ces diverses figures, du côté où l'ombre se produit. L'art de se grouper est inné chez les Arabes; partout où on les voit, il semble qu'ils aient été arrangés et posés par un peintre de genre. Ils s'asseyent plus volontiers par terre que sur des bancs. Les caouedjis fournissent des nattes à leurs habitués qui s'y installent les jambes repliées, et forment le cercle. Chacun garde indéfiniment l'attitude qu'il a prise, et se départ peu d'une immobilité méditative.

La causerie arabe.

La conversation dans les groupes est reposée, discrète, en cela l'opposé de nos colloques tumultueux. Au bout d'un instant, dix Français réunis parlent à la fois et ne s'entendent plus. Les Arabes écoutent celui qui parle, ne l'interrompent pas, ne donnent aucun signe d'acquiescement ou de dénégation ; l'orateur parfois s'anime et gesticule, mais nul n'en paraît ému ; lorsqu'il a fini, et après un moment de silence, un auditeur qu'on aurait cru de marbre élève la voix, souvent avec véhémence, et n'est pas écouté moins religieusement. On ne peut pas dire de ces gens-là, comme des Parisiens, qu'ils ne sont pas mûrs pour le droit de réunion.

De l'égalité.

Je les trouve aussi tout à fait en possession de l'égalité dont nous croyons avoir seuls l'apanage. Elle est chez eux bien plus réelle que chez nous, et bien mieux dans les mœurs. C'est bien simple, ils ne la doivent pas à une révolution, mais à la saine doctrine qu'un bon croyant en vaut un autre devant l'Éternel, sans acception de fortune ou de rang. Ensuite, l'absence générale de culture intellectuelle met toutes les classes au même niveau moral : le valet est tout aussi lettré que le maître, le pauvre que le riche. La démarcation que creuse chez nous l'éducation pédagogique entre la bourgeoisie et le bas peuple n'a ici aucune raison d'être. Les hommes peuvent être dissemblables par la naissance, la fortune, le pouvoir, ils ne diffèrent réellement ici que par leur valeur virtuelle : leur intelligence est tout. La masse de connaissances qu'il nous faut acquérir pour prétendre aux moindres emplois est étrangère aux uns comme aux autres dans un peuple ignorant du haut en bas. Le défaut d'instruction, qui est universel, ne saurait faire obstacle aux supériorités, qui s'y produisent alors librement. Chez les grands comme chez les petits, mêmes façons d'agir, d'entendre, de penser, même simplicité d'habitudes, mêmes goûts, mêmes passions. Le riche frappé par l'adversité paraît à peine déclassé ou malheureux au degré le plus infime de l'échelle, tandis que le pauvre, du jour au lendemain, peut tenir convenablement sa place au faîte des grandeurs. Pareille chose s'est vue en maintes sociétés; c'est ainsi qu'à Rome des affranchis ont pu gouverner l'empire, et que des rois, au moyen âge, ont fait des ministres de leurs barbiers. Les nations de l'Orient en sont encore là presque toutes. Il est difficile que la science soit le partage d'un grand nombre, ce qui fait que l'égalité sera chez nous une véritable utopie, jusqu'à ce que nous y soyons arrivés par l'instruction universelle; les Arabes s'y trouvent naturellement maintenus par une commune ignorance. Leurs chefs peuvent exercer l'autorité d'une façon dure et despotique, déployer le plus grand faste, ils sont rarement fiers ou arrogants. Dans les petites assemblées que je dépeignais, il n'est pas rare de voir mêlés aux plus hauts dignitaires, aux personnages du plus grand air, de pauvres hères fort mal mis, mais nullement humbles. J'ai souvent entendu dire que nos officiers indigènes ont peu de dignité, parce qu'ils sont familiers avec leurs soldats. C'est jugé d'après nous.

De la politesse.

L'égalité ne serait qu'une licence grossière, si elle n'était tempérée par des formes de politesse. Les Arabes sont passés maîtres sur ce point. Ils poussent très-loin le respect humain. Ils ont une civilité raffinée, presque hyperbolique. Rien que pour s'aborder ou se quitter, ils ont tout un formulaire de longs discours, invariables quoique ne figurant dans aucun code : « Comment vas-tu? Comment va ton fils? Comment va la maison? ton cheval, ton champ, ton troupeau? » Il n'est jamais question de la femme, ce serait le comble de l'indiscrétion. L'interlocuteur répond et recommence à son tour la même série de demandes; tant que cela dure, on se tient par la main. Deux amis, deux parents qui se rencontrent s'embrassent, mais sans effusion : le sourire, l'épanchement n'arrivent qu'après, quand le cérémonial a été gravement observé. Les hommes qui s'accostent se touchent la main, et portent ensuite leurs doigts aux lèvres; il n'existe nulle part un salut plus charmant.

Entre hommes sérieux, la conversation est très-austère, m'a-t-on dit, et fourmille d'images pour exprimer ce qui ne se dit pas crûment; la plaisanterie y est rare et réservée, jamais elle ne dépasse les bornes de la décence la plus sévère. Tenir un propos léger est manquer de respect à son auditoire. Les Arabes rient peu. Je me demande ce qu'ils peuvent se dire quand ils causent. Ils n'ont ni livres, ni journaux, ni histoire, ni arts; les femmes sont un sujet scrupuleusement banni de leurs entretiens; ils savent peu de nouvelles du dehors, et chez eux il ne se passe presque rien. Ils pourraient avoir une petite politique par rapport à nous ou à leurs voisins, mais leur circonspection, leur prudence extrême leur fait une loi de glisser sur ces questions. Leur religion, renfermée dans la pratique, est une affaire toute privée et de conscience, à l'abri de tout examen, de tout commentaire. On voit qu'il leur reste peu de terrain. Ils n'ont même pas, comme nos paysans, les matières agricoles, les thèses de métier, puisqu'ils ne font rien; cependant ils causent et longuement. Sans doute leurs entretiens se ressemblent tous, et n'ont même pour eux qu'un faible intérêt; ils se bornent à des formules d'urbanité; nul ne se livre, ne s'abandonne; c'est un tribut payé à l'esprit de sociabilité, et qui rompt quelque peu l'individualisme du barbare égoïste, isolé en lui-même.

La mosquée.

La mosquée de Laghouat n'est pas achevée. Les Arabes l'ont payée très-cher, mais ils n'en veulent pas, sous prétexte que l'administration, qui en a fait un de ses magasins, y a introduit des tonneaux de lard. Puis l'idée d'élever un temple au premier endroit venu peut satisfaire notre foi complaisante; la leur veut une tradition, une origine, une pointe de surnaturel qui s'attachent au lieu consacré. Nous n'avons pas le droit de les chicaner en matière de superstition; nous avons passé par là.

L'Arabe prie partout.

Les mosquées de quelque renom en pays musulman sont toutes dues à de saints personnages qui eux-mêmes y ont leur sépulture. Elles sont en petit nombre dans le Sahara.—L'Arabe du désert estime que la prière est bonne en tous lieux, ce qui est une idée très-philosophique.

Quand il s'installe pour un temps, il réserve un espace de quelques pieds carrés, l'entoure de cailloux, dépose en dehors ses sandales et y accomplit ses devoirs religieux avec les génuflexions et les prosternations accoutumées. En marche, il se tourne simplement vers la Mecque deux fois par jour, au lever, au coucher du soleil, et prie avec la même ferveur; il se passe fort bien de prêtre et d'église. Aucun culte n'offre plus de commodité : on peut suivre les prescriptions du Coran dans toutes les circonstances, sans le moindre attirail; il n'est besoin que d'une âme dévote. Si l'eau manque pour les ablutions, il suffit de faire le simulacre avec une poignée de sable. Beaucoup de fidèles, sous le bénéfice de cette licence, méconnaissent naïvement le sens de cette institution hygiénique, et, non loin des fontaines, se frottent avec une pincée de terre.

Les pompes de l'architecture ne disent rien à l'Arabe du sud; il ne trouve pas qu'elles ajoutent à la grandeur de Dieu : les nobles spectacles du désert la lui racontent avec plus d'éloquence. Habitué à sa demeure volante, sous la coupole immense des cieux, l'édifice de pierre lui semble étroit et mesquin comme une prison; si c'est un temple, il y dépose son offrande, et prie à la porte. Il y a dans chaque ksar une ou plusieurs petites koubas (le mot signifie dôme) que nous appelons marabouts parce que des marabouts y sont enterrés; ce ne sont nullement des mosquées, mais des tombeaux vénérés. L'intérieur peut à peine contenir quelques personnes; on n'y voit autre chose qu'un sarcophage carré recouvert de tentures plus ou moins riches; c'est là que repose le saint. Tout bon croyant qui passe se déchausse, entre respectueusement dans le sanctuaire et dépose sur la tombe un témoignage de sa piété proportionné à sa fortune; c'est souvent un objet sans valeur ou dégoûtant, comme une vieille pantoufle, un bout de corde, un lambeau de burnous gras et tout effiloqué. J'ai vu, sur la route entre Aïn-Oussera et Boug-Zoul, un de ces marabouts devant lequel sont amoncelées toutes sortes de loques et d'objets sans nom; on dirait un tas d'ordures qui n'attend que la pelle et le tombereau : ce sont autant de pieuses offrandes. Dans les koubas ou zaouïas (chapelles) desservies par un ecclésiastique, les dons sont plus riches; on y dépose de belles étoffes, des soieries, des foutas, des ceintures, des pièces d'argent, de quoi vit grassement le marabout, car là, comme partout, l'autel nourrit le prêtre.

Quels souvenirs, quelles traditions peuvent s'attacher à la mosquée de Laghouat édifiée par des mains infidèles? Les Laghouati, qui ont cependant peu de préjugés, s'en éloignent pour adorer Dieu; et leurs enfants, qui s'en approchent trop, poussent aussi loin que possible l'oubli de tout respect.

De l'islamisme.

En passant, qu'il me soit permis de protester contre la fausse idée que l'on se fait du fanatisme musulman. Le mot peut être exact, mais il faut alors l'appliquer à tous les peuples qui observent leur religion. Si nous ne sommes plus fanatiques, c'est que nous ne sommes plus chrétiens. Toute religion se croit la seule vraie et a les autres en grand mépris; il n'y a rien là qui soit particulier aux Arabes. Nous ne pouvons pas dire que l'esprit d'intolérance leur soit spécial quand nous sentons encore son souffle menaçant courir sur nos têtes. Il n'y a pas à chercher les causes qui attachent les races de l'Orient à l'islamisme fondé pour elles et par elles, né de leurs instincts, de leurs passions, de leurs besoins, comme l'Ancien Testament, qui en est la préface, s'était formé dans le peuple juif. Nous savons que le Coran, dans ces théocraties, est plus que la religion, c'est la loi civile, religieuse et politique; la société, la famille, la vie terrestre et la vie posthume ont en lui leur consécration, leur règle, leur fondement; il est la clef d'une organisation complète. L'Arabe tient à sa foi parce qu'elle le pénètre profondément et implique pour lui tout ce que l'homme a de cher et de sacré; l'idée d'abjurer tout cela lui paraît monstrueuse. Fanatisme si l'on veut, mais fanatisme moins insensé que les théories de ceux qui prétendent retourner une race du jour au lendemain, comme on retourne un vieux gant, substituer le génie de l'Occident à un autre en un tour de main, et jugent qu'il suffit pour ce beau résultat de planter une croix à la place d'un croissant.

Diminution du fanatisme.

Je persiste à dire que l'Arabe n'est pas aussi fanatique qu'on le croit. Les prescriptions du Prophète sont, au demeurant, douces et complaisantes. Les fidèles ont peu de peine à remplir leurs devoirs, et leurs passions n'en sont guère gênées, tant s'en faut. On s'attache à une religion en raison de ce qu'on souffre pour elle. L'islamisme ne vibre que lorsqu'il se croit menacé, ou, comme autrefois, quand il veut s'imposer; il inspire une tendresse très-ordinaire dans la paix; mais comme il renferme tout ce qui fait la société, il résiste terriblement s'il est attaqué. Sa période de prosélytisme est passée; il ne demande plus que l'inviolabilité, et, dans l'inaction, il a peine à se conserver intact. N'est-ce pas un présage? L'Arabe n'est plus le sectaire farouche des premiers siècles de l'hégire; c'est un homme paisible qui ne raisonne pas sa croyance, la tient pour excellente sans s'inquiéter de ce qu'on en pense ailleurs, et n'aime pas être dérangé; il méprise parfaitement tous ceux qui ne partagent pas sa foi, mais il ne leur en veut pas pour cela. S'il se méfie des étrangers, la raison en est simple : comme il n'a jamais entrepris de conquêtes que pour planter le croissant sur les villes prises, il s'imagine naturellement que les Européens ne voyagent que pour la croix et n'ont d'autre but, en venant chez lui, que de lui imposer la messe et le culte des images, préjugé qui tend à s'effacer. Notre extrême tolérance a porté ses fruits, et les Arabes, qui ne tremblent plus pour leurs mosquées, les fréquentent modérément.

Il est vrai qu'ils continuent à nous appeler chiens de chrétiens, qualification malséante, qui jadis ne s'adressait qu'à la race infidèle; aujourd'hui le mépris porte bien plutôt sur le fait qu'ils nous croient tous athées, ce qui les scandalise beaucoup. L'idée monothéiste, qui n'est pas compliquée chez eux par des notions de trinité, a une intensité remarquable qu'exprime bien la formule des Sourates : « Louange au Dieu unique et miséricordieux. » Méconnaître ou traiter à la légère la souveraine puissance leur paraît le comble de la dégradation humaine. Aussi méprisent-ils bien plutôt notre impiété que notre religion qui ne leur paraît pas sur plus d'un point très-différente de la leur. Ils savent que nous adorons comme eux le Dieu de Moïse, mais ils trouvent que nous ne l'adorons pas assez, car ils ne comprennent pas l'adoration mentale et rationnelle, et remarquent tout simplement qu'on ne voit jamais un Français faire sa prière, et que les femmes seules vont à l'église. C'est donc plutôt les libres-penseurs que les chrétiens qu'ils appellent chiens; ce qui le prouve, c'est leur respect pour nos ecclésiastiques, qui sont leurs adversaires dogmatiques, mais avant tout des hommes de Dieu. On voit qu'ils sont encore à la période de conviction et de fidélité religieuse absolue : il n'y a pas à se heurter contre une telle barrière.

Gouverner par la force.

Les Turcs, bons musulmans, étaient peut-être aussi exécrés que nous des Arabes. On peut induire de là que la grande cause de séparation est plutôt dans un sentiment d'indépendance ou d'isolement national que dans le préjugé religieux ; mais, en réalité, tout cela se tient. Il faut bien le dire, nous n'avons réussi à conquérir l'Algérie que par la force ; la force seule nous y maintient encore. Mais ce moyen, que nous-mêmes trouvons odieux, semble aux Arabes tout naturel. La force victorieuse leur paraît une manifestation de la volonté divine devant laquelle il n'y a qu'à s'incliner. A ce titre, ils subissent notre joug très-patiemment, et se résignent à en accepter toutes les conséquences, jusqu'à en goûter les bienfaits, tant qu'un énergumène ne vient pas les entraîner à la révolte. Notre supériorité militaire, la bravoure de nos soldats font plus sur leur âme que les plus sages institutions et la plus active bienveillance de l'État. Il y a dans ce sentiment autant de sympathie que de crainte ; bien plus même, car l'Arabe est courageux, c'est ce qu'on peut le moins lui contester. Mais il s'incline d'instinct devant la puissance agissante, martiale, brandissant une arme de guerre. Soldat lui aussi, et soldat par-dessus tout, la force est sa loi ; il n'en sent pas l'immoralité, et, toujours prêt à en pousser l'emploi aux dernières extrémités, il sait en subir les rigueurs. Il est de l'école chevaleresque où l'on admire un ennemi vaillant, où l'on porte avec résignation ses couleurs triomphantes. La victoire, à ses yeux, légitime l'asservissement, et le vainqueur est généreux s'il ne traîne pas le vaincu en esclavage. Aussi nous regarde-t-il comme des conquérants très-débonnaires, et n'était sa haute opinion de ce que nous valons au combat, notre magnanimité nous ferait du tort dans son esprit.

Nécessité du régime militaire.

En faut-il davantage pour démontrer la nécessité où l'on est de maintenir le régime militaire en Algérie ? Il n'est douteux pour personne, même pour les intéressés, que l'avénement d'un gouvernement civil à la tête de la colonie serait la ruine immédiate du peu d'influence que nous avons acquise sur la population indigène, sans doute par des moyens un peu lestes, mais par les seuls moyens qui fussent efficaces. Il faut bien reconnaître que la terreur a été assez nécessaire à notre installation, et qu'on ne doit le peu de bien qui a été obtenu qu'à un emploi effréné du despotisme et de l'arbitraire. Modeler la société arabe sur la société française est une œuvre qu'il faut remettre au temps et se bien garder de précipiter. Si nous sortons de la période autoritaire avant l'heure, nous risquons d'avoir tout à recommencer.

« Il ne faut pas, me disait un officier des bureaux arabes, chercher encore à persuader les indigènes ; si vous voulez obtenir d'eux un progrès, il faut le leur imposer. Ils ne sentiront les bienfaits du travail qu'après y avoir été contraints; alors ils finiront peut-être par travailler de bonne volonté. Mais on ne doit pas reculer devant l'arbitraire, où l'on n'obtiendra rien. Le raisonnement est impuissant sur eux : ils vous comprennent, mais ils ne bougent pas. Il faut agir, les forcer d'agir, sans s'inquiéter du droit. C'est immoral, mais moins que de laisser un peuple s'éteindre dans l'abrutissement, quand on peut l'en tirer. »

Si les Arabes sont mûrs pour le code civil, qu'on le leur donne. Mais alors comment s'arrangera-t-on de la polygamie, de la propriété collective? C'est aboutir à la plus épouvantable oppression. Mais les colons savent parfaitement à quoi s'en tenir; ils connaissent mieux que personne les incompatibilités, et trouvent que les Arabes feraient d'excellents fellahs. Leur rêve est de tenir ici, non le sceptre de la justice ou le manche de la charrue, mais le fouet du planteur : l'esclave est tout trouvé. C'est le secret de la comédie.

Caractère de l'Arabe.

L'Arabe est un être fort singulier et qui entend certainement bien mal ses intérêts. Que ne gagnerait-il pas à avoir de bons villages, de bons terrains bien cultivés, de bons juges de paix, de bons moines, de bons gendarmes, au lieu de ses douars lépreux dressés sur la terre inculte, où d'affreux satrapes le grugent et le bâtonnent? A cela il pourrait nous répondre comme la femme de Sganarelle : « Et si je veux être battu ! » Il faut bien le prendre comme il est, si l'on veut l'améliorer plus tard.

Cela dépend beaucoup de nous, car il y a par-dessus

tout, je l'ai dit, le respect de la puissance, de celle qui parle aux yeux, s'impose, s'entoure d'un certain éclat, et plus elle est lourde, plus il la vénère. Pour lui, le glaive de la Loi n'est pas un emblème, c'est un grand sabre battant aux talons d'un officier; la main de justice, c'est la main du chaouch armée d'un fort gourdin. Voilà ce qu'il lui faut pour le moment. Il a une pieuse déférence pour nos uniformes, et distingue les grades comme pas un de nous : mon lieutenant par-ci, mon capitaine par-là, n'ayez peur qu'il s'y trompe. Le militaire lui représente l'élément noble de la France; il croit pouvoir lui obéir sans honte. Il est excessivement enfant sous ce rapport, comme sous tant d'autres; les galons, les panaches, la cavalerie le plongent dans le ravissement; on pourrait dire qu'il aime nos soldats, tant il les admire; il voit en eux une expression de la force brillante, ornée, caparaçonnée, sûre d'elle-même, et par-dessus cela, *bonne enfant*. Les soldats, brusques, gouailleurs, sont sans aversion pour les Arabes; ils les combattent, les *blaguent*, mais ils ne leur veulent aucun mal. Que leur importent ces pauvres gens ! A coup sûr l'armée a seule le prestige et la dose de popularité qu'il faut pour gouverner ce pays.

Ce qu'en revanche les Arabes ont en maigre estime, c'est la catégorie des colons et des fonctionnaires civils : ils ne voient en eux que des mercantis, des débitants plus ou moins enrichis dans la fraude; ils raisonnent un peu par expérience, beaucoup par préjugé. On ne leur fera jamais comprendre qu'un homme de valeur et de naissance puisse être autre chose que soldat ou prêtre. Ils regardent le commerce, les emplois administratifs comme des professions lucratives sans doute, mais toujours un peu viles. Dans leur ignorance, ils les assimilent toutes, et les mettent au même niveau. Ils n'ont qu'un criterium pour nous juger, c'est le képi; tout ce qui ne porte pas le képi rentre plus ou moins dans la classe des marchands. Ils ne séparent pas la puissance des insignes militaires : pour eux, point d'autorité sans galons, sans épée. C'est à peine s'ils admettent une nuance entre un cabaretier et un sénateur : l'un est un mercanti pur et simple, l'autre un mercanti enrichi, parvenu, un mercanti kébir, voilà tout. Ils auront de la peine à démordre de cette comique appréciation, tant qu'ils verront surtout ce que nous appelons pompeusement nos colons s'adonner exclusivement au débit et à la consommation des petits verres. L'illusion est presque permise, car les fonctionnaires de quelque importance se montrent fort peu ; ils étudient les questions locales dans les salons d'Alger. Ils font bien; leurs façons bourgeoises et bureaucratiques, leur accoutrement parisien n'éveilleraient que la moquerie parmi ces populations prédestinées au militarisme ; ensuite, il serait dur pour un conseiller d'État d'être pris pour un marchand de liqueurs.

Ben-Sala.

Nous rendons fréquemment visite à la boutique d'un Mzabite nommé Ben-Sala, qui est devenu notre ami. Il me fournit des explications et des renseignements; beaucoup de mes remarques proviennent de sa source. Il tient une espèce de bazar fort bien garni où l'on trouve des produits d'origines très-diverses, de la mercerie française, des soieries de Lyon, des burnouss, des cafetans du Mzab, et mille objets singuliers de tous pays. C'est un homme doux et fin, qui parle français comme nous. Il est entendu dans son commerce. On le voit toujours entouré de son frère cadet et de ses jeunes enfants, qui participent à la vente en bons commis, et sans cesse sont en mouvement. Quoiqu'il soit très-occupé, il paraît aimer qu'on vienne s'asseoir sous sa porte ; sans perdre de vue ses affaires, il répond à tout le monde avec une lucidité, une présence d'esprit toute française. C'est un plaisir de lui voir faire ses inscriptions sur son livre-journal en belle écriture arabe, courant de droite à gauche, et additionner à notre manière aussi lestement qu'un vieux comptable. Il est taleb consommé, et, sans exercer l'emploi d'écrivain public, il ne refuse jamais à un voisin de lui rédiger sa correspondance. Il est affable et poli, et ne cherche pas à vendre trop cher. Beaucoup d'Arabes seraient aussi intelligents, mais bien peu se donnent la peine d'exercer leurs facultés avec la même constance. Sa grande supériorité lui vient du travail : aussi est-il riche.

Les Laghouati. — Les gardiens du Sud.

Quand il nous voit disposés à faire une station chez lui, il nous offre du café, et dans ses moments libres nous montre diverses curiosités, des armes de luxe, des étoffes précieuses, des œufs, des plumes d'autruche, des ornements, des tapis provenant du Maroc et de la Tunisie. Une des faces de la boutique donne sur la place d'Armes. J'observe de là le public, je ne dis pas les passants, car les Arabes stationnent plutôt qu'ils ne circulent. Il y a pourtant de beaux jeunes gens qu'on voit aller par les rues, la cigarette à la bouche, une fleur d'oranger ou de cassie dans une narine, la barbe courte ; ils s'éventent avec un petit drapeau carré en feuille de palmier bordé de soie écarlate. Ils ont de riches burnouss ouverts sur l'épaule et laissant voir un haïk d'étoffe transparente brodée, relevé et maintenu sur la hanche par de riches foulards. Leurs jambes sont nues du genou à la cheville, mais ils portent des chaussettes blanches dans leurs babouches vernies. Cette élégance outrée n'exclut pas un air de force et d'intelligence; il n'y a rien chez eux de ce que nous appelons le gandin, le cocodès ou le petit crevé; ils font penser à Alcibiade.

Nous voyons aussi les acheteurs se succéder au comptoir, tous soupçonneux, marchandeurs, durs à la bourse. Il vient quelquefois un muet qui nous amuse beaucoup. Sa pénétration est extrême; on lui ferait comprendre de la philosophie allemande à l'aide de signes; lui-même se fait entendre merveilleusement au moyen d'une pantomime improvisée, très-comique et remplie d'imprévu. Malgré soi on fait des efforts inouïs pour saisir le sens de cette mimique bizarre; le pauvre homme se démène comme un endiablé; mais quel soulagement, quel air de triomphe quand il voit qu'on l'a compris! Personne ne se moque de lui. Les Arabes connaissent à peine ici le ridicule; en outre, ils respectent les fous. La plupart de leurs marabouts ont la tête un peu fêlée : c'est un brevet de sainteté.

Intelligence du peuple.

Nous causons souvent avec les chalands de Ben-Sala. Ils nous étonnent par la sagesse et l'à-propos de leurs reparties. Comment ces gens-là, qui n'apprennent rien, qui regardent à peine autour d'eux, peuvent-ils tant et si bien savoir; comment sont-ils mieux exempts que nous de laisser échapper des sottises? Tout me confirme dans cette opinion qu'ils ont une intelligence excessive; il leur manque la science et la volonté d'en tirer parti, le sens pratique. Tandis que nous les connaissons très-mal et les jugeons de travers, eux savent fort bien nous prendre par nos faiblesses et nos petites vanités; ils évitent ce qui nous blesse, et deviennent à leur gré les plus habiles adulateurs. De vulgaires gamins qu'on emploie sont, en quelques jours, au courant de nos moindres usages, pourtant si nombreux, si embarrassants. Quand on les a pour domestiques, on ne se plaint que de leur trop grande intelligence; cela inquiète, parce qu'on leur suppose beaucoup de vices.

Progrès de la langue française.

Une des choses qui m'ont le plus surpris à Laghouat, c'est de voir tant d'Arabes parler français. L'extraordinaire est qu'ils le parlent sans l'avoir appris. Il n'y a pas un enfant au-dessous de quinze ans qui ne puisse causer avec nous. Cela s'explique pour cette génération qui est née depuis la prise de la ville; mais quand des hommes de trente à quarante ans, qui ont avec les Français le moins de rapports possible, ont pu s'initier sans travail à une langue réputée aussi malaisée, il faut à toute force les croire singulièrement bien doués. Voilà, par exemple, Ben-Sala, un homme de trente-cinq ans, né dans le Sud, à quatre-vingts lieues d'ici, qui nous expliquait en fort bons termes l'organisation municipale de Gardaïa, et les mœurs de ce pays, qui est le sien, employant presque toujours le mot juste, et souvent les expressions les plus heureuses. On est déjà frappé, à Alger, d'entendre de simples biskris s'exprimer si clairement dans leur *sabir;* mais cela se comprend au milieu d'une population européenne dont ils vivent. Ici, les Français se composent d'une poignée de soldats, et les Arabes ne vivant qu'entre eux, n'ont de rapports avec nous que pour leur négoce. Pour professeurs, ils n'ont que leurs oreilles : ce qui y entre n'est pas perdu.

Il faut dire que leur français s'affranchit en général de toute syntaxe; il n'y entre que des substantifs, des verbes et les pronoms *toi* et *moi*. Les verbes sont mis à l'infinitif : Moi vendre le cheval, toi l'acheter. Le squelette de la phrase y est toujours; c'est très-simple et très-clair; ils n'en cherchent pas davantage. Ils ont simplifié notre idiome au point d'exprimer toutes leurs pensées avec la millième partie des mots qu'il nous faut. Ils n'usent pas de nos constructions grammaticales; mais ils nous entendent fort bien quand nous les employons avec eux. Les moins érudits, lorsqu'on leur parle, vous regardent avec une attention violente, ne perdent pas un mouvement de vos lèvres ni de vos mains, saisissent au vol quelques mots de leur connaissance, et finissent par savoir ce que vous leur avez dit. Il y en a qui ne connaissent pas une syllabe de notre langue, parlez-leur lentement, en outrant un peu le geste, ils comprendront vaguement.

D'ailleurs, si l'on a quelque chose à demander, il ne faut pas être depuis trois mois dans le pays pour posséder les termes élémentaires au moyen desquels presque tout peut se dire, et les mots *sabir* qui sont connus partout. Voulez-vous demander une chose dont vous ignorez le nom en langue arabe, faites-en par signes une description quelconque, vous serez stupéfait du résultat. A Tadjemout, où l'on trouve les plus beaux fruits de la terre, j'ai obtenu ainsi qu'on m'apportât du raisin, en faisant le simulacre d'en grignoter une grappe ; et par des moyens analogues j'ai eu des pêches, des figues, une pastèque. On a dit plaisamment qu'avec de l'aplomb tout le monde peut parler allemand ; il y a du vrai sous cette facétie. Ici il suffit d'avoir confiance en soi, on se fait toujours comprendre, de même qu'avec un peu d'attention on débrouille infailliblement ce que l'Arabe veut vous exprimer. Un jour, dans notre expédition que j'aurai le plaisir de raconter plus loin, un sokhrar (chamelier) me présenta un levraut que je ne voulus pas acheter parce qu'il était trop petit. Un lièvre se dit *arneb*, je n'en savais pas plus long pour entrer en conversation. Je voulais dire à cet homme de m'en apporter un plus gros et que je le lui achèterais.

« — Ton arneb est trop jeune, lui dis-je, apporte-moi un arneb kebir demain matin. »

J'étendis le doigt vers le levant.

« — Mlè », fit le sokhrar. Je vis qu'il avait compris. Le lendemain, au soleil levant, il m'apportait un lièvre d'une taille raisonnable, un maître lièvre, arneb kébir.

Ce qui est frappant, c'est que les gaillards parlent le français presque sans accent ; ils en ont moins à coup sûr que les Provençaux ou les Alsaciens. Sans doute, pour des gens qui ont le larynx rompu aux émissions rauques et gutturales du parler arabe, la prononciation de nos dialectes n'est qu'un jeu ; ils ont la voix souple et juste, quoique un peu dure ; ils retiennent aisément nos airs de musique. J'ai assisté à la distribution des prix de l'école franco-arabe de Laghouat ; c'était merveille d'entendre les petits Laghouati jouer la comédie en français. Jamais écoliers parisiens n'ont récité une leçon avec plus de netteté et plus de volubilité; on avait peine à les suivre. Un des acteurs les plus remarquables était le fils de l'agha, un adolescent de quatorze ans, d'une figure exquise et tout à fait princière. Quand il est monté sur l'estrade pour recevoir le prix d'excellence, sa bonne mine, son riche vêtement, son air noble, aisé, ont soulevé un murmure d'admiration. Qu'il était loin de la gaucherie de nos *potaches,* forts en thèmes, guindés, blêmes, ahuris!

La place a toujours la même physionomie, respire toujours le même calme. Rarement il s'y produit un incident, ou bien c'est peu de chose : un soldat ivre, un nègre raclant de la tarbouka, une audience publique du cadi. Une seule fois j'y ai vu un rassemblement : il s'était formé autour d'un charmeur de serpents qui maniait une vipère à cornes. L'étrange impresario discourait et psalmodiait sans relâche, tantôt s'adressant au public, tantôt à sa bête docile et comme hébétée. Il l'attirait à lui, la faisait rouler en spirale, la couvrait du creux de ses mains, s'en faisait un collier, un bracelet, un turban. On sait que la morsure de ces reptiles est mortelle; je n'ai pas vérifié si celui-là avait toutes ses dents.

Coup d'œil sur le vieux Laghouat.

Pour avoir un beau coup d'œil, il faut monter vers le soir sur la plate-forme de l'hôpital. Le regard s'étend de là à perte de vue dans la plaine sans bornes. Les plus fortes ondulations n'ont pas plus de relief que les plis d'une étoffe étendue, avant qu'on l'ait passée au fer. Les montagnes, qui se dressent partout excepté au sud, ne détruisent pas l'effet de ce vaste nivellement. Elles ne se mêlent pas les unes dans les autres; elles n'ont point de ces pentes graduées qui les fondraient avec les vallées; chacune de leurs chaînes émerge brusquement du sol plat, et semble y avoir été posée comme on poserait une ruche sur une table. On ne les voit nulle part échelonnées, et leur configuration varie peu. Elles ont toutes le même aspect fruste et rocailleux, et présentent de longues bandes, sans point d'attache entre elles, s'étendant en différents sens, principalement du nord au sud. Leurs arêtes (*guern* ou *kef*) forment des lignes brisées très-dures, masquées par d'énormes pierres qu'on dirait maçonnées; on croit voir de vieilles fortifications, restant de quelques burgs gigantesques. Les pentes sont rapides, lisses et formées de gravier et des sédiments qui ont roulé sur eux-mêmes; de longs sillons droits les coupent de haut en bas; au pied gisent de gros blocs détachés du faîte.

Soleil couchant.

Quand le soleil décline au couchant, l'ombre s'étend d'abord sur les sommets, et de là descend les versants orientaux; elle semble couler lentement le long des ravins. A ce moment, cette nature africaine est d'une grande magnificence, et présente une infinie multitude de tons, des portées saisissantes. Les divers plans montagneux sont marqués par une décroissance de couleurs de la plus parfaite harmonie; les derniers ressemblent à une faible vapeur condensée et coupée de hachures d'un feu pâle. Quelques-uns, plus voisins, ont l'aspect de monstrueux blocs de fer à demi refroidis : la masse est noire, mais au sommet se montre encore une tache d'un beau rouge brun qui diminue et s'assombrit peu à peu. Les bases plongent dans une brume éblouissante faite d'une fine poussière d'argent. Les nuages d'un bleu opaque se colorent en dessous d'un rouge éclatant qui ferait pâlir des laves en fusion. Sur le fond du ciel orangé l'astre mourant projette ses immenses gloires d'or clair.

Si l'on abaisse les yeux autour de soi, on voit la rivière, long ruban de sable blanc fuyant à l'est, et plus près, l'épaisse ceinture verte de l'oasis enlaçant les collines pelées de Laghouat; l'écrin paraît digne d'un plus fin joyau. Si l'on se tourne vers l'orient, on découvre tout à fait au-dessous de soi, adossé au roc même qui porte l'hôpital, le plus grand quartier de la ville, le seul qui soit resté bien arabe. Vu de la position où nous nous plaçons, il ne présente qu'un assemblage confus de petits quadrilatères juxtaposés : ce sont les terrasses des maisons. Des bandes sombres courant à travers les groupes indiquent les rues. L'une d'elles traverse cette partie du ksar dans toute sa longueur.

Il faut y descendre pour avoir l'idée d'une ville saharienne; cela n'a rien de Blida ou d'Alger. Les maisons sont faites de pisé ou de sable, comme nos gourbis du camp; la pluie en a émoussé tous les angles, les tons en sont roussis par le soleil. Il n'y a d'autres ouvertures que les portes basses, et des trous où sont adaptés des troncs de palmiers creusés, sortes de gargouilles par où l'eau des terrasses s'écoule sur la voie. On circule entre deux rangées de murs grisâtres dépourvus de toute espèce d'ornements, et qui ont l'air cuits. L'apparence de vétusté particulière à ces habitations est accompagnée ici d'une certaine propreté due évidemment à notre administration.

L'intérieur de ces masures répond mal à la curiosité

qu'elles font naître. On y trouve de petites chambres sans lumière, sans autres meubles que des nattes, des vaisselles rudimentaires, et où règne une odeur nauséabonde. Quelquefois la maison n'est autre chose qu'une enceinte formée d'un simple mur; cette espèce de cour est garnie aux coins de niches grossières semblables à des chenils. La famille grouille et cuisine en plein air.

Les ruelles adjacentes sont des impasses encombrées de bâtisses désordonnées, des culs-de-sac suspects et malsains où l'on n'entre qu'avec une vague appréhension. Plus d'une riche demeure se cache dans ce fouillis; je retrouve là cet esprit inquiet et jaloux qui pousse l'Arabe à se dissimuler : il enterre sa maison sous d'immondes taudis, son jardin dans des murailles, son argent dans des trous; il n'est tranquille que lorsqu'il a tout caché, lui compris.

Rue arabe.

La rue est excessivement étroite. Quand deux ânes chargés s'y rencontrent, il faut que l'un des deux se dissimule sous une porte. L'encombrement y est perpétuel, et personne ne se dérange; il faut souvent franchir un chameau couché. Les hommes sont assis contre les murs, et, quand ils allongent leurs jambes sur la chaussée, les pieds touchent à peu près de l'autre côté. Les chevaux, les bêtes de somme enjambent ces tibias indifférents avec une rare sagacité. La marmaille est innombrable et plus que négligée dans ses atours. Les tout petits enfants sont nus, plus que nus, ayant la tête tondue; on en voit d'extrêmement jeunes, de l'âge où nous laissons encore nos babys au maillot, courir avec une sûreté d'aplomb incroyable, en dépit d'un ventre énorme porté sur des jambes grêles! Ils ont souvent des grappes de mouches collées aux coins des yeux, au nez, aux lèvres; personne ne s'occupe d'eux; ils ne pleurent presque pas. Cependant il n'est pas rare de voir un bambino adossé au mur exhalant à pleine gorge des sanglots éclatants; son expansive douleur doit être vite apaisée, car nul n'en a souci; elle diffère des pleurnicheries de nos fils en ce qu'elle ne recherche ni témoin ni consolation; ce n'est pas un caprice d'enfant boudeur et maladif, mais un large et sincère débordement de larmes; le mal part avec la plainte, et peu à peu la sérénité revient après les pleurs, comme le beau temps après l'orage.

Les petites filles ne sont guère plus propres ni plus soignées que leurs frères; elles sont vêtues de la gandoura à bandes bleues et rouges. Souvent un long voile de couleur pourpre les enveloppe des pieds à la tête. Elles portent aux poignets et à la cheville des cercles de fer-blanc, et aux oreilles de grands anneaux de cuivre. Elles ont les cheveux noirs, quelquefois déguisés sous une teinte rutilante due au henné, abondants, mais rasés sur les tempes, assez courts et embrouillés au point de se maintenir presque droits. Elles sont toutes tatouées; cela ne défigure pas plus que les mouches dont nos petites dames faisaient usage. Leurs robes n'ont pas de manches, de sorte qu'on voit complétement le bras, ses attaches et les côtés de la poitrine, comme dans l'antique, et ce bras est fort beau, ainsi que la jambe. Des fillettes de huit à dix ans sont à peu près formées : la gracilité des membres a déjà disparu et fait place à des formes superbes. Il va sans dire qu'elles ont de très-beaux yeux rehaussés d'une bordure d'antimoine (koheul), et des dents admirables. Beaucoup ont de jolies figures, un peu étranges, douées d'une expression farouche qui séduit. Leurs ongles, l'intérieur de leurs mains, leurs pieds, frottés de henné, sont d'un beau jaune orange.

Les femmes.

C'est là qu'il faut venir pour voir des femmes; mais les jeunes sont enfermées, ou s'enferment. On n'aperçoit que de vieilles sorcières prodigieusement décrépites. Leur face émaciée et chassieuse disparait à moitié sous un turban graisseux; on dirait qu'il leur a coulé de l'huile sur la tête; la tache infecte descend en diminuant le long des reins. Il faut à la vieillesse, à défaut de coquetterie, au moins la propreté pour éveiller le respect : ainsi représentée elle est repoussante. D'ailleurs ces créatures n'ont de la caducité que les apparences : ce sont des femmes de trente-cinq à quarante ans, abruties par la condition faite à leur sexe, des instruments de plaisir hors d'usage. Elles travaillent sans répit; on les voit passer, branlant sous les plus durs fardeaux. Elles lavent, préparent le couscouss, tissent, charrient l'eau, soignent les enfants. Les jeunes profitent de leur éphémère beauté pour ne rien faire et commander despotiquement : cet heureux temps pour elles sera de courte durée.

Le sort de la femme arabe est véritablement pitoyable; on n'exagère rien en le comparant à un esclavage. Petite fille, elle est vendue au premier venu qui l'abandonne à son gré en payant redevance aux parents. Au logis, elle n'est qu'un objet de luxe soigneusement dérobé aux regards, ou bien une vile servante. Mais avant de nous livrer à une légitime indignation, ne perdons pas de vue qu'il en est à peu près de même dans nos belles campagnes de France, où la femme n'a pas place à la table de son seigneur en sabots; et dans les classes polies, si nous excellons à élever la femme sur un piédestal, nous nous entendons assez bien aussi à l'avilir : les Arabes ne connaissent aucun de ces deux extrêmes. Ils ont pour règle, vraie ou fausse, qu'il ne faut pas prendre ce sexe au sérieux. Le grand vice de la société musulmane est là.

Cependant la femme est chantée par les poëtes arabes. L'amour exalté n'est pas exprimé dans leurs vers avec moins de lyrisme et de passion que dans les récits de nos trouvères. Il faut croire que ce n'est pas là seulement une affaire de littérature. La galanterie chevaleresque qui enfanta des poëmes si tendres a existé nécessairement ou existe à l'état latent; un tel luxe d'images ardentes et délicates ne saurait être un simple jeu d'esprit et doit reposer sur un sentiment réel qu'on trouverait en allant au fond. Faut-il oublier que ce sont les Maures qui ont inventé la chevalerie? Il est bon d'ajouter que les mœurs, l'aménité des caractères individuels adoucissent beaucoup ce que l'institution du mariage a d'injuste et de rude. Les gens du peuple n'ont que rarement plus d'une femme : ils ne pourraient en nourrir plusieurs; et le divorce leur est en quelque sorte prohibé par l'obligation, pour eux fort douce, de rémunérer la famille; souvent aussi l'amitié conjugale doit suffire. Je ne crois pas que l'Arabe maltraite ses femmes; il leur parle peu, mais il n'est ni méchant ni tracassier de son naturel, et se contente d'exiger une fidélité sévère. Presque tous les crimes domestiques ont la jalousie ou l'adultère pour mobile. Ensuite les femmes ont subi l'em-

preinte de cette longue dégradation; on aurait tort de se
les représenter comme des victimes dolentes. La méditation, les pensées sérieuses leur sont certainement inconnues, et l'affreuse humiliation où elles sont plongées
ne saurait pénétrer leur humeur légère et folle. On ne
peut voir des esclaves mieux accoutumées au joug et
plus gaiement résignées; il y aurait presque lieu de discuter s'il faut les plaindre comme nous les plaignons :
notre pitié les étonnerait bien. Jamais infortune ne fut
moins ressentie; mais cela ne légitime rien.

Un peuple heureux.

Si quelque chose pouvait plaider en faveur d'un régime si déplorable, ce serait la vue de ce quartier populaire où règnent l'ordre, le silence et la paix : là, point
de criailleries, de querelles, de paroles bruyantes, mais
un calme, un repos profonds, une tranquillité que rien
ne trouble; point de bruits de métiers. Ces gens ont l'air
heureux; ils le sont à leur façon. Personne ne travaille,
ne s'occupe même, sauf des vieilles qui filent la laine.
Les enfants barbouillés sont frais et gras, sous le hâle,
les mouches et le limon; les femmes chuchotent, sourient et lancent des œillades; les hommes se carrent
commodément, en bons rentiers. Je ne sais si tous les
biens de la terre pourraient ajouter à leur félicité : j'envie leur sort, car il les contente.

III

4 juin. — Nouveau départ.

Nous voilà en route de nouveau ; nous marchons vers le sud-est, sans destination précise.

Il s'agit d'une affaire de peu d'importance ; c'est une démonstration rassurante que nous allons faire en faveur de nos alliés et amis les Beni-l'Arba, menacés par des bandes pillardes qui se sont montrées déjà dans la province d'Oran. On dit que Si-Hamza est mêlé à ces brigandages, ainsi que son neveu, le brillant Si-Lalla. Nous sommes à peu près sûrs de ne rien voir, si ce n'est du pays. Nous formons une petite colonne de cavalerie composée d'un escadron de spahis et du nôtre, le goum de l'Arba doit nous rejoindre et nous servir d'éclaireurs. Le but de cette promenade est déguisé, mais je ne pense pas trahir un secret d'État en le révélant après coup, d'autant qu'il ne s'est rien passé. Après six semaines d'expédition, je puis ajouter à ces notes qu'il n'y a pas un pays aussi complétement pacifié que la partie du Sahara algérien où va s'engager ma modeste narration.

Quels rêves au départ! S'enfoncer dans cet océan pétrifié, aux rivages inconnus, aux îles fortunées, source inépuisable d'émotions et de périls! Abandonner les derniers confins du monde civilisé, pénétrer dans ces domaines sans bornes qui n'ont point de maîtres, où le sol, comme l'eau des mers, est à celui qui passe, assez hardi pour y risquer ses pas, pour y planter sa tente! Fouler des espaces vierges de traces humaines, et, jouissance ineffable, aller quelque part où tout le monde ne va pas! Là-bas, sont les régions étranges et terribles où s'élèvent des villes, des royaumes dont les noms mêmes ne nous sont pas parvenus. Tout au loin, après Gardaïa, Metlili, c'est Ouargla, puis Gouf, Insalah, Timicoun, Figuig, Soham, les Touaregs, puis le néant, ou plutôt un monde nouveau, puis encore Tombouctou, le Soudan, les forêts intertropicales, les troupeaux d'éléphants, les baobabs, les peuplades anthropophages. L'imagination franchit l'immensité et se repaît des visions splendides et tragiques de la grande nature qui va s'épanouissant vers l'équateur dans sa force et sa majesté. Le vide muet où la vue plonge se peuple ainsi, et l'âme est transportée dans un pays de rêves dont aucune réalité ne dément les splendeurs. Des reflets miraculeux font chatoyer l'azur des lacs lointains d'où reviennent, par longues phalanges, les cigognes et les ibis fendant l'air embrasé. Tout invite à pousser en avant; le regard ne peut se détacher de ces terres promises entrevues à des milliers de lieues. Ni la soif qui brûle les entrailles, ni le vent aux baisers de feu, ni l'horrible faim, ni la griffe des bêtes fauves, ni le cimeterre du Touareg ne sauraient nous arrêter. Que ces spectres fuient et nous laissent passer, marchons! Rentrons plutôt dans la réalité.

En quelques heures nous avons dépassé les dernières

pointes de montagnes qui s'enfoncent dans la plaine. Le mot de montagne ne reviendra plus sous ma plume. En nous retournant, nous apercevons encore Laghouat. Il est midi ; les remparts dessinent une longue bande brisée qui tranche en noir sur la colline éclairée. Le soleil darde sur nos têtes ses plus brûlants rayons ; mais un air vif agite les ailes de nos grands chapeaux et fait ondoyer la toile des couvre-nuques. Les chevaux, la crinière flottante, n'oublient pas le surnom de buveurs d'air dont on a illustré leur espèce ; ils dilatent leurs naseaux frémissants, appuient sur le mors, pointent et se cabrent, impatients de s'élancer. Devant nous le convoi de chameaux, qui porte nos vivres pour dix jours, s'étend sur une longue ligne, les chameliers en arrière, la jupe retroussée ; nous les avons bientôt dépassés.

Les escadrons marchent en bataille. Ils offrent un aspect martial et romanesque, et n'ont rien de la roideur, de l'uniformité insipide des troupes du nord. Chaque soldat a son type, son attitude. Les spahis s'enveloppent dans leurs burnouss blancs et rouges de cent façons différentes, et, d'instinct, rompent à chaque pas l'alignement. Les chasseurs, plus réguliers, présentent la plus riche collection de figures barbues, intrépides et goguenardes. Sous chaque soldat on devine un homme capable de fournir une dose d'initiative ; et l'on sent à quel point doit s'accroître la force d'ensemble avec des individualités de cette trempe.

Le simoun.

Notre première halte est marquée par un coup de simoun, ou plutôt de *guebli*, car le véritable simoun, ou vent empoisonné, est inconnu dans cette partie de l'Afrique. C'est une rude initiation aux violences de ce climat furieux.

Le ciel reste pur, un vent frais continue à souffler du nord-est, effleurant le sol. A l'opposé se montre un nuage très-sombre qui arrive en sens inverse, d'abord noir, puis fauve, puis pareil à une fumée d'incendie. Il grossit et s'avance sur nous, diminuant avec une effrayante vitesse l'étendue que le regard embrasse. En avant de sa masse énorme et sphérique glissent de petits tourbillons blancs tournant en spirale sur eux-mêmes et formant de petits cônes qui courent à ras de terre, la pointe en bas. La masse balaye tout. Un bruit grossissant sort de ses flancs, mugissement sinistre mêlé d'éclats de tonnerre. Il est clair qu'un orage pousse la nuée rouge; les deux fléaux tourbillonnent ensemble emportés sur le même souffle. Chose étrange, l'ouragan est à cent pas de nous, et la même brise fraîche continue à courir en sens contraire; toute une moitié de l'éther resplendit de lumière. C'est à ce moment que nous arrivons. Nous avons juste le temps de mettre pied à terre. Chacun saisit les rênes de son cheval, se couche, se tapit, s'enveloppe comme il peut. La brise cesse tout à coup; il se fait un calme terrible de quelques minutes. Les chevaux consternés tournent la croupe à la tempête, se campent et baissent le col. Nos regards anxieux se fixent à la dérobée sur le cyclone: il est là, grondant, et s'avance comme un globe enflammé; il est sur nous. Une chaleur intense et dévorante nous envahit; ma peau se dessèche, ma gorge brûle. J'essaye d'entr'ouvrir les yeux; je perçois vaguement comme l'intérieur d'une fournaise; je ne vois ni mon cheval, que je tiens, ni mes compagnons. Je me précipite à plat ventre, aveuglé comme si l'on m'eût jeté une poignée de braise à la figure. Le sable pénètre à travers mes habits, par toutes les issues, brûlant, aigu, lancinant. Ce supplice dure un quart d'heure. Un vif sentiment de fraîcheur me décide à rouvrir les yeux. Nous sommes débarrassés de la tourmente, mais le nuage s'est déchiré; une grêle serrée fond sur nous; je vois tous nos hommes se relever, se secouer. Une ondée bienfaisante nous trempe jusqu'aux os et, du même coup, nous purge du sable dont nous sommes couverts. Jamais pluie ne sera accueillie avec plus de délices. Elle cesse au bout d'un instant. Le ciel est balayé en un clin d'œil, et reprend sa sérénité; au loin, on voit encore la nuée maudite qui s'enfuit.

Nous dressons notre camp autour d'une flaque d'eau bordée de buissons verts que la pluie a enduits d'un beau vernis. Ce lieu est l'ébauche d'une daya. Quelques mots sont nécessaires pour expliquer la signification de ce terme, qui n'a pas plus d'équivalent dans notre langue que n'en a la chose elle-même dans nos contrées.

Description du Sahara.

Le plateau saharien n'est point une nappe unie, comme on pourrait en juger à vol d'oiseau. Les mots de plaine absolue, de nivellement, expriment en langage figuré l'aspect général de ce pays, et non sa configuration réelle; il n'y a pas plus de plaine, absolument parlant, que de désert, mais bien une série de pentes et de dépressions, il est vrai, très-prolongées, qui donnent naissance aux mêmes circonstances géographiques que l'on rencontre partout ailleurs. L'absence de montagnes proprement dites n'empêche pas l'existence de bas-fonds constituant de véritables bassins ou vallées. A la suite des grands orages, ce système est très-visible : une multitude de petits oueds affluent vers un niveau inférieur où se déroule un cours d'eau principal, suivant un plan incliné assez sensible, et dans une direction déterminée. Mais les eaux sont tellement rares qu'elles ne peuvent habituellement, malgré leurs moments de subite abondance, se creuser un lit dans le sol; elles coulent en larges nappes ou en minces filets qui serpentent entre les touffes d'herbes, et s'épuisent en quelques heures, après les pluies qui les ont produites. Leur rapide passage dans le sable ou le gravier est à peu près sans influence sur la végétation; mais en certains endroits un obstacle, un ressaut quelconque du terrain venant à interrompre leur écoulement, les obligent à un séjour prolongé. Ces points, où s'accumulent quelques limons et où s'infiltre une certaine quantité d'eau, acquièrent alors une fertilité exceptionnelle; ils forment de jolies prairies ombragées de béloums (pistachiers-térébinthes) et de jujubiers sauvages; ce sont des dayas. Elles ne se distinguent des oasis qu'en ceci : c'est que l'oasis a une production très-variée, renferme presque toujours des palmiers et chôme rarement d'eau, tandis que la daya, souvent à sec, n'offre jamais d'autres arbres que cette espèce de lentisque géant. Au milieu de la daya est creusé un bassin naturel à fond argileux où l'eau, arrêtée à son passage, séjourne plus ou moins longtemps, jusqu'à complète évaporation. C'est le Redir ou R'dir; le mot vient de R'deur, trahir : rien de perfide, en effet, comme ces réservoirs que l'on compte trouver pleins, et qui vous laissent mourir de soif. Quelquefois la daya n'est autre chose que le fond d'une cuvette immense où aboutissent les courants de toutes les hauteurs voisines; il existe au milieu de celles-là de petits lacs rarement desséchés : quand l'eau disparait de la surface on la retrouve dessous; on peut y construire des citernes.

Les dayas.

Les dayas, quoique situées dans des enfoncements, se voient de très-loin, la dépression des vallées étant à peine appréciable. On les voit apparaître, suivant une ligne sinueuse, et généralement assez rapprochées l'une de l'autre pour figurer le cours d'une rivière qu'on est très-étonné de ne jamais rencontrer. Cependant on remarque très-bien qu'elles sont disposées sur le même plan, et souvent réunies par des bandes d'herbes particulières, principalement des hélianthèmes et des buissons de jujubiers qu'on ne voit pas aux alentours. Souvent aussi elles se montrent isolées ou bien forment de jolis archipels. Il y en a qui, par rapport au point où on les découvre, semblent juchées sur des hauteurs. Une carte où seraient figurés en cours d'eau tous les oueds qui donnent naissance à des dayas ferait croire que le Sahara est un pays aquatique par excellence; c'est absolument le contraire qui est vrai. Peu de dayas pourraient recevoir une population permanente. L'eau y fait complétement défaut pendant une partie de l'année. Ce sont des réduits charmants et trompeurs : un jour vous y trouverez l'herbe épaisse, une fraîcheur délicieuse, un lac enchanteur, le lendemain tout y est aride, desséché, tari. On ne peut pas savoir, sur cent dayas qu'on a sous les yeux, quelle est celle où l'on pourra étancher sa soif. Le voyageur, attiré par la verdure, est entretenu dans une perpétuelle illusion, et s'il n'a pas un bon guide, il peut aller bien des jours de l'une à l'autre sans rencontrer une goutte du précieux élément. Combien de malheureux égarés ont trouvé une mort affreuse parmi ces îles verdoyantes, le long de ces fleuves factices. Les animaux sédentaires y sont très-rares; une végétation spéciale peut seule y vivre. Il n'y a que le nomade qui puisse en tirer parti, en profitant des saisons, et non sans risques; il s'y installe un moment, prévoit la sécheresse longtemps à l'avance, et peu à peu, à mesure que l'été gagne, se réfugie autour des oasis sans cesse arrosées. Ses migrations continuelles sont une science difficile dont seul il a le secret, et encore cette science ne lui servirait à rien sans son énergie extraordinaire à supporter la soif et la faim.

Rien de ravissant comme certaines dayas. Les bétoums y atteignent la hauteur des plus grands chênes, et s'y trouvent réunis en petites forêts, jusqu'au nombre de plusieurs centaines. Le bétoum est un arbre doué d'une vitalité lente et robuste; tout en lui est serré, rude et condensé, écorce, aubier, feuillage. Il doit arriver à un âge fantastique; on n'en voit jamais de jeunes : c'est là un phénomène très-singulier qui reste inexpliqué pour moi. Sa feuille digitée est jolie; elle est souvent atteinte par la piqûre d'un insecte qui y fait naître une noix de galle pareille à une petite pomme d'api. Il a aussi un fruit qui sert à colorer en jaune le cuir employé pour la chaussure et la sellerie indigènes, et donne la térébenthine. Ses rameaux pressés semblent se faire ombrage à eux-mêmes, et forment ensemble un dôme coupant porté sur un fût vertical très-vigoureux. Son feuillage est invariablement nivelé par la dent des dromadaires à la plus grande hauteur où ces bêtes peuvent brouter, trois mètres environ. Il en résulte une régularité singulièrement majestueuse, pour ainsi dire sacrée et classique, quelque chose comme un Poussin; un composé d'arbres tous pareils, mais de hauteurs diverses, en forme de sphères coupées que soutiennent d'épaisses colonnes.

Le jujubier rompt suffisamment cette monotonie. C'est un arbuste à feuille très-petite, d'un vert foncé, très-massif, gracieux, s'élevant à six ou huit pieds, mais tellement épineux qu'on n'en peut approcher sans y laisser quelque chose de sa personne: les soldats l'ont surnommé le brûle-capote. Il n'a d'autre utilité que d'égayer la vue. Son fruit est un noyau rond recouvert d'une peau flétrie qui exhale une mauvaise odeur; cependant on le mange. Entre les jujubiers et les bétoums croissent des hélianthèmes, de joyeux gramens émaillés de fleurs, ou bien une petite luzerne s'étendant en pelouse comme un beau tapis velouté. Au cœur de la daya, le redir, poétiquement ombragé, déploie sa petite nappe d'eau couleur café au lait, souvent absente et remplacée par une croûte de boue fendillée. On boit cette eau, qui a un goût terreux et renferme des myriades de têtards rouges, très-repoussants. Elle est saine comme toute eau de pluie; filtrée et rafraîchie on la trouve excellente, à moins que les chameaux n'y aient laissé des traces de leur passage; elle excite alors un insurmontable dégoût: c'est un cas fréquent. Les Arabes, dont les moindres actes doivent être étudiés et mis à profit dans la vie du désert, préfèrent cette eau à celle plus limpide des citernes, qui manque d'oxygène et fourmille d'insectes; ils disent que l'eau du redir désaltère et nourrit à la fois. La vérité, c'est qu'ils l'aiment par habitude, n'en ayant que rarement d'autre. On peut dire que jamais source glacée n'a été accueillie avec plus de transports que le redir vaseux où se précipite le nomade après une journée de marche sous les feux du soleil. L'antique Égypte aurait dressé des autels à ses réservoirs bienfaisants, providence des voyageurs.

La solitude des dayas est rarement troublée, si ce n'est à l'époque où les tribus remontent vers le nord, puis quand elles reviennent. On y voit les vestiges de leurs campements. Le gibier a cessé d'y être commun ; mais les bétoums sont encore fréquentés par des nuées d'oiseaux, geais bleus, ramiers, tourterelles, hiboux, vautours blancs et noirs. Le chat-tigre habite les vieux troncs dont le temps a rongé l'aubier. Un coup de fusil dans une daya détermine soudain un grand bruit d'ailes accompagné de cris confus, et l'on voit s'enfuir toute cette population éperdue.

Paysages.

Nous entrons en plein, le deuxième jour, dans une région de dayas. Le désert se complète en ce sens que nous avons perdu de vue toute apparence de montagnes ; nous sommes au milieu d'un cercle dont le centre est partout, suivant la métaphore usitée. Mais le pays s'anime et s'égaye à mesure que nous avançons, comme aux approches d'une zone fertile qui semble près de succéder aux espaces frappés de stérilité.

De tous côtés se montrent des prés ondoyants sous la brise, de noirs buissons, des genêts d'Espagne ; dans le sable, de gigantesques pieds de coloquinte étendent comme des poulpes leurs longs tentacules rampants garnis de petites courges qui ressemblent à des citrons. Tout est riant. Des marguerites blanches, des boutons d'or étoilent l'herbe humide de rosée; des nuées de papillons bruns voltigent dans les jujubiers. Des couvées d'alouettes effarées s'embarrassent entre les jambes de nos chevaux; des lièvres partent devant nous, et chaque fois un spahi se lance à la poursuite, le corps penché sur son cheval, les talons en arrière. Nos chiens, à chaque instant, donnent la chasse aux gerboises. Rien de joli comme cet animal sauteur, de la taille d'un rat, plus rond, avec sa tête d'écureuil, ses immenses pattes postérieures de kanguroo, et sa longue queue terminée par une touffe de poils gris; au milieu de ses détours, de ses bonds prodigieux, on n'aperçoit que deux pelotes qui tourbillonnent de compagnie, la queue poursuivant le corps.

La gazelle.

Il est bon matin. C'est l'heure où les gazelles prennent leurs ébats. Nos regards les cherchent au loin. Il en part une à dix pas de nous. Dix cavaliers s'élancent; le sable vole sous le fer des chevaux; bientôt on ne voit plus qu'un nuage de poussière. Un spahi se détache et poursuit seul la course en avant des autres qui ralentissent et reviennent : c'est Si Bel-Out, à la fois brigadier, marabout et brillant chasseur. Il est encore à bonne distance de la bête, mais évidemment il modère son galop. Insensiblement il gagne sur elle; chasseur et gibier ne sont plus pour nous que deux points blancs. Soudain le cheval accélère son élan d'un jarret furibond; la distance entre les deux points diminue de moitié; une petite tache de fumée apparaît. Si Bel-Out nous rejoint, son coursier est splendide sous sa robe d'écume, l'œil étincelant, les naseaux dilatés; une sueur sanglante ruisselle de ses flancs; il piaffe, s'ébroue, s'enlève sous la main, prêt à repartir.

« Eh bien ! Si Bel-Out ? » demande le commandant.

Le spahi fait un geste de sage résignation :

« Dieu ne l'a pas voulu ! »

Le commandant envoie des spahis en avant reconnaître les dayas. Ils reviennent l'un après l'autre et déclarent qu'ils n'ont vu d'eau dans aucune; mais on en signale une aux environs où est établie une tribu de l'Arba. Nous l'atteignons; elle est fort grande et du plus heureux aspect. Sur la lisière se dressent une vingtaine de tentes avec leur attirail pittoresque de palanquins, d'ataliches, de poteries, de tellis, de djelels, de bêtes de somme et de feux allumés. Des chèvres paissant sur le bord des broussailles tranchent en blanc sur ce fond vert. A l'intérieur, les chameaux, le cou tendu en l'air, tondent le feuillage des bétoums. La scène est d'une simplicité grandiose.

Le goum. — La fantasia.

Nous ne nous ressentons guère du manque d'eau, car le caïd de la tribu nous envoie des outres, plusieurs remplies de lait. Nous faisons un repas charmant sous l'ombrage. Mais il faut repartir l'après-midi. Nous reprenons la route du Mzab, dont nous nous sommes écartés, pour atteindre la station de l'Oued Nili où nous devons demeurer plusieurs jours.

Nous sommes en marche depuis une heure, lorsqu'un mouvement extraordinaire se produit dans la colonne. Les chevaux, un peu abattus par l'excessive chaleur, se raniment, hennissent, encensent de la tête, et donnent tous les signes d'une émotion joyeuse. D'abord, je ne vois rien qui explique ces transports; puis j'entends dire :

« Voilà le goum ! »

Quelque chose de confus et de flottant apparaît à douze ou quinze cents mètres en avant; c'est un groupe de trois cavaliers serrés l'un contre l'autre, tête contre tête. Ils arrivent à fond de train, comme un ouragan, sans se désunir, le fusil en joue. Ils approchent à dix pas de notre front, et, au maximum de leur vitesse, tirent, se dispersent, font une volte et vont paisiblement marcher devant nos trompettes, en rechargeant leurs armes. Cela a duré quelques secondes. D'autres cavaliers se montrent de tous côtés, et fondent sur nous avec le même entrain furieux, par deux, par quatre ou seuls. Plusieurs guerriers exécutent la fantasia en même temps. Ils sont une centaine; on croirait qu'ils sont mille. L'air sent la poudre. La fusillade ne s'interrompt plus; des balles oubliées sifflent sur nos têtes. Le sol tremble. La scène devient une mêlée enivrante. L'exaltation de ces hommes est communicative; nous avons peine à retenir nos étalons au milieu de ce tumulte de juments et de mousqueterie; ils se cabrent, ruent, galopent sur place, et nous forcent à jouer un rôle dans l'action.

Parmi les makhzens, tous gens de distinction, nous remarquons des caïds somptueusement équipés; ils manœuvrent seuls, et après avoir tiré, ils viennent serrer la main du commandant, qui a fort à faire de rendre tous ces saluts. L'un d'eux, un vieillard maigre, de haute mine, arrive suivi de son fils, un bambin de huit ans, juché sur un poulain ardent et précoce comme lui. On reconnaît dans le nombre quelques chasseurs de gazelles à leur aplomb, leur immobilité dans le visé. Il y a des jongleurs qui jettent en l'air leur fusil et le rattrapent, et parmi les gentilshommes de pauvres hères en piètre équipage poussant au galop des haridelles boiteuses. On peut imiter dans tous les cirques les exercices équestres des makhzens, leurs prouesses, leurs tours de force, mais cet entrain, cette furie, ces grandes allures sont inimitables, parce que le cadre est approprié à l'action. Une fantasia n'est rien sur une place d'armes, dans un carrousel, exécutée par des comédiens; il faut voir cela représenté par de vrais Arabes, comme ici, dans le vrai Sahara, sous un soleil, hélas! trop fidèle au tableau : c'est splendide.

La citerne. — Le céraste.

Le goum, réuni en avant des escadrons, se compose d'une centaine de cavaliers dont le chef du bureau arabe prend le commandement. Nous arrivons ainsi à la citerne de l'Oued Nili, qui est située sur une ligne de dayas. L'endroit offre peu d'ombrage, mais la prairie est fort belle. Nous y établissons notre camp en carré, la makhzen en dehors et sans ordre.

Ce séjour désert n'est malheureusement pas inhabité. Les scorpions et les tarentules y foisonnent. Nous osons à peine toucher aux pierres, et chaque touffe d'herbe est un repaire d'insectes hideux amants de ce sol humide. A peine arrivés, nos soldats se sont assurés de plusieurs serpents de taille peu rassurante; ils disent qu'ils ont fait bonne pêche et dépouillent joyeusement ces monstres qui doivent remplacer au souper la marée absente. Au nombre de ces reptiles est une vipère à cornes destinée comme les autres à la casserole. Elle n'est pas morte. Je considère avec une curiosité mêlée d'horreur, sa tête petite, plate et triangulaire étoilée de deux yeux méchants d'un éclat aigu, terrible; au-dessus des yeux se dressent deux petites cornes d'un centimètre de longueur, pointues et recourbées d'avant en arrière; elles donnent à l'animal quelque chose de chimérique et de paradoxal qui semble emprunté aux dragons, gargouilles, tarasques et autres créatures dues au génie extravagant de la peur. Elle avait dans le ventre un crapaud quatre fois gros comme elle. Malgré l'air féroce de ce reptile, il n'y a pas trop à craindre de sa morsure; on n'en mourrait que si l'on se dispensait de tous soins. En ayant toujours de l'alcali sur soi, on n'a rien à craindre de tous les animaux venimeux; d'ailleurs, ils ne songent qu'à se cacher à l'approche de l'homme. On peut presque dire, quand on est piqué, qu'ils ne l'ont pas fait exprès. On s'habitue très-vite à leur voisinage. Au bout de quelques jours, nous eussions préféré voir se multiplier par centaines les vipères et les scorpions, et pulluler un peu moins

Le parasite ailé
Que nous avons mouche appelé.

7 juin. — Camp de l'Oued Nili.

Ce matin, en sortant de ma tente, j'ai trouvé le camp vivant et animé. Ce lieu, hier encore si solitaire, était devenu un forum, un champ de Mars. Nos cavaliers montaient à cheval par pelotons, la ceinture rouge autour de la blouse, le fusil en bandoulière pour aller couper de la luzerne dans les dayas voisines. Les cuisiniers apprêtaient le repas du matin dans d'ingénieuses cheminées disposées sous le vent et d'où s'échappent de jolies fumées bleuissant au soleil. Les chevaux hennissaient aux juments du goum, des madrigaux retentissants comme des fanfares. Les vautours et les gypaètes, devenus nos familiers et nos commensaux, décrivaient sur nos têtes leurs ellipses et leurs paraboles majestueuses. Quelques-uns, en tournant, s'abaissaient jusqu'à une portée de fusil et venaient même se poser à une faible distance, alléchés par nos reliefs et nos débarras. J'en ai tiré un du seuil de ma tente, non que j'aie le goût de la destruction, mais l'insolence de ce rapace me choquait. Il était venu planer sur moi et m'examinait absolument comme une proie; j'aurais pu compter les plumes de ses ailes. Mes yeux rencontraient ses yeux féroces, jaunes, ronds, implacablement braqués sur ma personne. Mais j'avais négligé de changer la cartouche de mon fusil, qui était de plomb ordinaire, et, bien que la charge ait porté en plein dans cet éventail déployé, le coup a été nul. J'ai entendu distinctement résonner les plombs comme sur une plaque de tôle, et mon ennemi, sans cesser de fixer sur moi son affreux regard, est remonté lentement dans l'éther.

Un mamelon que surmonte un petit blockhaus, et au pied duquel est bâtie la citerne, s'est transformé en une espèce de quartier général des l'Arba. Des cavaliers arrivent au galop, s'y arrêtent, mettent pied à terre, sans plus s'occuper de leur monture, et entrent dans la maisonnette carrée qui ressemble à un gros dé à jouer.

Les chevaux, la tête pendante, s'établissent sur leurs quatre jambes et ne font plus un mouvement. Débarrassés de leurs maîtres, on les prendrait pour de vieilles rosses fourbues. Sans son cavalier, le cheval arabe a l'air d'un corps sans âme. Au montoir, il ne bouge pas plus qu'une borne; mais au premier contact du talon, son beau feu de coursier se rallume; on peut dire qu'il est bien le « superbe animal » de M. de Buffon, et même quelque chose de plus.

Le long des murs du blockhaus, sans souci des scorpions, se tiennent des Arabes enveloppés de burnouss gris sale. Immobiles comme des cariatides, et plongés encore dans le sommeil de la nuit, ils me font l'effet de grands bas-reliefs sculptés; ce qui fait que le rectangle blanc ressemble au socle très-orné d'une statue absente.

Camp des Makhzen.

De ce point, la vue s'étend sur tout le bas-fond qui va de l'ouest à l'est, et le long duquel apparaissent, de distance en distance, les vertes dayas unies entre elles par une ligne estompée de gazon tendre. Les juments du goum, entravées avec des cordes d'alfa, paissent çà et là, surveillées de loin par quelques krammés, qui se distraient comme Tityre, à l'ombre des bétoums, en jouant des airs champêtres dans des feuilles de roseau. Les chameaux gagnent la plaine et profilent leurs grandes silhouettes sur l'horizon nettement coupé. En dehors de notre camp régulier sont semées sans ordre les tentes de la makhzen fort dissemblables, les unes noires, basses, éraillées, enfumées, criblées de pièces et de trous, les autres opulentes, hautes, rayées de longues bandes couleur sang de bœuf. Une de celles-là est occupée par le chef du bureau arabe. Cet officier a commencé ses audiences en plein air. Je vois s'avancer vers lui un caïd à l'air imposant, marchant en tête de

ses chefs de tente et des ses serviteurs, d'un pas digne
et mesuré. Il me semble assister à l'arrivée d'Éliézer
venant demander Rebecca en mariage pour Isaac, fils de
Jacob.

Au centre de notre établissement s'élèvent quelques
bétoums, le long d'un grand redir, en ce moment
plein d'eau. C'est là toute notre provision d'ombrage et
de fraîcheur.

1er juin. — Vie arabe.

Nos jours s'écoulent doucement, par une chaleur
fabuleuse. Je m'étonne de ne ressentir aucun ennui de
cette vie monotone marquée à chaque heure des mêmes
incidents que la veille. Nous vivons aux trois quarts à
l'arabe et ne nous en trouvons pas plus mal. Jamais je
n'ai senti plus qu'ici la joie d'être affranchi des sujétions
du monde et du cérémonial importun de la vie policée.

Nous ne sommes pourtant pas absolument parmi des
barbares, mais plutôt chez des gens simples, des philosophes. Je suis déjà un peu plus qu'un spectateur au
milieu de nos amis les l'Arba : j'aime à identifier mon
existence extérieure et jusqu'à mes sensations avec les
leurs.

Le matin, je visite à cheval les dayas, seul ou suivi de
mon ordonnance. Je tire quelques gibiers par acquit de
conscience. Tout le charme de ces promenades est dans
l'émotion intense et sereine qui naît de la solitude et
des perspectives infinies. On a de l'orgueil de pouvoir
surmonter la terreur poignante d'un tel spectacle. On se
voit comme un ciron dans l'étendue, mais on ne sent
que mieux sa force devant cette nature formidable et
domptée où l'on s'aventure impunément.

Danger des promenades.

Impunément n'est pas toujours le mot. Une fois j'ai failli me perdre, péril auquel on croit à peine avant de s'y être vu exposé. Combien d'histoires de voyageurs égarés et disparus dans ces parages! Justement le lendemain de notre arrivée un chasseur a manqué à l'appel. C'était le cuisinier d'une tribu; il était parti muni d'une dizaine de francs, pour acheter un mouton, au hasard, sans trop savoir s'il irait plutôt d'un côté que de l'autre. On ne l'a jamais revu. Tout le goum a été lancé à sa recherche, mais en vain, « le désert l'a mangé », nous disent les goumiers. Qu'a-t-il pu devenir? Quelle fin affreuse a-t-il trouvée sur ce sol ingrat et meurtrier? Égaré, peut-être exténué de fatigue et de faim, poursuivant une fausse route avec l'âpre et fiévreuse ardeur du désespoir, il sera tombé évanoui et aura été dévoré par les hyènes et les guépards. Quelles angoisses! Quelle mort! Ou bien, trop confiant, il aura montré son argent à quelque pâtre et allumé sa cupidité. Un crime est vite accompli dans le désert; la justice humaine n'étend guère sa main jusque-là. Le meurtrier ne voit aucun spectre, loi ou conscience, s'interposer entre la mauvaise pensée et l'action; le gourdin est une arme prompte et terrible. Avec ces facilités au meurtre, si l'on n'est pas assassiné plus souvent dans le Sahara, il faut croire que ses populations sont meilleures qu'on ne les fait. Mais il ne faut pas s'y fier, et nous ne nous éloignons jamais à cent pas sans être armés.

Contre un voleur on se défend, mais quelle arme opposer à l'étreinte du néant? S'orienter est moins facile qu'on ne croit, surtout vers le milieu du jour : on prend alors facilement le midi pour le nord. Entre Laghouat et Djelfa, un bataillon, à qui l'on avait dit de suivre les poteaux du télégraphe, fit une fois l'étape de la veille en sens inverse ; il avait suivi les fils indicateurs, mais dans la direction contraire. Il y a bien les dayas qui peuvent servir de points de repère, mais comment les reconnaitre quand on les voit sous des aspects différents ? puis, la ressemblance qu'elles ont entre elles en fait plutôt un piége qu'un secours. On en voit des séries à l'horizon qui paraissent disposées sur une seule ligne ; on arrive à la première, et la ligne n'a pas changé. On regarde autour de soi, on est comme étourdi devant ces innombrables mouchetures noires étoilant confusément la plaine immense. Un miracle seul peut vous mettre dans la bonne voie, car, même avec la boussole et à l'aide des meilleurs calculs, on ne peut arriver au but qu'approximativement. Un jour nous avons trouvé un de nos camarades, égaré depuis le matin, à une demi-lieue du camp. Après mille détours, il avait fini, à force d'observations, par prendre une bonne direction ; mais il commençait à croire qu'il s'était trompé, ne voyant rien. Son domestique était pâle et défaillant. Tous deux laissaient leurs chevaux marcher à leur fantaisie, ils avaient abdiqué le soin de leur salut en faveur de leurs montures, et mis en elles leur dernière espérance.

Dans cette horrible situation, le moyen le plus rationnel de retrouver sa route, est de suivre à rebours ses propres traces. Malheureusement les chevaux ne laissent pas de marques sur tous les terrains ; ensuite le plus léger vent, la plus petite pluie effacent tout. Il faut s'appliquer à observer les moindres choses, au loin comme près de soi, constater les plus simples objets, et surtout se méfier des gazelles qui vous entraînent à leur poursuite. On se laisse emporter, on ne voit plus rien que ce point jaune et blanc qui fuit, comme un follet des légendes bretonnes, et quand le cheval est à bout de forces, on s'arrête, on regarde; on est perdu. Je ne crois pas qu'il y ait de sensation plus accablante, où l'homme se sente plus terrassé, plus impuissant. La nature inerte peut seule inspirer aux plus braves de ces épouvantes où sombrent l'orgueil, la force d'âme et toutes énergies résistantes. Qui racontera les drames solitaires qui n'ont eu d'autres témoins que le ciel implacable, et n'ont laissé d'autres traces que quelques os disputés par les bêtes fauves?

La Nedja.

Dans une de mes excursions, j'ai rencontré une tribu qui émigrait vers le nord. Depuis notre arrivée, elles remontent toutes ainsi, de manière que nous puissions les couvrir. Dans quelques jours il ne restera que des gazelles entre notre camp et le Mzab. Les nomades, menacés vers le sud, accourent se placer sous notre égide avec le même empressement qu'ils mettaient autrefois à venir repousser nos empiétements.

En dépit de ces circonstances amicales, la caravane (nedja) m'a paru assez rébarbative. Si ma confiance était absolue, il m'a bien fallu reconnaître qu'elle n'était partagée qu'à demi. Je me suis avancé de façon à côtoyer ce long cortége de bestiaux et d'*impedimenta* pittoresques; mais aussitôt la tête de colonne, où figuraient quelques brillants cavaliers, a fait un détour, sur l'intention duquel je ne pouvais me méprendre. Les chefs ayant ainsi esquivé ma rencontre, je n'ai pu reprendre qu'un peu plus loin cette file interminable qui défrayerait dix pages de description. Point d'ordre de marche prémédité, ou du moins observé. Sauf quelques flanqueurs échelonnés régulièrement de distance en distance, tout le reste allait pêle-mêle, comme on dit en pacage, ici par masses compactes, là par groupes épars, sans que la tête parût s'inquiéter de la queue, des impotents et des traînards. Les chameaux portaient les fardeaux les plus variés, les plus bizarres : des tellis farcies de laine, des tapis aux couleurs vives, des viandes saignantes et puantes, tout un bric-à-brac d'ustensiles peu connus. Sur les plus forts étaient les palanquins des femmes (atatiches) surmontés d'un pavillon en forme de cœur et recouverts d'étoffes rayées où pendaient des cordons et des glands à torsades. Les belles, à demi couchées en travers de l'animal, entr'ouvraient de leurs doigts jaunes ces lourdes tentures, montrant un visage curieux plein de malice furtive et de naïve coquetterie, au grand scandale des matrones préposées sous le même abri à leur surveillance. Ainsi se succédaient des mains fines et grasses, de longs doigts osseux, des têtes enfantines étoilées de ces yeux immenses qui rêvent et font rêver, des chevelures de jais nattées sur les tempes, des lèvres semblables à des grenades entr'ouvertes, des dents de perles, des foutas, des turbans, des amulettes, des colliers miroitants ; puis des figures antédiluviennes, tannées, momifiées et ratatinées. Des babys de qualité voulaient voir aussi et sortaient leurs joues bouffies, leurs perruques rouges frisées, leurs petits bras d'albâtre. Les sokhrars attachés à la conduite de ce précieux matériel me jetaient des regards inquiets et pressaient le pas en tirant sur la longe des dromadaires. Toute la gent krammès et négrillonne, moins préoccupée du passage importun d'un roumi, cheminait pacifiquement sur la piste, courbée sous le faix des besaces, des outres, des piquets et autres accessoires qui n'avaient pu trouver place sur les bêtes. Les servantes, quelques-unes fort belles, négresses ou mulâtresses, traînaient courageusement une marmaille qui m'a fait songer à la belle Agar et à la postérité d'Abraham. Chaque négresse, entre autres marmots, en portait un sur les reins, assis dans la gandoura comme dans un hamac, et placardé en quelque sorte sur l'échine maternelle, à la mode simiane. On a beaucoup agité la question de savoir pourquoi les nègres ont le nez écrasé. Voilà, je pense, une explication qui en vaut une autre. Je crois que si les Bourbons eux-mêmes avaient été portés de la sorte dans leur enfance, leur angle facial aurait quelque peu perdu de ses reliefs.

Physiologie du bourricot.

Il y avait une grande quantité de bourricots montés en croupe par de jeunes garçons et des femmes.

Aucun animal domestique ne m'inspire plus de sympathie que ce petit âne d'Afrique, dont l'histoire remonte au berceau des sociétés humaines. Il fut la première et la plus précieuse conquête des peuples pasteurs. Il a gardé ses antiques vertus dans un esclavage devenu de plus en plus rigoureux. L'injustice des hommes n'a pas ébranlé sa docilité, son courage, sa tempérance. Que ne peut-il lire son éloquente réhabilitation dans le beau livre de M. Pelletan, *la Bible de l'humanité?* Pour moi, j'admire autre chose que sa résignation, sa patience, je le trouve beau. Je cherche en vain pourquoi l'on a ima-

giné d'en faire un animal burlesque, ignare et ridicule ;
c'est sans doute au cheval qu'il doit ce préjugé cruel qui
pèse sur lui ; la comparaison l'écrase. C'est l'histoire du
singe par rapport au roi de la création ; la créature la
plus vive, la plus spirituelle, la plus charmante devient
une caricature parce qu'elle nous ressemble. Est-il un
jugement plus absurde? L'âne pris en lui-même, en
dehors d'un parallèle humiliant, offre les plus élégantes
proportions du corps, rein solide, épaule bien attachée,
encolure large, jambes fines, sabot mignon. La tête est
certainement plus expressive que celle du cheval ; l'œil
est doux, intelligent, honnête, mais tenace. C'est une
physionomie, celle du peuple, du paysan. L'âne est
plébéien, comme le cheval est gentilhomme ; mais nous
savons ce que valent les vieilles distinctions sociales.
L'âne d'Afrique malheureusement vit loin de nos idées ;
ses mérites sont appréciés, mais restent sans récompense ; il sera le dernier ilote, le dernier serf ; ses précieuses aptitudes perpétueront son esclavage sous
l'éternel ennemi, comme il appelle philosophiquement
son maître. Il est l'emblème de la bonté utile et exploitée,
la personnification du désintéressement obscur et modeste. Un peu rustique, un peu brutal en ses passions,
il a des susceptibilités contre les coups immérités, les
exigences abusives ; il regimbe, rue, mais finit par céder,
sentant bien que les tribulations sont le lot qui lui est
échu ici-bas. C'est un sage sous une écorce un peu rude,
mais non sans grâce ; c'est un opprimé sans fiel, un serviteur sans exigences et sans rancunes. Il est plein
d'âme et se force incessamment pour précipiter la vitesse
de son allure, à côté des grands quadrupèdes, le mulet,
le chameau ; sous son lourd chargement, il doit trotter

des journées entières, taquiné, houspillé, aiguillonné dans ses plaies vives ; mais il arrive avec le convoi. Alors on le laisse livré à lui-même ; qu'il s'occupe de son abreuvoir, de son herbe, de son repos, c'est son affaire. Repu ou non, il sera là le soir, toujours humble et silencieux, couché au seuil de la tente.

Cruauté des Arabes.

Le sort déplorable de l'âne en Algérie est un peu celui de tous les animaux que leur mauvais destin met en contact avec les Arabes. L'Arabe est extrêmement cruel pour les bêtes. Lui qui est si près de la nature, il est sans miséricorde pour les pauvres créatures qui vivent la vie naturelle à peu près à sa manière. Chasseur, il les traque, leur tend des piéges, les prend vivantes et les torture. Il écorche vif l'ourane dont il vend la peau ; il scie lentement le cou de l'antilope, du chacal ou du renard tombés dans ses embûches. S'il porte un animal en vie, il s'inquiète peu de le faire souffrir ; il le tient étranglé, serré outre mesure par les pattes, par le cou, pendu à l'arrière de la selle par-dessus la djebira. Un homme nous apporta un jour un magnifique vautour, de la taille d'un enfant de six ans ; il avait trois mètres d'envergure ; c'était la plus grande espèce, le vautour classique de Prométhée. Le malheureux oiseau, déposé devant nous, se tint un moment sur ses jambes, nous jetant un regard triste et résigné ; il se laissa toucher sans remuer. Nous ne lui vîmes aucune blessure, mais il avait dû être bien horriblement secoué pour subir sans colère notre curiosité. Au bout d'un instant il s'affaissa, tordit son col chauve dans une contraction suprême, et expira. L'Arabe nous dit qu'il l'avait apporté pendu par les pattes.

Je ne m'explique pas bien cette absence complète de sensibilité, de pitié envers les bêtes, qui va jusqu'à une cruauté raffinée et comme sensuelle. Cela heurte toutes les notions humanitaires, et peut nous rendre fiers de notre douceur, qui s'arrête cependant à la porte des boucheries. Tuer nous paraît nécessaire, mais martyriser nous révolte. Il faut pourtant admettre qu'un fonds de férocité est en nous. Nos enfants, qui plument si volontiers les petits oiseaux, nous montrent assez la lie de nos instincts. L'homme, dans l'état barbare, reste enfant et cruel; il voit dans l'animal chassé et pris un ennemi qui doit expier les périls et les fatigues endurés à sa poursuite. En nous le carnassier dort souvent, chez l'Arabe il est toujours éveillé. Ces peuples sont sans merci; ils font la guerre comme ils chassent, à la façon des tigres; c'est une ivresse sanguinaire qui exclut toute pitié, tout attendrissement, toute miséricorde. En vain la gazelle blessée tourne sur son bourreau un œil mouillé de larmes, en vain le prisonnier gémit et supplie, l'homme de guerre est de marbre, et choisit les joints par où le fer se fera mieux sentir. Vous avez vu des chats de bonne maison, si câlins, si tendres, si inoffensifs; quand ils tiennent une souris, ils redeviennent tigres, le sang flamboie dans leurs prunelles, leurs doigts patelins s'arment de griffes tranchantes. Ainsi de l'Arabe; bon, caressant, voluptueux, en un clin d'œil il devient un monstre.

Cela vient un peu de ce qu'il ne fait pas grand cas de la vie. L'ôter simplement à un ennemi lui semble un acte de faiblesse, un dénoûment vulgaire. Les femmes arabes, qui ont certainement la dose de sensibilité inhérente à leur sexe, renchérissent de barbarie sur les hommes dans la guerre; on sait quelles mutilations elles infligent aux captifs, avec quelle rage démoniaque elles les entourent, dansent devant eux et les mettent en pièces. Ont-elles moins, comme la lionne, d'excessives tendresses pour leurs hommes, pour leurs petits?

Nous sommes forcés de reconnaître que le fond de la nature humaine est plein de limon; mais il ne faut pas que la sauvagerie sanguinaire nous indigne trop; nous avons passé par ces phases, et certaines pages de nos annales ne nous élèvent pas beaucoup au-dessus des peuplades anthropophages. Nos guerres civiles et internationales qu'on veut rendre courtoises à mesure qu'on y introduit les plus épouvantables engins de destruction, n'ont pas été exemptes jusqu'à ce jour d'atrocités et d'abominations inutiles. La cruauté des Arabes a engendré mainte fois de notre part d'assez horribles représailles. Les vieux soldats d'Afrique se rappellent l'époque de nos luttes permanentes dans la Mitidja, à deux pas d'Alger. Des chefs français en étaient venus à donner tant à chaque soldat par paire d'oreilles qu'il pouvait présenter. On frémit en songeant à quels excès pouvaient être entraînés des hommes ainsi affranchis de tout devoir d'humanité. Devant quoi pouvaient-ils reculer pour recueillir ces abominables trophées? Était-ce bien toujours des oreilles de combattants qu'ils apportaient? Voilà un aperçu de la guerre d'Afrique. Il s'agissait de ces fameux Hadjoutes qui nous ont tenus si longtemps en échec. On leur a fait une réputation de férocité; mais cette histoire d'oreilles, qui est authentique, montre qu'on ne voulait pas être en reste avec eux sur ce point. Il fallut tous les tuer; du moins tous ceux qui furent en état de combattre succombèrent. Aujourd'hui leurs descendants, établis vers le Mazafran, sont de fort braves gens qui nous accueillent le sourire aux lèvres.

Les horreurs de la guerre.

Il n'appartient guère à notre notice de parler de la cruauté très-réelle des Arabes; nous l'avons souvent égalée et dépassée, et les premières années de la conquête ont été signalées par des abominations que l'histoire ne peut ni taire ni absoudre. Je me borne à rappeler l'infortunée tribu des El-Ouffia qui fut, comme on sait, massacrée entièrement par erreur (1837). Entre autres dépouilles exposées par les vainqueurs sur le marché de Bab-a-Zoun, on vit des bracelets de femmes encore attachés à des poignets coupés, et des boucles d'oreilles où pendaient des morceaux de chair déchirés. Le duc de Rovigo, convaincu qu'il s'était trompé en ordonnant ce massacre d'une tribu pour un vol isolé commis sur son territoire, s'acquitta militairement envers l'opinion publique en faisant illuminer les rues et exécuter l'innocent caïd des El-Ouffia échappé au carnage. Je ne sais que prendre un fait entre mille. On ne lâchera jamais impunément le frein aux fureurs de l'homme. Le jour où il n'y aura plus que des philosophes, on ne se battra plus. Alors seulement l'homme aura étouffé la bête féroce qui est en lui.

Le cheval.

Pour ses serviteurs, le chameau, le cheval, le mulet, l'Arabe n'est ni plus doux, ni plus humain. Il s'attache à eux en raison de leur valeur marchande et des services qu'il en tire, nullement par des liens d'affection, comme on le croirait. Ainsi, sa tendresse pour son coursier est un pur mythe, dans le sens où on la prend chez nous. Il tient à son cheval, il est vrai ; il en est fier ; c'est l'emblème et l'attestation de son rang élevé ; mais il le choie peu, ne le caresse jamais, et pour la plus petite satisfaction de vanité, le surmène de gaieté de cœur, le rend fourbu et l'abat. Il est cavalier comme un centaure, d'une solidité à toute épreuve, mais sans la moindre teinture d'équitation. Il dispose de bêtes inappréciables, douées d'un fond sans égal, mais il y met si peu d'art et de ménagements qu'il leur fait dépenser en pure perte dix fois la force nécessaire à accomplir ce qu'il leur demande. Il n'épargne ni les arrêts brusques, ni les terrains meurtriers, ni les détours, ni cette éternelle fantasia, la ruine des jarrets. Le cheval est oublié et sacrifié dans ces moments de transport ; qu'importe qu'il crève ! La poudre a parlé, la gazelle est lancée ; un rival gagne du terrain ; l'éperon frénétique laboure les flancs du coursier ; le mors, affreux engin de supplice, lui déchire la bouche, lui brise les barres ; il n'en peut plus, l'air siffle à travers ses naseaux sanglants ; qu'il meure, mais qu'il arrive ! On comprend combien ces ivresses doivent être funestes à la race chevaline. Elle se maintient pourtant fort belle dans le Sahara, grâce à un sang magnifique, mais que nous sommes loin déjà des peintures du général Daumas ! Que nous sommes loin surtout de cette tradition littéraire : l'Arabe et son coursier, popularisée par des chants héroïques et de si remarquables préceptes.

Ici, je vois gémir, non sans raison, les hippophiles. Mais décidera-t-on qui est dans le vrai du turfiste qui élève dans du coton des mécaniques de chair et d'os, propres au plus à fournir dix lieues tous les ans, ou du nomade furibond qui tire de sa maigre jument un maximum inouï de parcours et de vitesse soutenus? Je penche pour celui-ci; c'est un vrai cavalier. Mais ce n'est pas un amateur, encore moins un ami des chevaux. Le type du cavalier arabe, prodigue envers son cheval de tendresse et de soins, est de pure fantaisie. L'Arabe ne saurait aimer un être inférieur, ni s'apitoyer sur une créature dépourvue d'âme. S'il méprise la femme, quel cas doit-il faire de la bête? On aurait peine à décider si c'est affaire de psychologie musulmane, ou bien l'effet d'un sentiment primitif inhérent à la race humaine, comme à toutes les espèces armées les unes contre les autres de défiance et de haine.

Le chien, etc.

Il n'est pas jusqu'au chien, cet allié, cet auxiliaire naturel de l'homme, que l'Arabe ne méconnaisse. Il l'utilise et ne l'aime pas : « Les bêtes comme les dieux, dit Toussenel, sont ce que l'homme les fait. » Le chien arabe, moitié cheval, moitié loup, est un gardien vigilant et assourdissant. Du coucher au lever du soleil il s'exerce à japper autour du douar endormi; il donne aux maraudeurs nocturnes, hurlant et glapissant, la réplique furieuse et prudente. Toujours véhément et hargneux, il se précipite aux jambes du voyageur qui peut l'écarter à coups de fouet. C'est un avertisseur, pas autre chose. Il ne chasse pas. Il cède à la peur. Il n'a point de maître; il est de la tente, de la tribu. Voilà tout. Il ne mord ni ne caresse personne. Il vit comme il peut, d'immondices, de peaux, rôdant tout le jour, l'œil vil, faux, la tête basse, un vrai renard; on devine une bête avilie sous l'indifférence et le mépris, qui n'a jamais connu les encouragements ni les bonnes paroles. Il ne regarde jamais en face. Il s'entend peu à garder les troupeaux. Ses accointances avec les chacals ne sont pas un mystère ; il déserte la tribu pour partager leur infecte curée, et opère des jonctions suspectes avec la race insoumise. Il revient au logis par habitude, non par affection. De même, l'Arabe le supporte, s'accoutume à ses clameurs, mais aucun lien ne se noue entre le maître et l'acolyte. On sent bien que le chien se serre d'instinct contre la famille, et volontiers y prendrait un rang ; mais il est fier, peut-être, et, comme il ne reçoit aucune avance, il vit à côté, parmi les femmes, les bourricots, les krammès et autres parias, tandis que le chef et les garçons courent la plaine. Il est d'humeur maussade, aboyant à tout venant et hors de propos, dédaigné, maltraité, méconnu de ceux même dont il garde la demeure avec un zèle si bruyant et si jaloux.

J'ai vu, au contraire, des chiens arabes dressés par des Français, et devenus aussi familiers, aussi affectueux et dociles que des caniches. Il n'y a pas de doute que cette espèce, dépourvue d'éducation, n'ait un fond excellent sous une écorce grossière. Mais l'Arabe n'a pas l'étincelle sympathique qui allumerait cette flamme.

L'Arabe n'a point d'amis.

Il est difficile de dire ce qu'aime l'Arabe. Il a de l'orgueil, de l'amour-propre souvent, un ferme sentiment du devoir ; mais dans ce qui l'entoure, rien ne peut émouvoir son cœur. Il est très-jaloux de ses femmes, les pare comme des châsses, très-fier de ses fils qu'il emmène à la guerre, armés et vêtus comme lui ; il veille à son cheval, à ses faucons, à ses sloughis, à ses clients, mais qui dira où son cœur est attaché ? N'oublions pas que nous sommes en pleine aristocratie, organisation où l'honneur domine le sentiment ; l'homme extérieur absolu, l'homme du dedans, de la famille. Le petit souverain de la tente n'est ni père, ni époux, ni frère, il est chef, patriarche, autocrate ; le reste ne compte que comme bêtes de somme, esclaves, instruments de travail, de plaisir ou de luxe ; l'auréole du satrape efface la maison entière sous son rayonnement. Le maître, isolé dans sa grandeur, ne s'abaisse à aucun élan, à aucun épanchement où sa haute dignité serait compromise, si bien que la famille comme nous l'entendons n'étant pas l'humble bête, le modeste commensal, le serviteur des serviteurs, l'âne ou le chien, ne tient au foyer par aucune attache passionnelle, pas plus, hélas ! je l'ai dit, que la femme, la fille, l'esclave ou l'aïeule.

Fin de la caravane.

L'interminable caravane a défilé pendant une heure. Parmi les piétons apparaissaient des types étranges par la figure ou par l'habit : un marabout à barbe pointue, vêtu d'une robe écarlate et coiffé d'un turban à côtes en forme de potiron ; de vieilles pythonisses dissimulant mal leur fantastique maigreur sous leurs amples guenilles ; des profils de Moghrabins, des teints variés depuis le plus pur blanc caucasique, jusqu'à l'ébène de la Nubie ; des figures androgynes d'éphèbes ; de toutes petites filles mères et nourrices ; des chevelures opulentes, des têtes rasées ; des bardes en haillons portant sur l'épaule je ne sais quelles mandolines ou quelles guzlas ; des hommes triplement enveloppés de burnouss, d'autres aux trois quarts nus ; des estropiés tenant un bâton d'une main et de l'autre s'accrochant à la queue des mulets et des ânes ; le tout marchant d'un pas soutenu, en silence, et de l'air du monde le plus flegmatique. Il y avait de nombreux troupeaux, chèvres et moutons mêlés, autour desquels tournaient d'un jarret infatigable de beaux enfants, la robe retroussée jusqu'aux genoux. De fortes juments, hautes de poitrine, allaient sans charge ni harnais; leurs poulains, la queue et la crinière tondues, suivaient côte à côte, par petits bonds.

Presque tous les hommes examinaient mon cheval; si j'avais été à pied, ils n'auraient pas jeté les yeux sur moi : mais pour l'Arabe, un cavalier, même chrétien, mérite qu'on lève la tête : ce ne peut être un homme de rien. Quelques-uns m'adressaient le salut militaire que nous avons importé dans ces lointaines régions, ou bien me souhaitaient le bonjour avec cette intonation si pleine d'aménité et d'expansion qui n'appartient qu'à l'Arabe :

« Ah! sidi, bonjour. »

Je marchai encore quelque temps, après avoir dépassé l'extrême queue du cortége; puis je revins, et la caravane déjà loin, m'apparut tout entière, lente et majestueuse dans la plaine grise. Je la considérai longuement, à mesure qu'elle s'enfonçait sous l'horizon, image d'une antiquité mystérieuse qui venait de surgir à mes yeux comme une vision, et s'abimait dans le néant. Un simple incident de voyage venait de me faire assister à une scène auguste du patriarcat et des premiers temps historiques de l'Orient. Il me sembla, à travers les limbes de tant de siècles, avoir remonté le cours des âges et entrevu à son aube l'humanité naissante; et je vis disparaître cette épave mélancolique d'un monde dont la poésie et les destins ne seront bientôt plus que des souvenirs.

Ben Saïd.

Il n'y a pas de jour que je n'aille passer une heure ou deux chez le caouedji Ben Saïd, qui a dressé sa tente à l'ombre au bord du redir.

Ben Saïd est un Laghouati particulièrement attaché à ses compatriotes les spahis; il les accompagne dans toutes leurs expéditions en qualité de cafetier, de restaurateur et d'ami. C'est un vieillard sec et ployé en arc, cachant une vigueur de fer sous une enveloppe chétive. Il ne porte jamais de burnouss, mais simplement une culotte et un gilet bleu céleste; sa figure parcheminée disparaît sous un haïk serré négligemment au front par un bout de corde. On ne peut pas imaginer un homme plus flegmatique et plus taciturne, plus avare de paroles et de mouvements inutiles. Je ne sais pas ce qui pourrait l'émouvoir. Il a parfois jusqu'à vingt personnes à servir, et n'en paraît pas plus agité que si le moment était venu de faire la sieste. Pourtant rien n'égale son habileté professionnelle, et à quelque moment qu'on arrive, on attend rarement sa tasse plus d'une ou deux minutes, sans que cet hôtelier modèle, qui n'a point d'aide, ait eu seulement l'air de nous apercevoir. Il fait tout lui-même, entretient le feu, moud le café, découpe le sucre, sert le public, lave tout, plante sa tente et soigne sa mule. Il est encore boucher, barbier et berger. Dix garçons de café, les cheveux au vent, suffiraient à peine à cette besogne à laquelle il semble presque étranger. On dit que c'est un fort brave homme. Il n'a jamais voulu accepter de nous plus de deux sous, prix courant de la tasse de café, malgré les suppléments de sucre que nous réclamions. En route, j'admirais beaucoup son équipage, composé d'une mule pour le moins aussi vieille que lui, portant le plus fabuleux attirail d'un pas sûr et résolu ; entre les couffes rebondies se tenait Ben Saïd en personne, grave et discret.

La tente du caouedji est le rendez-vous de tout ce qui a un rang présentable dans la makhzen ou parmi les spahis. L'assemblée est habituellement très-choisie, et rien qu'aux mines, on voit qu'on est dans un monde élégant et distingué. Les personnages décorés n'y sont pas rares, mais on reconnaît surtout une vraie noblesse à la pureté de traits, à la prestance altière de ces chefs dignes et souriants. Ceux qui ne portent pas la botte de cuir rouge laissent voir avec complaisance l'exostose volumineuse que le frottement de l'étrier leur a fait venir au-dessus du cou-de-pied. On sait que cette protubérance est la marque qui révèle le cavalier et le distingue du mokhrasni, fantassin à pied plat. Il n'en faut pas plus pour qu'un homme, suivant qu'il porte ou non ce noble stigmate, soit classé parmi les preux ou parmi les vilains.

Entre tous ces patriciens de la tente, se distingue notre ami Lakdar, homme de naissance et de valeur, grand chasseur et brave soldat, véritable type du gentilhomme saharien. C'est un jeune homme d'une trentaine d'années, vêtu avec une élégance extrême. Il a le teint parfaitement blanc, la barbe rouge, l'œil bleu, comme le Christ, et les lignes du visage d'une finesse, d'une pureté qui sont le blason de ces castes nobiliaires. On ne peut pas voir unies tant de noblesse et d'exquise douceur à un si grand air de force et de vaillance. De plus Lakdar, qui connaît peu nos usages et parle très-imparfaitement notre langue, nous a cent fois étonnés par un tact et un instinct des convenances qu'on rencontre à peine dans nos sphères les plus élevées. Par exemple, il est très-bon musulman, et même d'une secte ou d'une famille où l'on ne fume pas; malgré cela, chaque fois qu'il a mangé à notre table, il a accepté les mets les plus suspects, sur notre simple affirmation qu'ils ne renfermaient point de graisse. Des dévots bien élevés et peut-être moins sincères n'auraient pas toujours ce goût parfait dans un dîner de vendredi. De tels riens disent beaucoup. Une race qui produit des hommes pareils ne s'éteindra pas comme on veut bien le dire; il est permis d'attendre tout d'elle. Elle mérite, en tout cas, qu'on s'en occupe, et vaut la peine qu'on se l'attache.

La féodalité dans le Sahara.

Il ne faut pas récriminer ni jeter la pierre à personne, car le gouvernement de ce pays n'est pas facile; mais a-t-on fait toujours ce qu'il fallait faire? Nous ne savons que trop que la dernière insurrection n'a été due qu'à des froissements gratuits infligés à quelques chefs du même genre très-enclins à la soumission, mais incapables d'abdiquer un orgueil légitime.

On ne doit pas se dissimuler que le dévouement des chefs sahariens à la France est rarement exempt d'arrière-pensée et d'une certaine amertume. Il était impossible qu'il en fût autrement de la part d'une noblesse qui fut opulente et sans frein et que notre régime a littéralement affamée et ravalée en la moralisant. Personne n'ignore qu'avant notre occupation, les tribus de la plaine n'avaient d'autre industrie que de rançonner ou de piller les caravanes. Un convoi allant, par exemple, de Gardaïa à Boghar, passait successivement par les mains de cinq ou six tribus qui, moyennant redevance, l'escortaient et la protégeaient, chacune au travers de son territoire, protection qui n'exemptait pas absolument les infortunés marchands d'être attaqués par des partis habituellement de connivence avec leurs défenseurs très-chèrement payés. Aussi ces tribus étaient-elles extrêmement riches en argent et en produits qui ne leur coûtaient que la peine de les prendre. Bien pourvues en chevaux et en munitions, endurcies aux fatigues et aux combats, elles occupaient leurs loisirs à s'entr'égorger ou à guerroyer contre les ksours, véritables greniers d'abondance où les classes sédentaires semblaient n'amasser leurs trésors et leurs grains que pour ces redoutables forbans. Il va sans dire que le gros des razzias allait aux chefs de ces petites oligarchies, hommes supérieurs par l'intelligence et propres surtout par leur énergie physique à mener des barbares. De tant de richesses, de faste et de hautaine indépendance, à peine aujourd'hui reste-t-il une ombre à ces hauts barons du désert. La France, qui les impose d'ailleurs modérément et donne un traitement aux caïds, a tari à jamais la source de leur ancienne splendeur en assurant le règne de la paix dans ces contrées belliqueuses. On peut dire que cette grande féodalité se meurt, et, comme malheureusement ni le pays ni les hommes ne comportent encore un état social industrieux et pacifique, notre intervention si profondément moralisatrice est devenue un levain morbide qui supprime peu à peu la vie en supprimant d'antiques désordres. Ce n'est que trop logique, et je me demande combien de temps il faudra pour donner un nouveau mobile vital à ces petits États, leur créer d'autres mœurs et les faire entrer dans une voie qui sera nécessairement le contre-pied de leur existence passée. Le problème est de quelque importance.

En attendant qu'il soit résolu, le vide s'est fait là où nous avons apporté la sécurité. Le fait est bizarre, mais réel. Les caravanes, qui n'ont rien à craindre sur nos frontières, passent maintenant par le Maroc et la Tunisie, où n'a pas cessé de fleurir le brigandage que nous avons aboli autour de notre territoire. On prétend que ce phénomène inexplicable est dû à l'idée lumineuse qu'a eue un jour notre administration d'établir des douanes sur nos points extrêmes, idée qui dut être d'ailleurs abandonnée aussitôt après l'expérience : l'Arabe n'est pas coulant sur ce chapitre; il préfère courir les chances d'un pillage en règle que d'acquitter un droit régulier en beaux douros. Ce n'est pas l'Arabe seul qui est ainsi fait. Mais sa répugnance à passer par notre territoire a une cause d'un ordre tout différent : les caravanes nous fuient par instinct. Cette répulsion est dans le sang de tous les peuples orientaux : ils ne veulent pas de nous et ne nous approchent qu'à leur corps défendant. Les tribus du Sahara feront volontiers deux cents lieues de plus pour aller acheter leurs blés à Tunis, plutôt que de se rendre à Alger où s'étale le spectacle irritant pour elles de notre triomphe et de nos profanations. Nous sommes forcés de convenir, quelque arriérés et vicieux que nous paraissent ces pauvres gens, qu'ils ont du moins un attachement bien remarquable à leurs traditions; c'est au fond un sentiment qui mérite du respect et a droit à des ménagements. Ceux d'entre eux qui ont pu encore se soustraire à nos progrès, ont-ils tout à fait tort de s'en méfier quand ils voient ce que la prétendue émancipation que nous leur avons apportée a fait de leurs frères soumis dans l'Atlas et le Tell ? et plus près encore, quand ils considèrent l'abaissement, la décadence et la ruine fondant sur les ksours et les nomades du Sud que notre main fatale a touchés ?

Il est aisé de comprendre que la noblesse du Sahara ne doit pas professer à notre égard une tendresse sans réserve, bien qu'elle l'affecte quelquefois avec une science de dissimulation consommée. On voit bien ce qu'elle a perdu à notre présence, non ce qu'elle a gagné, matériellement s'entend. Passer de l'état de suzerains à celui d'humbles vassaux, échanger des pouvoirs et des revenus seigneuriaux contre de maigres émoluments est un sort qui explique bien des résistances, et l'acceptation de notre régime par les grands eût été sans doute plus longue à obtenir si nous n'avions dû trouver un secret appui dans la classe prolétaire qui n'a jamais grand'chose à perdre à changer de maîtres. La lassitude de la lutte, l'épuisement d'argent et la difficulté sans cesse croissante d'entretenir à leur profit le fanatisme populaire ont seuls pu nous livrer cette aristocratie d'autant plus vite usée qu'elle ne pouvait vivre que par la victoire et ses bénéfices. C'est une précieuse conquête, mais d'un emploi malaisé. Rien n'égale encore le prestige, le pouvoir autoritaire de ces chefs sur leurs populations, l'aptitude spéciale qu'ils ont à les gouverner, souvent leur intelligence politique, si ce n'est leur duplicité toute byzantine, de sorte que leur fidélité ne saurait se passer d'une énergique surveillance, principalement quand elle paraît le mieux assurée. L'essentiel, au point où nous sommes, est pour eux de se ménager sous notre action la plus grande somme de pouvoir possible, et sous une feinte résignation de conserver une influence morale sans partage sur leurs sujets. Cette influence, on ne peut guère songer à la leur ravir; ils sont les seuls agents que nous puissions entretenir dans les tribus. Sans doute ils ne répondent pas toujours à l'esprit de nos méthodes administratives, et leurs habitudes de perfidie et de concussion paralysent la meilleure part de nos efforts; mais il n'y a pas d'autre voie pour faire pénétrer un commencement de moralisation parmi ces brigands de la veille. Il ne peut être question de fonctionnaires européens, et dans les rangs indigènes où en trouver de plus vertueux?

C'est pourquoi depuis la conquête on a dû s'appliquer à captiver, à gagner par tous les moyens ces personnages omnipotents. L'adresse en cela consistait à les flatter, sans éveiller outre mesure la fierté qu'ils auraient eue de leur importance, et aussi à la compromettre vis-à-vis des leurs en leur arrachant des services militaires qui devaient les faire exclure comme traîtres de tous les complots à venir, jeu habile, mais délicat, qui souvent n'a pas tourné à notre avantage. Les résultats de ce système adopté bon gré, mal gré, commencent à se faire sentir aujourd'hui, et l'on peut assurer que nous tenons l'Algérie dans la main, de la pointe Pescade au Djebel-Amour. Le Sahara algérien, terre classique de l'insoumission, n'entend plus depuis longtemps que l'innocente fusillade des fantasias; le calme est assuré. Ce corps malade, vigoureusement opéré de ses plus grandes infirmités sociales, ne semble plus avoir qu'à tirer profit de nos bienfaits. Pourquoi faut-il que la vie semble le quitter à mesure que nous la lui ouvrons plus belle et plus large?

Certes, si cet isolement progressif du royaume arabe

doit avoir un terme heureux, il n'est pas interdit de compter pour ce résultat sur l'aristocratie indigène, héritière des plus grandes qualités, et susceptible incontestablement d'entrer quand elle le voudra dans nos idées. Dans un pays d'Europe, il vaudrait mieux compter sur le peuple pour une révolution de ce genre, mais ici le peuple, d'ailleurs intelligent, a trop de chemin à faire avant d'arriver à travailler pour lui. Il importe avant tout de réformer les pasteurs de ce troupeau indolent; l'avenir des régions méridionales de l'Algérie est tout entier dans l'accomplissement de cette tâche. Faut-il la croire impossible? Eh quoi! dira-t-on, quel parti tirer d'un peuple de bandits commandés par d'autres bandits, et qui se meurt de ne pouvoir persévérer dans ses rapines? Qu'attendre surtout de ces anciens tyranneaux cupides, voluptueux et cruels, en proie contre nous à de profonds ressentiments, et toujours disposés, dans le secret de leurs refuges, à machiner la haine et la révolte contre une puissance qui les anéantit? Quelles ressources peut offrir ce sang d'hommes de proie à jamais imprégné de tous les vices et de tous les crimes?

Cela n'est rien pourtant. Les ancêtres des plus belles nations furent tous ainsi. Notre gentilhommerie féodale, qui engendra la cour polie de Louis XIV, n'était guère différente ni meilleure quand, du haut de ses burgs sinistres, elle fondait, la lance au poing, sur les vallons épouvantés. Les fils de ces sacripants, sans perdre des vertus paternelles, sont devenus des hommes humains, aimables et les plus policés du monde. Ce qu'il faut chercher dans une race, c'est la sève; elle a ses exubérances, ses fausses directions; elle fait des brigands, mais aussi des maîtres du monde; elle engendre les

Huns, les Gaulois ou les Germains d'où naît l'Europe moderne. Question d'aptitude : l'Arabe du Sahara les a toutes. Ceux qui condamnent cette race à périr prophétisent peut-être juste, mais ils annoncent une grande injustice qui ne ferait honneur ni à notre adresse ni à notre équité. Il suffit de jeter un coup d'œil sur ces tribus pour voir leur progrès du côté de la douceur, de l'ordre, de la décence, des relations extérieures. Que nous sommes loin des pandours d'autrefois ! Elles reviennent à la vie exclusivement pastorale où les poëtes ont placé l'âge d'or. Ces hommes, en effet, sont pasteurs avant tout ; or l'état guerrier, qui a dû naître du morcellement et du défaut d'unité des peuplades pastorales, doit disparaître sous un protectorat puissant, interdisant les conflits, les rivalités, les rencontres, et offrant aux moindres fractions des garanties de sécurité qu'elles n'ont plus besoin de puiser dans leurs propres forces. Il faut donc considérer que la suppression de la guerre, antique fléau de l'Afrique barbare, est un résultat capital obtenu sur le territoire que nous occupons, et l'on peut voir là un pas immense accompli dans ce que notre mission en ce pays a de véritablement noble et respectable.

Ces réflexions naissaient d'elles-mêmes dans mon esprit, au contact des Beni-l'Arba, gens affables, polis, dévoués déjà de longue date, et jadis pillards émérites.

Leurs caïds me paraissent des hommes bien élevés, capables, pénétrants et passablement bien engagés dans nos vues dont aucune portée ne leur échappe. Il en est parmi eux de jeunes qui n'ont jamais détroussé personne ; j'ai peine à les croire capables d'un retour barbare vers les traditions nationales, et leur humeur me paraît à peu près dominée par une sage entente de leurs nouveaux intérêts politiques. Quant au peuple, il porte sur sa physionomie l'empreinte virile des plus mâles facultés; il a du courage, de la finesse, une certaine bonhomie et de l'expansion en bien comme en mal. Il est fruste absolument, entaché de vices et de mauvais penchants, surtout voleur, mais nullement méchant, tel, en un mot, qu'ont dû être les peuples dans leurs langes. Il a, de plus, une grande fierté, une haute opinion de lui-même. Ni l'industrie des montagnards, ni le faste relatif des citadins, ni même l'étalage de notre civilisation ne l'humilient ou ne l'étonnent. Ces choses lui sont indifférentes, et son indifférence sous-entend qu'il ne s'en croit pas incapable, loin de là. Mais descendre à forger le fer, à fouiller la terre, à tisser la laine, pour lui, c'est déroger. Ce sont choses incompatibles avec les prérogatives de toute bonne chevalerie.

Dans une de mes promenades, je fis demander par le petit Mohamed à un berger s'il avait à me vendre des œufs et des poules. Il haussa les épaules d'un air de pitié et de dignité offensée:

« Va chercher cela dans la montagne », répondit-il fièrement.

On peut bien dire que c'est de parti pris que le nomade ne fait rien, ne pioche, ne sème, ni ne plante. Son mépris pour de pareils travaux s'étend à ceux qui les pratiquent, au paysan attaché à la glèbe, à la charrue, au propriétaire de l'oasis, au marchand du ksar, au brocanteur ambulant, à tout ce qui tient en main un outil, à tout individu qui s'endort, cloué au sol, comme à l'engrais, dans un honteux bien-être. Le Mzabite laborieux, quelque richesse qu'il amasse, n'est à ses yeux qu'un être inférieur, un milieu entre le Juif et le Maure. Si nous avons sur lui quelque prestige, nous le devons à ce qu'il ne nous voit jamais représentés que par nos soldats, et de plus bien montés, hardis autant qu'eux-mêmes, et menant au besoin sa dure vie sous le soleil. On lui persuaderait difficilement que nos simples chasseurs ne sont pas la fleur de la noblesse française, et les officiers tout au moins des princes; il ne cache pas son dédain pour un dignitaire en habit noir.

Si l'on juge ces tribus par l'état de leurs arts, de leur industrie et la prodigieuse simplicité de leurs rouages sociaux, on est conduit à les mettre à peu près au rang des peuplades sauvages, tandis qu'ils sont très-réellement supérieurs aux familles arabes dont nous admirons l'économie, la sagesse et la prospérité matérielle. Pour le travail, c'est un fait acquis qu'ils n'y veulent pas descendre; mais ils peuvent s'y élever. Ils manquent de culture littéraire, ne connaissent pas les arts, mais ni l'urbanité ni l'esprit ne leur font défaut. C'est par là précisément qu'ils se distinguent des Arabes du Tell, rudes de manières, obtus et grossiers. Ils parlent leurs livres. M. Daumas nous fait connaître des poésies sahariennes d'une valeur, d'une saveur étonnantes. Si les talebs sont rares parmi eux, les conteurs, chanteurs, virtuoses de tous genres y abondent en revanche. Ils sont illettrés, non ignorants; violents, passionnés, rarement grossiers, assez éloignés du type barbare, bien que dépourvus de civilisation matérielle.

J'avoue que j'observe avec sympathie ces hommes si beaux, si naïfs dans la tente du brave caouedji. Assis comme eux de longues heures, sous l'accablement d'une chaleur exorbitante, je me complais à étudier ces visages sérieux et méditatifs comme des sphinx qui retiennent leur énigme. J'aime leur conversation grave et dépourvue de mots oiseux, d'éclats de mauvais goût, de rires bruyants, leurs entrées, leurs sorties, leurs façons si dignes et si polies. Quand on s'est habitué à leur petit cérémonial, on s'aperçoit qu'on est avec eux en très-bonne compagnie, la chose à laquelle on s'attendrait le moins chez des Bédouins.

Un conte.

L'autre soir, chez Ben Saïd, un personnage futé, très-disert, narrateur accompli, nous a dit un conte. Je l'ai écouté d'un bout à l'autre sans y comprendre un mot; captivé par l'éloquence du conteur, véritable torrent de gestes, d'inflexions, de modulations vocales, d'effets pathétiques ou risibles. L'histoire ne manque ni de gaieté ni de sagesse; mais je crois bien que son plus grand mérite était dans la forme du récit, empreint d'un luxe d'images, de mimique et d'onomatopées du goût le plus original, et dont je ne puis donner la plus faible idée.

Il s'agit d'un ânier qui rentrait paisiblement au logis, sur le tard, et, par prudence, tenait son âne à bout de longe. Deux voleurs l'aperçoivent, et s'avisent aussitôt d'un tour abominable. L'un d'eux, à pas de loup, s'approche, et, tout en marchant, détache l'âne, sans cesser de tenir la corde tendue, de façon que le bonhomme ne sente rien d'insolite derrière lui. L'affaire faite, il se passe le licou autour du col, tandis que son compagnon emmène le fruit du larcin. Le bon paysan continue son chemin, se doutant peu qu'il tient en laisse un larron au lieu et place de son bourricot; ce n'est qu'au seuil de sa demeure qu'il se retourne et découvre avec stupéfaction l'incroyable métamorphose.

« Qu'est ceci ! s'écrie-t-il ; ce n'est pas là mon âne. »

Le voleur se jette à ses pieds :

« Ah ! seigneur, épargne-moi ta colère.

— Qui es-tu ? Où est mon âne ?

— Vous l'avez sous les yeux.

— Où ? Qui ?

— Moi-même, seigneur.

— Ai-je perdu la raison, ou te moques-tu de moi ? Comment serais-tu mon âne, puisque tu es un homme ?

— Pourtant, seigneur, l'âne et moi ne faisons qu'un.

— Dieu est grand ! Explique-toi, car ceci confond ma raison. »

Le coquin lui raconte alors qu'en sa jeunesse il eut le malheur d'outrager le saint nom de Dieu et d'enfreindre la loi sacrée, ce dont il fut cruellement puni, car un ange vint, et l'ayant touché de sa baguette, le changea en bourricot.

« Je fus condamné à expier mon crime sous la matraque en la forme vile où tu m'as connu. Mais l'envoyé du Dieu puissant voulut que le chemin du repentir me restât ouvert, et me permit de racheter mes torts par la prière et la résignation. T'ai-je donné sujet de te plaindre de moi ?

— Non, dit le paysan. Je reconnais que tu fus un bourricot très-docile.

— Et cependant tu ne m'as pas épargné les coups. Mais je n'ai jamais cessé d'appeler sur toi les bénédictions du ciel, car tes durs traitements hâtaient l'époque de ma délivrance. Elle est enfin arrivée : l'ange a pardonné et a voulu qu'aujourd'hui même je quitte cette enveloppe immonde.

— Que le nom de Dieu soit béni, dit le bonhomme. Celui dont Dieu a pris soin est béni. Saint homme, pardonne-moi si je t'ai battu quelquefois hors de propos et sans mesure; j'ignorais que tu étais une créature de mon espèce. Pardonne-moi. Bois et mange. Retire-toi, si tu veux, ou reste sous ma tente : je suis ton serviteur. »

Le voleur partit, comblé d'attentions, d'amitiés et de présents. A quelque temps de là, le paysan va au marché voisin, et rencontre son âne sous sa forme naturelle de quadrupède; il était proposé en vente par le deuxième voleur. Notre homme n'en voulait pas croire ses yeux.

« Eh quoi ! est-ce bien toi, chien de bourricot ! La bonté de Dieu n'a donc pu toucher ton cœur, et tu es retombé dans tes crimes! Va! tu n'as que ce que tu mérites. L'ange a été bien bon de te pardonner une fois; n'espère pas qu'il fera la même faute. J'ai envie de te racheter pour que tu sois châtié comme il convient. »

Il allait entrer en marché pour acheter l'âne, quand un derviche vint à passer :

« Mon frère, dit le derviche, que signifient les discours que tu tiens à cet animal? il ne peut t'entendre.

— Il me comprend fort bien », reprit le paysan; et il conta l'histoire au derviche.

Celui-ci dit alors :

« Mon frère, si tu n'es pas riche, c'est un âne et non un homme qui convient à tes besoins. N'achète donc pas celui-ci, car la miséricorde de Dieu est infinie. »

La chaleur.

Un compagnon qu'il me serait difficile de passer sous silence, c'est le soleil, personnage muet, mais qui ne se laisse pas oublier. Quoi qu'on fasse, qu'on dise ou qu'on pense, on ne peut être quelques minutes sans se murmurer à soi-même avec l'accent d'une conviction ardente : « Dieu! qu'il fait chaud! » Toutes les sensations s'effacent devant celle-là. La chaleur vous enveloppe, vous domine, vous absorbe comme la douleur absorbe et domine un malade. Si vous pouviez l'oublier un seul instant, le premier effluve, la première exsudation vous y rappelleraient sûrement, en dépit des plus graves préoccupations. On cause, on mange, on vit, on marche, mais avant tout on a chaud. Il règne une moyenne de 40° au-dessus de zéro; mais les degrés ne font rien à l'affaire : dix de plus ou de moins ne changeraient rien à notre état, qui tient plutôt à la continuité qu'à l'intensité de cette température torride entretenue dans un paroxysme perpétuel.

Dès le matin, le bleu du ciel se couvre d'un réseau d'une blancheur opaque et laiteuse. L'azur limpide est un phénomène du crépuscule. Tout le jour on est enserré dans ce ciel d'argent en fusion fait de rayons concentrés, comme dans un vaste globe en verre dépoli. On est moite, haletant, ébloui, en proie à une soif aiguë, douloureuse, inextinguible. L'eau qu'on boit vous sort à mesure par tous les pores; on ressemble aux ivrognes, d'autant plus altérés qu'ils ingurgitent davantage. La fraîcheur momentanée de l'eau qu'on avale rend plus cruelle encore la soif qui renaît aussitôt, comme une souffrance sans remède. On sent en soi battre ses artères et la vie fonctionner avec une activité dévorante, comme une machine trop chauffée. La circulation du sang devient un torrent impétueux : on se demande qu'est-ce qui va se briser dans ce tumulte intérieur. Épuisé, vaincu, sous le poids d'une invincible lassitude, d'une somnolence d'agonie, on s'affaisse, sans pouvoir s'endormir ni se tenir éveillé, et cette horrible prostration, loin d'être un soulagement, devient un surcroît de supplice. A peine est-on étendu, à peine a-t-on clos un œil, qu'on sent tout son corps se résoudre en eau, comme il arriva à la nymphe Aréthuse qui fut changée en fontaine ; c'est à peu près l'état spasmodique du poisson sur la paille indéfiniment prolongé. On a, comme dans le mal de mer, des découragements profonds qui rendent insensible à tout, aux plaisirs, aux plus grands dangers, à l'instinct même de la prudence, car on boit d'une façon insensée, oubliant toute hygiène et le précepte arabe : « Si tu bois à la bouche de la guerba, tu bois à la bouche de la vipère. »

L'après-midi, ce martyre entre dans une autre phase, que j'appellerai la période de dessication. Elle est signalée par l'apparition du sirocco, vent du sud ainsi nommé je ne sais trop pourquoi, et qui n'a de commun que le nom avec le sirocco italien. C'est un vent débonnaire qui ne fait aucun tapage ; n'était son haleine embrasée, on le sentirait à peine ; le noir feuillage des térébinthes en frissonne tout au plus. Il arrive par petites bouffées intermittentes, sans violence, mais chargées de toutes les incandescences du désert qu'elles ont balayé ; c'est quelque chose comme la respiration d'une fournaise. Je ne crois pas que les éléments aient à leur service un météore plus intolérable, un engin plus infernal à opposer à notre pauvre espèce. On sent littéralement sous ce souffle aussi paisible que la brise la plus innocente, ses poumons se corroder : une constriction affreuse vous serre à la gorge ; à chaque effluve, votre peau devient plus sèche et plus cuisante, vos muqueuses se racornissent et se fendent. Un sable brûlant comme des gerbes d'étincelles fouette votre face endolorie et vous brûle les yeux à travers les paupières.

Cela dure jusqu'au soir. Alors la température demeure encore fort élevée, mais l'absence du fléau fait paraître cet instant délicieux; d'autant plus que les mouches commencent à se coucher.

On devine si de telles journées semblent longues, et s'il y a quelque fatigue à les mener à bout. Nous avons adopté, pour l'emploi de ces heures sans fin, un grand béloum sous lequel chacun de nous s'arrange comme il peut, qui s'étendant, qui s'asseyant, qui se berçant dans une chelel accrochée aux branches. Les plus courageux tentent par quelques lazzi, quelques souvenirs gais de secouer la torpeur qui nous cloue et nous paralyse. Je lis, machinalement, comme je parle, comme j'écoute, sans qu'une idée perce bien nettement l'épaisse vapeur où flottent mes facultés et mes sens.

Un seul livre, par intervalles, a pu m'arracher à cet engourdissement physique et moral, c'est le volume de M. Fromentin (*Un été dans le Sahara*), un peintre, un poëte, le premier, le seul peut-être qui ait vu ce pays. Si ces modestes notes vont jamais devant le public, je veux qu'elles soient la confirmation de ce récit aussi aimable que vrai, et qu'elles portent l'expression de ma gratitude au guide excellent que j'ai trouvé dans ce charmant écrivain. Il n'y a certainement que les artistes qui sachent voyager et soient en état de voir quelque chose; M. Fromentin rend, en outre, ce qu'il a vu et senti avec un bonheur peu commun : il peint l'Afrique autant qu'il la raconte; non-seulement il l'aime, mais il la fait aimer.

L'absinthe.

La grande préoccupation est de boire frais. Des bouteilles emmaillottées de drap, des guerbas de toile gonflées d'eau pendent aux rameaux du bétoum; et chacun après y avoir porté ses lèvres, imprime à ces vases un petit balancement qui finit par donner au liquide une fraîcheur relative.

C'est ici que je voudrais voir les détracteurs de l'absinthe, la boisson tonique et rafraîchissante par excellence. L'absinthe seule, dans les climats brûlants, peut désaltérer avec une petite quantité : un verre de ce mélange vous épargne de boire dix carafes; elle seule, en ces moments de marasme, d'anesthésie et de langueur remonte un peu la machine énervée, et rend à l'estomac la force d'avoir faim. L'heure de la prendre est une heure de gaieté, d'expansion; elle inaugure les causeries, ranime les défaillances, la joie, l'abandon, l'échange des impressions et cette confraternité que la vie des camps noue et resserre si bien. Nous voyons le soleil, « l'œil de la lumière », s'enfoncer dans sa couche vermeille, l'azur du ciel apparaît dans toute sa magnificence, le sirocco s'éteint, et nous nous sentons revivre, à la fumée de nos cigarettes, au clapotement joyeux de l'eau versée goutte à goutte dans les verres.

16 juin. — Le gigot de tigre.

Chaque jour, nos camarades des spahis, ou Lakdar, ou le bon Si Bel-Out, ou d'autres amis inconnus nous envoient des quartiers de gazelle. Cette viande devient le fond de nos repas; elle est d'ailleurs excellente et vaut le chevreuil, quand elle ne provient pas d'un mâle trop âgé, auquel cas elle a une odeur de musc assez médiocrement culinaire. Je ne connais pas de meilleure venaison, et, tout rassasiés que nous sommes de gibier, nous ne cessons pas de faire à celui-là l'accueil le plus honorable.

A ce propos, nous avons été avant-hier l'objet d'une mystification involontaire dont personne ne s'est beaucoup plaint. L'histoire arrangée avec quelque artifice ferait un pendant aux fameux biftecks d'ours de M. A. Dumas. Un Arabe nous apporte un énorme gigot de la part du capitaine L***. Chacun de flairer, d'examiner la pièce et d'en vanter la mine. On demande au messager à quelle bête a appartenu le cuissot. Il nous répond en arabe, c'est au moins ce que nous entendons, que c'est de la gazelle, que ce sera fort bon.

« Mlè, mlè ! dit-il en baisant le bout des doigts.

— Parbleu ! dit un de nous, la chair est trop pâle pour de la gazelle ordinaire; ce doit être de la gazelle de montagne.

— Ou du mouflon, dit un autre.

— Nous verrons bien. »

Le rôt, cuit à point, est proclamé délicieux. Il a effectivement un arome sauvage très-remarquable ; c'est un mets de haute saveur.

« Comment avez-vous trouvé le guépard? nous demanda le soir le capitaine L***. Venez voir la peau, elle est superbe. »

Notre gazelle était un tigre. Il y eut des remords inavoués, et de poignantes inquiétudes jusqu'au lendemain sur les suites de ce festin excentrique.

Chasse aux gazelles.

Toutes ces chasses accomplies sous nos yeux nous avaient monté la tête et mis en humeur d'en tâter un peu à notre tour. Comment résister à la tentation? Les gazelles rôdaient par troupeaux jusqu'aux abords du camp, et semblaient venir nous défier. N'avions-nous pas, aussi bien que les Arabes, de bons chevaux, de bons fusils, des hommes intrépides? Il fut décidé que nous ne prendrions aucun indigène avec nous; nous voulions voler de nos propres ailes; car si l'on a des Arabes avec soi, après la chasse, c'est eux qui ont tout abattu. Nous saurions bien nous passer de leur concours. Nous prîmes nos sous-officiers, nos brigadiers, nos meilleurs chasseurs; en tout, vingt-cinq hommes. Il fut convenu que la troupe, au sortir du camp, s'éparpillerait sur une longue ligne, à la façon dont se déploient les tirailleurs, chaque homme étant à portée de ne pas perdre de vue son voisin de droite ni celui de gauche. D'après ce plan d'attaque fort judicieux, les gazelles qu'on surprendrait ne pourraient se dérober que par trois côtés. A gauche et à droite elles passaient sous le feu de toute la ligne; si elles s'élançaient en avant, les ailes en se refermant rapidement leur barraient le passage. Le carnage nous parut assuré.

Or, voici comment les choses se passèrent : nous n'avions pas fait une demi-lieue, lorsqu'un troupeau apparut à bonne distance. Le premier cavalier qui l'aperçut, oubliant tout, fondit dessus comme la foudre; son compagnon partit presque aussitôt; puis un autre, puis un autre, puis tout le monde. Adieu, ruse! Adieu, prudence! Adieu, consigne! Demandez cela à des Arabes.

Quant à arrêter nos gaillards, autant vouloir empêcher de sauter un tonneau de poudre une fois l'étincelle dedans.

A la vérité, le branle-bas fut fort beau, d'après ce que j'en pus voir, m'étant naturellement laissé entraîner dans la mêlée. C'était une course vertigineuse, désordonnée, furibonde, une allure à distancer le chevalier fantôme de la *Ballade de Lénore,* un tumulte de cris et de détonations; une vision fugitive de corps penchés, de fusils en joue, de crinières échevelées dans la vapeur des naseaux, les fumées de la poudre, les nuées de sable laissant en arrière une immense traînée comme le panache d'une locomotive. Devant nous, une vingtaine de jolis animaux au ventre blanc, aux cornes couchées sur l'encolure, fuyaient éperdument avec une si prodigieuse détente de jarret, qu'il était impossible de voir si leur petit sabot touchait le sol. Il fallut renoncer à les atteindre. Pas un coup de feu n'avait porté, et chaque homme, son arme déchargée, était forcé d'abandonner la chasse.

Une seule gazelle, très-jeune, se trouva séparée du troupeau. Sa folle terreur, ses efforts inouïs faisaient pitié; elle passa trois ou quatre fois à travers les jambes des chevaux, essuya plus de vingt coups de fusil. Un instant elle courut à côté de moi; nous allions côte à côte sans nous dépasser. Je pris mon revolver et lui envoyai mes six balles : j'aurais voulu abréger son supplice. Mais je manquais complétement de sang-froid; il faut être rompu à ces ivresses pour y rester maître de soi; c'est comme à la guerre. J'eus pitié de mon cheval; mais la pauvre chevrette n'en fut pas quitte ainsi. La plupart des chasseurs avaient eu le temps de laisser respirer leurs montures, de recharger leurs armes. Le troupeau avait disparu. Lorsqu'ils virent ma petite gazelle haletante, épuisée, affolée, ce fut un nouvel élan général, de nouveaux transports, un autre tourbillon qui s'enfonça dans l'espace ; je le vis se changer en une trombe de sable et disparaître. Nous allâmes nous réunir, deux de mes camarades et moi, dans une daya voisine. Nous convenions que la chasse avait été assez mal entendue : toutes nos forces avaient été gaspillées en pure perte, et le feu de nos vingt chevaux allait s'éteindre dans le dernier épisode dont nous attendions le résultat. Quelques chasseurs se joignirent à nous. On mit pied à terre, on fuma ; notre daya servit de point de ralliement. Au bout de vingt minutes, M. de M*** arriva, suivi d'un chasseur qui portait la gazelle morte en portemanteau. On fêta l'heureux vainqueur qui sauvait l'honneur de l'expédition.

Nous sentions très-bien que nous avions fait une école. Ce n'est point ainsi que les Arabes s'y prennent. Ils partent en petit nombre, souvent seuls, au pas, nonchalamment, le fusil en travers de la selle. Dès qu'ils voient les gazelles, ils exagèrent encore la lenteur et l'indifférence de leur démarche. La gazelle est un animal fort gentil, plutôt craintif que sauvage, sottement curieux, un animal féminin. Quand il découvre quelque chose d'insolite, son premier mouvement est l'éveil, mais un éveil plein de réticence : avant de fuir, il veut voir. Vous marchez sur la gazelle, elle s'éloigne de quelques bonds, puis se retourne et regarde. N'allez pas vite, conservez une contenance calme, elle vous laissera approcher de plus près pour vous mieux examiner ; peu à peu elle prend confiance ; le troupeau, qui s'était d'abord resserré dans la vague appréhension d'un péril inconnu, se relâche de ses précautions, se sépare, se débande; les boucs se remettent à brouter, les femelles s'attardent et se laissent gagner de plus près, considérant toujours cet animal singulier qui les accompagne; les cabris folâtrent, s'accroupissent derrière les touffes d'alfa et tout à coup s'élancent, les hanches en travers, en avant de l'impassible cavalier, comme de jeunes chats en gaieté. Il arrive un moment où l'Arabe est au milieu de la bande : il ne la suit plus, il marche avec elle de compagnie, en bon camarade; il peut aller où il voudra, ses nouveaux amis ne le quittent plus. Les vieux mâles, plus prudents et plus sages, sont les derniers à s'approcher; ils y viennent. Il ne manque plus au chasseur qu'une houlette pour ressembler à un paisible berger. Alors il arme tranquillement son fusil, s'arrête, choisit dans le nombre, et manque rarement son coup. Les gazelles demeurent un instant pétrifiées. Avant qu'elles aient cédé à la panique, l'Arabe a eu le temps de changer son fusil ou de recharger le même; aussitôt son cheval, complice de sa feinte placidité, s'enflamme et part comme un trait sur la piste des fuyards. Le cavalier n'a à s'occuper que de sa chasse; le cheval est assez fin limier pour se passer de guide; il a, d'ailleurs, le pied sûr autant que rapide. L'Arabe, ferme sur ses étriers, le corps rivé à la selle, les rênes dans le petit doigt, ajuste longuement, solidement, aussi calme qu'en embuscade; il tire, le cheval s'arrête; il saute à terre, se précipite sur la gazelle blessée, lui tranche la gorge, lui lie les pattes, l'accroche au dossier de sa selle et repart paisiblement.

L'Arabe chasseur.

Nos fournisseurs accoutumés ne procèdent pas d'une autre manière. Ce sont certainement des tireurs consommés. Ce tir à cheval exige une longue pratique, une assurance, une confiance que peuvent seuls donner des chevaux infaillibles et une assiette à toute épreuve ; sur ce point, les Arabes n'ont pas de rivaux. J'ai vu Lakdar s'élancer à fond de train sur un lièvre, le viser à gauche à trente pas ; le lièvre tourne brusquement et passe à droite ; le bout du canon qui le suit fidèlement, décrit un demi-cercle avec la lenteur et la sûreté d'une aiguille pivotant sur son axe ; au bout de la courbe le coup part et le lièvre roule. Il m'a fallu essayer bien des fois avant d'arriver à tirer seulement devant moi : tantôt mes plombs allaient dans les nuages, tantôt ils faisaient voler la poussière à mes pieds ; c'est toute une éducation, mais ce n'est rien auprès du sang-froid, de l'empire que ces hommes passionnés, ces amis de la fantasia, parviennent à prendre sur eux-mêmes.

L'Arabe chasse avec toutes les facultés de son esprit ; il a fait de cet exercice un art plus profond que pittoresque ; il n'y apporte qu'une préoccupation, le résultat ; et il tient à ménager sa poudre. Un coup de fusil perdu est un remords cuisant, la chose qu'il se pardonne le moins. C'est pourquoi, dans la petite chasse, il emploie la simple matraque. Par exemple, il a vu une outarde ; il affecte aussitôt de n'en pas paraître ému, et continue son chemin en psalmodiant une de ces chansons qui ressemblent aux bourrées de l'Auvergne. L'outarde, qui l'a fort bien remarqué, se dit : Voilà un gaillard qui va passer sans me voir ; elle se tient coi. L'Arabe alors fait un grand cercle autour du volatile, et, chantant toujours, le resserre insensiblement. Que se passe-t-il ? Quelle fascination subit l'oiseau ? Le chasseur, qui tourne depuis une heure, sans interrompre son *dani-dan*, arrive à dix pas de sa proie ahurie, paralysée et peut-être intriguée et impatiente de voir de plus près cet être bizarre et ennuyeux. Là, subitement, il lui lance son bâton qui fait un tour ou deux en ronflant et lui casse les pattes. Souvent des sokhrars nous apportent des perdrix vivantes ; c'est ainsi qu'ils les ont prises, avec cette patience de Mohican, les englobant si bien dans leur cercle infernal qu'ils n'ont plus, au dernier tour, qu'à étendre leur burnouss sur la couvée. C'est l'art des psylles appliqué à la chasse. Il est impossible de s'expliquer un phénomène pareil, à moins d'avoir entendu ce rhythme énervant, languissant et monotone des chansons arabes ; il faut l'avoir senti s'appesantir sur vos sens avec la persistance irrésistible d'un cauchemar qui vous enlace, vous plonge dans une stupeur à la fois voluptueuse et cruelle. On comprend alors qu'un oiseau, une antilope, un animal doux, à l'ouïe fine, attentif aux bruits, s'abandonne à cette sensation mystérieuse qui commence comme un beau rêve et se termine par une angoisse. L'histoire d'Orphée n'est pas un vain mythe.

Les chefs de tribu pratiquent aussi la grande chasse, soit à courre, soit au faucon. Ils avaient autrefois l'autruche qui est descendue au-dessous de Metlili. Quant à la gazelle, ils la poursuivent en assez grand équipage, un peu comme nous courons le cerf, moins les meutes. Ils ont cependant leurs sloughis, grands lévriers au poil lavé, quelquefois noir. Le sloughi ne force pas la gazelle à lui seul ; mais on dit que le chasseur, au lancé, emporte son chien en travers de la selle ; quand le cheval a tenu ce qu'il a pu et ne saurait être poussé plus loin sans perdre du terrain, le chien, sur un signe, s'élance, frais et dispos, sur la bête à demi épuisée, et en a facilement raison.

La chasse au faucon a sans doute plus d'attrait ; mais elle est presque oubliée maintenant ; elle a disparu avec le faste mémorable des hauts seigneurs du désert. Je doute, en ce sujet, que la réalité ait jamais égalé le tableau de Fromentin, véritable bijou de coloris, d'ampleur et de noblesse. Pour moi, je croirais volontiers à la supériorité du faucon de ce pays sur celui de France, à en juger par un individu qu'on nous apporta l'autre jour, blessé d'un gros plomb dans l'aile, et déjà mourant. Je n'ai jamais vu un animal à l'air plus noble et plus fier. Il n'était pas plus gros qu'un pigeon ; mais quel œil intelligent et hardi ! Quelle vaillance, en pleine agonie, à déchirer des griffes et du bec les mains de ses bourreaux ! On va souvent chercher des analogies bien loin : il me fit penser à nos vieux ancêtres les Gaulois, ces hommes au nez d'aigle, à l'œil rond, beaux aussi, et combattant jusqu'à la mort.

Quand nous fûmes repartis, nous rencontrâmes encore deux troupeaux ; mais les escarmouches que nous leur livrâmes furent encore moins heureuses que la première. J'avoue que l'insuccès de notre entreprise me causait un chagrin fort tempéré. L'affront d'un si maigre butin ne m'atteignant que pour une vingtième part, j'en prenais mon parti avec une grande philosophie, me trouvant bien dédommagé d'un autre côté : ces élans impétueux dans le vide du désert, cette équitation aventureuse et furibonde dans les espaces vierges, l'impression toujours renaissante du gibier entrevu ou attendu, les bonnes fortunes de quelques bétoums, abris éphémères contre les embrasements du soleil, tout cela me paraissait la vie la plus large qu'on puisse se donner, la condition d'âme et de corps la plus fortifiante et la plus saine.

L'aigle.

Comme nous rentrions, nous apercevons de loin un grand oiseau qui s'élevait en ligne droite. L'espèce n'était pas aisée à reconnaître : on voyait un corps énorme et pendant porté par de grandes ailes minces. Nous accourûmes, tirant à tout hasard quelques coups de fusil, quand l'oiseau soudain se dédoubla; un corps inerte et pesant tomba lourdement à nos pieds; c'était une outarde. L'aigle qui l'emportait, soulagé sans doute à contre-cœur de son fardeau, disparut majestueusement dans les profondeurs du ciel. Nous ramassâmes l'outarde qui vivait encore; elle avait la poitrine déchirée d'un horrible coup de bec. Le roi des airs, le rapace indompté, s'était fait notre pourvoyeur; je pourrais intituler ce chapitre : *la Chasse à l'aigle*. Nous reprimes le chemin du biwac, devisant de la loi naturelle, de la fatalité et de cette fameuse chaine de destruction dont un des anneaux venait de se briser à nos yeux. Quelque lézard chassant une mouche avait été surpris par l'outarde enlevée à son tour par un aigle; nous tirons sur l'aigle; il ne manquait plus que quelques Bédouins fondant sur nous, — et Dieu foudroyant les Bédouins.

18 juin. — Les mouches.

Nous avons fini par nous endurcir contre la chaleur, après avoir changé de peau maintes fois. Nous sommes passés au brun le plus accentué, et, sous cet épiderme de circonstance, chacun se sent aussi aguerri qu'un vieux nomade. Nous buvons sans y regarder l'eau de la citerne peuplée d'un monde d'animalcules vibrant et serpentant, nous secouons les scorpions qui escaladent nos jambes sans plus d'émotion que s'il s'agissait des insectes les plus innocents : la loi de l'habitude a produit son effet. Toutes les incommodités de cette vie au grand air glissent sur nous et parviennent à peine à ébranler notre sensibilité émoussée. C'est tout au plus si le sirocco nous arrache quelques soupirs étouffés.

A quoi ne se fait-on pas? Il est cependant un fléau devant lequel les plus forts s'avouent vaincus. Loin de s'y accoutumer, chaque jour on en ressent les tortures avec plus d'irritation, et tandis qu'on s'irrite il acquiert une recrudescence nouvelle. L'exsudation, la soif, l'insolation ne sont auprès que des bagatelles; je veux parler des mouches. Quelle mission vengeresse remplit cet insecte sur la terre? Quels forfaits expions-nous sous sa trompe exécrable? A-t-il un rôle chimique dans la création, ou la charge abominable de nous enseigner la patience et la résignation en nous persécutant à outrance? La nature garde ses secrets. Bien des gens redoutent les pays chauds au point de vue des monstres féroces et venimeux; eh bien, le vrai monstre, le voilà; c'est cet atome bourdonnant, tenace, stupide, exaspérant, odieux, inexpugnable, que rien ne peut écarter ni fléchir. Il est partout. Vous arrivez quelque part : un petit murmure vous avertit que votre présence est signalée; en quelques minutes une vingtaine de mouches vous harcèlent; vous fuyez, elles vous retrouvent, et leur nombre sans cesse s'accroît : elles étaient vingt, elles sont mille; vous vous retranchez dans le lieu le plus solitaire, n'ayez crainte qu'elles vous perdent. Il en sort on ne sait d'où; la terre entière doit en être couverte : il suffit de la présence de l'homme et d'un rayon de chaleur pour en faire éclore des nuées toujours grossissantes. Nul endroit écarté où elles ne vous atteignent, nul refuge si bien clos qu'elles ne vous y relancent; et plus il y en a, plus il en vient.

Leur effronterie n'a pas de bornes : elles ont conscience de leur supériorité, de leur puissance numérique; celles qui périssent savent qu'elles seront vengées. Littéralement elles se nourrissent de vos sueurs, vous disputent les aliments, et poussent la férocité jusqu'à s'y donner la mort pour vous en dégoûter! Vous engagez avec elles des luttes folles, vous livrant à des massacres, des hécatombes sans fin : peine perdue; de nouveaux contingents entrent dans la lice, plus ardents, plus infatigables. Le sommeil vous accable. — Tu ne dormiras pas! vous chante un petit bruit d'ailes vibrant et moqueur. Vous essayez de lire : — Tu ne liras pas!

On doit penser si cette engeance maudite a bientôt appris le chemin de notre camp : il a dû en venir de bien loin flairant cette pâture abondante, cette inépuisable curée de bêtes et de gens. L'intérieur des tentes est tapissé de leurs essaims, tous les objets sont contaminés de leurs souillures. Les chevaux en sont fous. Les hommes leur cèdent la place; mais des cohortes entières se détachent à la poursuite des fuyards. On ne peut quitter une place qu'en courant et se secouant comme un insensé, sous peine d'en emporter des phalanges collées sur les épaules. Une telle plaie ternirait la plus belle existence; les gens du meilleur naturel tournent à l'aigreur, à la mélancolie, à l'hydrophobie : on n'entend qu'imprécations et blasphèmes. Aux premières lueurs du jour, le seul instant de la journée où règne une fraîcheur relative, au moment où l'on se reposerait enfin si voluptueusement des étouffements et des insomnies d'une nuit tiède, le satané bourdonnement commence : Tu ne dormiras pas! Nous n'y tenons plus; nous n'aspirons qu'à fuir ce séjour envahi où nous ne sommes plus chez nous, ni le jour, ni la nuit; car la nuit, c'est le tour des moustiques aux fanfares stridentes, aux suçoirs sanguinaires. Il faut s'enfermer hermétiquement, se priver d'air, de lumière, quand il ferait si bon respirer les brises nocturnes qui arrivent parfumées de bonnes odeurs de lavande et de serpolet. — Tu ne respireras pas! chante le moustique; et en dépit de vos précautions, il vous larde traîtreusement dans l'ombre de ses dards empoisonnés.

Enfin le jour de la délivrance est arrivé : nous partirons demain.

20 juin. — Délivrance.

Nous voilà délivrés de ce chétif, de cet invincible ennemi. Avouons-le, notre retraite n'a été qu'une déroute. Les mouches avaient flairé quelque stratagème. Nous n'étions pas à cheval qu'elles étaient toutes installées sur nos personnes, nos manteaux, nos bagages, résolues à ne nous lâcher à aucun prix : les vestes, les képis, les cuirs en étaient noirs; on n'en voyait plus aucune voltiger : toutes s'étaient attachées quelque part, bien décidées à ne pas abandonner une si belle proie; les chevaux en portaient des plaques sur la tête, aux flancs. A cent pas du bivac, le commandant nous dit quelques mots, et l'on partit au galop. Chacun agita autour de soi des linges, des mouchoirs; les spahis secouaient leurs burnouss. Un instant nous fûmes plongés dans un nuage vivant et furieux, ronflant, acharné; nous sentîmes comme une neige noire tourbillonner autour de nos yeux aveuglés. Les chevaux, surexcités par ces chatouillements, pressés sous l'étreinte des cavaliers, prirent leur beau galop de charge, et l'air enfin s'éclaircit. L'horrible nuée, la nuée au flanc noir, ne put nous suivre; je la vis derrière le rang, formant une bande sombre, menaçante et chargée de colère. Tant qu'elle put, elle nous accompagna, mais elle se fondit et se dispersa dans cet effort désespéré.

Équipée des chameaux.

Seulement, nous n'avions pas songé aux chameaux qui n'étaient partis qu'après nous et qui héritèrent de ces légions encore bouillantes de la rage d'une défaite. Ce fut, parait-il, une belle sarabande. Le chameau est peu patient; les nôtres étaient neufs et pourvus d'un nombre insuffisant de conducteurs. Ils se répandirent de tous côtés, ruant, bondissant, affolés, sourds à tous les appels. Les bâts, les cantines, les tellis voltigeaient et jonchaient le sol, les sacs d'orge crevés ensemençaient pour la première fois l'ingrat terrain. Les cavaliers de l'arrière-garde, fort inquiets, poursuivaient les plus endiablés, tentaient de rallier les fuyards, relevaient les bagages épars çà et là. Il y eut des chameaux perdus, et de notables dégâts dans les caisses. Le soir, très-tard, quand arriva le malheureux équipage, je fis ouvrir en tremblant les cantines qui renfermaient notre vaisselle, nos provisions. Cruel tableau! Plus d'absinthe, plus de cognac, les verres, les bouteilles, en poudre, les assiettes en capilotade, un désastre complet!

La région des dayas.

Tandis que s'accomplissait ce désarroi et que se préparait pour nous un si amer contre-temps, nous cheminions vers le sud-est, le cœur dilaté, le corps allégé du plus intolérable supplice, la poitrine tendue au grand air libre et transparent du désert. Nous étions en plein dans la zone des grandes dayas qui mouchetaient l'immense plateau de riants bouquets verts. En plongeant au loin la vue, ce n'était plus le Sahara inhabité et stérile qu'on avait devant soi, mais une grande plaine d'Europe, une Normandie féconde sous un ciel de Provence. Je me prenais à chercher le chaume des laboureurs dans ces campagnes imaginaires, et la blanche fumée couronnant le toit des heureux fermiers. Quelques pointes de mirage décoraient de leurs illusions ces paysages enchanteurs : des rivières, des étangs idéals reflétaient des sites à moitié réels. Des touffes d'alfa, de ktaf ou d'hélianthème rapprochées de nous figuraient de lointains roseaux. Les arbres changeaient de place, de formes, d'attitudes, tantôt majestueux comme des chênes géants, tantôt élancés comme des palmiers et balançant au vent leurs tiges aériennes. Derrière des massifs, sombres et compactes comme des forêts druidiques, apparaissaient de vaporeuses oasis, nuages azurés semblables à des carrosses de fées attelés de colombes et prêts à remonter dans la sphère éthérée. Pas une ombre, pas un fil de la Vierge, pas le plus petit flocon de neige argentée n'altérait la voûte limpide où montait le soleil inondant peu à peu de ses feux blanchissants l'outremer foncé du ciel matinal.

Les dayas de ces contrées, très-fréquentées par les l'Arbas, ont des noms, soit individuellement, soit collectivement, comme les archipels. Celle où nous déjeunâmes s'appelait El Djembel-Aoud, ce qui veut dire qu'un cheval peut y entrer dans l'eau jusqu'au ventre, quand il y en a. Nous eûmes le bonheur de pouvoir confirmer l'exactitude de cette dénomination, et, après une sieste ineffable sous les térébinthes, nous nous remîmes en marche pour Tilghremt, la dernière et la reine des dayas.

Le désert à midi.

Le soleil était au zénith. La solitude se doublait sous ses rayons verticaux d'un silence comparable au silence de la nuit : même sommeil de toutes choses, même sonorité de l'atmosphère. Nous traversions une nuit visible, que dis-je, illuminée. Des spahis, sous l'influence de ce milieu si cher, chantaient tour à tour des airs sahariens. Un ténor, les bras pendants, la tête renversée en arrière, lançait dans l'espace des notes qui eussent fait trembler un théâtre : on sentait son âme s'exhaler dans ce cri surhumain si dépourvu de mélodie. A mesure qu'il chantait, le commandant avait la bonté de nous traduire les paroles; il parait que cela voulait dire : Ta bouche est comme un raisin vermeil, ton œil est doux comme l'œil de la gazelle, etc. Il est certain que nous nous en serions fortement doutés.

Tilghremt. — Illusion.

Vers trois heures de l'après-midi, une vive fusillade, exécutée en avant de notre ligne par nos amis du goum, nous arrache à cet appesantissement cérébral dont on ne saurait éviter la lourde atteinte dans toute marche en plein midi sous cette température sénégalienne. C'était une seconde représentation des scènes fantaisistes et acrobatiques dont notre arrivée à l'Oued-Nili avait été déjà saluée; cela voulait dire que nous arrivions. En effet, à une demi-lieue tout au plus en avant, le monde avait l'air de finir, c'est-à-dire que la plaine se terminait brusquement et semblait faire place au vide. Les anciens devaient se figurer à peu près ainsi les derniers confins de la terre, alors que la géographie naïve représentait notre planète comme un disque entouré d'abîmes. Nous arrivâmes sur ce bord, fort intrigués comme on l'est aisément dans un pays peu varié d'aspect et sans imprévu. Il n'y avait là ni gouffre, ni abîme, ni le moindre effet nouveau dans l'ensemble du spectacle, mais seulement une dépression du plateau très-douce et très-prolongée, quelque chose comme le bassin d'une mer intérieure à jamais desséchée.

Au fond de cette vasque immense s'étend une forêt de quelques mille bétoums, flanquée, comme d'un satellite, d'un autre bois de moindre étendue, le tout tranchant en deux larges taches d'un vert foncé, sans demi-teintes ni éclaircies, sur une nappe grise, uniforme, de tons crus, formée de cailloux lamellés qui glissent sous les pieds des chevaux. A mesure que nous approchons de l'oasis, de ravissants détails commencent à se détacher sur son ensemble imposant et radieux. Entre les feuillages et les fûts des térébinthes se produit un scintillement argentin : c'est une nappe d'eau paisible dormant sous les ombrages pensifs. Le soleil, tamisé par les branchages, répand sur cette surface immobile une profusion de dessins comme de l'acier poli. La végétation s'éteint vers le centre, et, comme dans une île madréporique, laisse librement se déployer ce lac intérieur endormi, loin des tempêtes, dans une sérénité primordiale. C'est une image poétique de magnificence que déploie la nature sous les zones aimées du ciel. On ne peut en croire ses sens émerveillés. Quel coup de baguette a fait surgir ce bois fortuné au cœur de la région sinistre où pleure le génie de la soif? Quelle fée bienfaisante a mis cet Éden sur notre route? Voilà de l'eau qui n'est point un mirage, un asile qui ne saurait mentir. Je ne me figure pas autrement les sites souriants et grandioses du Nouveau Monde, le lac Ontario ou les rives du Meschacebé.

Une construction formée de deux trapèzes superposés, sans autres ouvertures que deux meurtrières, se dresse au milieu de ce lac sans rides où sont reflétés des murs blancs; c'est une citerne surmontée d'un fortin. Cet édifice solitaire de structure bizarre, assez semblable à une pagode hindoue, produit un effet magique et terrifiant au sein de ce paysage rempli de mystère. On se demande si une main humaine s'est posée jamais là, ou si plutôt quelque puissance surnaturelle n'a pas fait lever miraculeusement cette pyramide étrange, si peu semblable à nos demeures. De quel hôte redoutable, ondin perfide, drak ou magicien, de quel dieu penché sur son urne allions-nous affronter le courroux?

Il fallut, non sans peine, chercher sous les arbres un

terrain à peu près sec pour notre installation. Nous trouvâmes un marais asséché, uni et ombreux; chacun eut un bétoum pour abriter sa tente.

La forêt. — Le lac.

Nous n'étions pas arrivés depuis une heure, et déjà j'explorais la daya, avide de repaître mes yeux de tous les chatoiements de cette île merveilleuse. Je voulais en avoir la primeur, avant que les soldats se fussent dispersés pour faire du bois et puiser de l'eau; je pensais surprendre la forêt dans son repos virginal, jouir du premier effarement de ses hôtes inconnus, savourer avant tout autre les murmures et les gazouillements de ses bocages, et voir s'envoler à tire-d'aile les ibis, les hérons et les phénicoptères qu'il m'avait semblé entrevoir sur les bords du lac, méditant profondément dans des attitudes d'hiéroglyphes. Je marchai longtemps sur un sol humide et glissant, coupé de lagunes vaseuses où fourmillaient des myriades de têtards et de crapauds. Aucune herbe ne parait ce sol sans doute inondé une partie de l'année. En aucun endroit la forêt n'affectait le désordre planturoux que je lui aurais supposé : c'était une éternelle répétition de jujubiers, alternant presque symétriquement avec de grands bétoums, dans un style désespérément sobre et monotone, excluant toute idée de vie et de fertilité véritable. Le lac lui-même me réservait d'autres déceptions; ce n'était qu'une flaque d'eau jaunâtre d'un pied à peine de profondeur, sans transparence ni réflexion, où grouillait la même population de batraciens. Que devenait le bain délicieux dont j'avais caressé la perspective? Le moindre inconvénient à le prendre eût été de me voir dévoré par les cousins, les mouches, les taons, les papillons et les libellules dont les nuées importunes s'étendaient comme un réseau mouvant sur cette onde inutile. Impossible d'avoir une minute d'attention sans devenir le centre d'un de ces essaims. Ajoutez à cela une infecte odeur de marécage, et l'ennui de ne pouvoir faire un pas sans enfoncer dans une boue collante. La citerne vue de près dépouillait absolument sa physionomie fantastique et ressemblait à la plus ordinaire des citernes. Une chaussée inachevée trahissait surabondamment le travail de l'homme civilisé. Ainsi s'envolaient mes illusions : il ne faut jamais rien regarder de trop près.

En quittant le faux lac, je repris au hasard par la forêt, contournant les lagunes, épiant le frôlement des lapins dans la broussaille et le roucoulement des tourterelles dans les épaisses ramées, tirant aussi quelque menu gibier. Déjà les chasseurs s'étaient répandus dans la daya; les uns jetaient le lasso dans les arbres et faisaient craquer les branches mortes, les autres coupaient brin par brin de maigres herbes pour leurs chevaux. Des spahis rôdaient furtivement ou faisaient leurs ablutions et leur lessive penchés sur les redirs fangeux. Je vis un gros bétoum abattu, allumé depuis longtemps et qui se consumait par un bout comme les cordes qui pendent à la porte de nos marchands de tabac dans les villages; précaution bien étonnante de la part des derniers visiteurs, et qui assurait aux voyageurs le bienfait du feu allié à la ressource de l'eau : ce gîte que je commençais à dédaigner, de quelles bénédictions devaient le saluer les nomades !

Le chat-tigre.

Arrivé à un endroit fort écarté, j'eus devant moi un groupe assez singulier : un spahi était juché à califourchon sur une branche morte d'un bétoum colossal ; deux Arabes, dépouillés de leurs burnouss, sapaient le tronc de l'arbre à la base, en le frappant de leurs haches à coups précipités. Quel ne fut pas mon étonnement quand je reconnus dans le personnage haut perché le grave Si Bel-Out en personne ! Posture étrange pour un marabout ; mais en ce moment le marabout faisait place au trappeur.

« Que diable fais-tu là ? lui dis-je.

— Le chat ! » me répondit-il avec son laconisme accoutumé.

Je compris qu'un chat-tigre ou un chat sauvage avait son gîte dans cet arbre creux. Si Bel-Out tenait son burnouss appliqué sur l'orifice de la branche évidée, tandis que ses deux acolytes cherchaient à pratiquer une ouverture à la partie inférieure de ce terrier naturel ; sans doute les chasseurs allaient enfumer l'animal par le trou percé au pied de l'arbre. J'attendis avec anxiété le dénoûment de ce drame ; il fut très-prompt et très-imprévu. L'adroit félin, flairant un péril imminent, sauva la situation par un trait d'audace : d'un élan vigoureux il fit voler le burnouss qui fermait sa porte, alla tomber à dix pas de là et partit comme une flèche. J'entrevis à peine ses formes allongées, son pelage gris de cendre ; je n'avais pas armé mon fusil qu'il avait disparu. Si Bel-Out, lui, ne sourcilla pas ; sa figure demeura impassible et recueillie. Je vis le bon côté de ce double caractère : le marabout en cette occasion consolait le chasseur déconfit, et l'empêchait de se livrer à un désespoir aussi inutile qu'il eût été indigne d'un serviteur de Dieu.

J'arrivai à la petite daya que tapissait un joli gazon vert étoilé de fleurettes. Surprise! elle était habitée. Robinson ne fut pas plus ému quand il trouva des traces de cannibales sur le rivage de son île. Eh quoi! des hommes en un tel lieu! A dire vrai, la population indigène n'était pas nombreuse; elle se composait d'un vieillard et de sa famille blottie au fond de trois tentes misérables. J'appris que ce solitaire, ancien chasseur de gazelles, était un fonctionnaire public, préposé à la garde de la citerne. O bienfaits de l'administration, vous êtes universels, inépuisables, vous vous étendez jusqu'aux confins du monde connu! Quel cœur français ne battrait pas en vous retrouvant à Tilghremt lisiblement attestés par une plaque officielle!

24 juin. — Retour : le Mzab à vol d'oiseau.

Par bonheur, nous ne sommes restés ici que deux jours. Le lac devenait complétement fétide; des armées de moustiques nous livraient une guerre insoutenable; les rayons de soleil, concentrés dans ce bas-fond en apparence si ombreux et si frais, mais où ne descendait aucun souffle de vent, pesaient sur nos têtes d'un poids accablant. Nos provisions, sensiblement réduites après l'algarade des chameaux, péchaient précisément par les objets essentiels, je veux parler notamment de l'absinthe. Nous n'avions d'autre eau que celle du lac inséparable de ses habitants. Quant à la citerne, la porte en était fermée; il y avait bien un gardien, comme on l'a vu, mais il n'avait pas la clef.

Nous avons repris le chemin de l'Oued-Nili, à mon

grand désappointement, car je conservais un vague espoir de descendre au Sud, dans cet espace où il n'y a plus de dayas, plus rien, jusqu'au Mzab.

Nous étions à quinze lieues seulement de Bériane. Bériane est la première ville au nord de l'espèce de confédération des Beni Mzab. Après celle-là, ses compagnes se succèdent autour d'un grand cercle, et de chacune on peut découvrir toutes les autres. C'est Gardaïa, la capitale, bâtie sur deux rocs formidables, avec bordj, casbah, mosquée, enceinte de murailles, une population nombreuse, des terrasses, des balcons élégants, des séchoirs à dattes et une oasis de quarante mille palmiers; c'est Mélika, ville sainte, où est le tombeau monumental du grand Sidi Aïssa. Mélika est la cité des sépultures bénies, comme notre Arles autrefois en Occitanie : les fidèles assez fortunés pour y jouir de l'éternel repos ne sont point enterrés, à cause de la dureté du sol ; on bâtit sur eux un mausolée et l'on met dessus une cruche d'eau. C'est Beni Isken, ville antique, fondée en 1339 (640), rivale de Gardaïa; elle fut la première à accepter notre protectorat. C'est Bou-Noura, c'est El-Atheuf, c'est Guerrera, toutes villes de quatre ou cinq mille âmes, industrieuses, élégantes, lettrées.

C'est le pays des belles dattes, qu'on cueille souvent à la main sur des palmiers bas, touffus et pressés. Le Mzab est le grand entrepôt du Sahara; les nomades, qui ne produisent que des laines, s'y pourvoient de toutes choses, de vêtements, d'armes et de grains; ils ne peuvent se passer de ces brocanteurs intelligents qu'ils méprisent. Ceux-ci, très-unis, très-concentrés, munis d'une bonne infanterie et de murs imposants, tiennent en respect les suzerains turbulents de la plaine, et ne livrent leurs biens qu'en échange de bonnes laines ou de beaux écus. Les Arabes les traitent un peu en hérétiques, les détestent et les jalousent; d'après leurs dictons populaires, les Mzabites n'auront qu'un cinquième de part en paradis, et de plus y entreront avec des oreilles d'âne. La haine seule inspire cette injure, car les Beni Mzab sont spirituels, policés, attachés à leur foi, et de plus versés dans les arts, grands commerçants et voyageurs intrépides. On en voit peu, parmi les riches, qui n'aient visité le Maroc, l'Algérie ou la Tunisie et n'entretiennent avec ces pays des relations d'affaires. Beaucoup parlent français. Ils sont très-dévoués à la France, dont la tutelle leur assure une sécurité jadis précaire. Ils émigrent volontiers par ambition de déployer leur génie commercial sur une échelle plus vaste; ce sont eux qui, à Laghouat, à Boghari, à Médéah, font, comme on dit, la pluie et le beau temps dans le négoce indigène. Fort économes, ils ne sont pas stupidement thésauriseurs comme les gens du Tell, et savent très-bien faire valoir leur argent, en quoi ils se distinguent de tous les autres Arabes, plus qu'arriérés en matière de crédit. L'honnêteté, la douceur des Mzabites sont partout reconnues, ce qui est flatteur pour un peuple de marchands.

Chez eux, ils ont des mœurs de l'âge d'or, et vivent dans une extrême simplicité, malgré leurs richesses. Certaines ressources leur font défaut, la viande en première ligne. Ils ne peuvent élever de troupeaux, ne quittant jamais leurs bourgades et leurs jardins. Ils mangent des lézards de palmiers et des chiens, non point une espèce de chien comestible, mais ces mêmes chiens de garde qui aboient sur les terrasses. Le peuple se nourrit de pain de dattes. Les dattes sont la seule denrée qu'ils aient en abondance et qui ne manque jamais ; ils en nourrissent les bêtes de somme qu'ils possèdent d'ailleurs en très-petite quantité. Leur agriculture se borne presque exclusivement à la récolte de ce fruit ; mais ils ont aussi des pêches, des raisins, des melons, des grenades, sans qu'il leur en coûte aucun soin : cela vient de soi-même entre les palmiers. Leurs vignes notamment sont magnifiques, elles grimpent dans les palmiers, projettent leurs sarments d'une tige à l'autre et forment ainsi sur les jardins un plafond de verdure où pendent, pendant la saison, des grappes vermeilles entremêlées de régimes dorés. Ils ont une entente remarquable de l'aménagement des eaux, et si quelquefois elles leur font défaut, ils n'ont rien à se reprocher. Leurs oasis sont littéralement criblées de puits profonds. Les villes situées sur l'Oued-Mzab ont un système complet de barrages, d'écluses et de canaux. Lorsque les palmiers ont été longtemps privés d'eau et qu'une crue suffisante se produit, les habitants arrêtent complétement l'écoulement de la rivière et transforment leurs jardins en étangs ; ils détachent alors toutes les portes, et sur ces grossiers esquifs deviennent un instant navigateurs pour parcourir leurs domaines inondés.

Les Mzabites, on le sait, sont Berbères ; comme leurs congénères les Kabyles, ils appartiennent à une secte musulmane austère mais peu farouche. Ils n'ont généralement qu'une femme, ce qui implique une certaine moralité dans la famille. Leurs enfants sont envoyés à l'école ; tous savent lire et compter. Les femmes adultères sont lapidées par le peuple et le complice exilé. Les Mzabites ont des institutions quasi républicaines ; ils n'ont pas d'aristocratie de sang, et tous les citoyens chez eux jouissent des mêmes droits, en exceptant les domestiques, qui sont des esclaves inavoués. Ils ont une organisation municipale où le pouvoir n'arrive jamais aux mains d'un seul. Leurs djemâas ou conseils communaux sont nommés à l'élection et choisis parmi les notables, les vieillards les plus honorés ; ces magistrats ont la puissance délibérative et exécutive ; ils fixent, perçoivent et emploient l'*achour;* il paraît qu'ils n'abusent pas de l'autorité. On trouverait difficilement un pays réglementé, moins imposé et où la liberté individuelle soit moins entravée. Les travaux d'intérêt général se font spontanément par corvée, suivant l'antique usage de la prestation en nature. L'armée se compose de tous les individus en état de tenir un fusil ; elle s'organise d'elle-même en présence du danger, se choisit ses chefs, et, la guerre finie, se trouve toute dissoute quand chacun est rentré chez soi. Il n'y a malheureusement pas de chevaux dans le Mzab, partant point de cavalerie, ce qui ravale considérablement cette petite nation aux yeux de ses nobles voisins ; mais elle a des *mokhrasni* vigoureux, bons tireurs, exécutant à pied des fantasias très-hardies, et qui souvent en ont fait rabattre de leur jactance aux makhzen fanfaronnes dont les escadrons lancés avec grand fracas venaient se briser à cette modeste garde civique. Ils ne sont pas étrangers au courage militaire, bien que portés à la paix. Au temps où Abd-el-Kader, alors tout puissant, assiégeait Aïn-Mahdy, il invita les Mzabites à reconnaître son autorité. Ils refusèrent héroïquement : « Si tu veux nos villes, répondirent-ils à l'émir, viens les prendre ; nous en abattrons les murs et tu n'auras devant toi que des poitrines de soldats. Tes menaces ne sauraient nous effrayer. Si tu nous fermes les portes du Tell, nous nous passerons de grains, car les dattes nous suffisent. Nous avons des compatriotes dans tes villes, et tu dis que tu les feras mourir. Que nous importe! Ceux qui nous ont quittés ne sont pas des nôtres; écorche-les, si tu veux; nous t'enverrons le sel pour conserver leur peau. » Ne croirait-on pas entendre parler des Lacédémoniens?

On voit que ce pays ne ressemble pas au nôtre. L'État y est peu de chose; c'est une force sur laquelle rien ne s'appuie. A peine y a-t-il une police: les gens s'associent, se protégent et vivent comme ils l'entendent; il ne parait pas que cela nuise au bonheur public ni même au progrès. Si les travaux d'édilité sont négligés, chacun, du moins, s'arrange à sa façon et ne connait aucune des tracasseries et des charges dont nous sommes si généreusement comblés en Europe, à notre plus grande gloire d'ailleurs. Toutes les misères ont un soulagement assuré dans l'aumône et l'hospitalité prescrites par le Coran et largement exercées. Il n'y a pas de bureaux de bienfaisance ni de dames de charité, mais les pauvres sont accueillis et traités en frères. Le vol, les crimes sont rares.

Les Mzabites sont un peuple gai, ami des fêtes, éminemment sociable, d'un caractère plus ouvert, plus aimable que les Arabes proprement dits. Ils reçoivent les étrangers cordialement, sans acception d'origine ou de croyance. On ne trouve rien chez eux qui ressemble à des auberges, à des caravansérails; la maison des hôtes, le fondouk sont des enceintes destinées aux marchandises et aux animaux. Chaque citoyen riche, à son tour, héberge les étrangers, sans rétribution, désintéressement plus authentique que celui des montagnards écossais. Mais le Mzab attendra encore longtemps l'opéra qui doit célébrer ses vertus; je ne l'en plains pas. Qu'on juge s'il a dû m'en coûter de ne pouvoir aller vérifier et compléter ces renseignements obtenus de vingt témoins oculaires, tous renchérissant d'éloges sur ce fortuné pays.

Nous avons repris notre campement de Djembel-Aoud, où nous resterons jusqu'à l'arrivée si impatiemment attendue d'un ravitaillement qui nous permettra de commencer notre tournée vers l'Est.

Le chameau-express.

Ce soir, j'ai vu pour la première fois un méhari monté, équipé, en plein exercice de ses moyens extraordinaires. Il venait de Metlili (Chambas), et avait fait d'une seule traite ce trajet de plus de trente lieues. C'était un dromadaire identiquement pareil aux autres, mais de robe lavée, et mieux musclé, quoique maigre. Pour toute bride il avait une corde attachée au cou, et une autre serrant la mâchoire inférieure. Son harnachement consistait en un petit strapontin carré (*rahalle*), fixé au sommet de la bosse et accompagné en avant et en arrière de deux tringles verticales, à l'une desquelles le cavalier doit incessamment se cramponner d'une main, quelque exercé qu'il soit à cette équitation, sous peine d'une culbute assurée. D'un côté de la selle pendait un sac un peu plus grand qu'une blague à tabac : c'est le garde-manger du chamelier; de l'autre côté se balançait une gourde.

L'Arabe, porteur d'une lettre pour le capitaine, arrêta à grand'peine sa monture, et la fit agenouiller pour descendre. Au lieu de l'envoyer brouter sa provende, il lui lia un genou, car il devait repartir pour Laghouat, et le méhari ne doit jamais manger qu'au terme de sa course. L'Arabe but seulement un peu de café. Nous le priâmes de remonter un instant en selle, et d'exécuter une course devant nous ; il y consentit, tout en répétant d'un air contrarié que son chameau était maboul, c'est-à-dire ombrageux et mal dressé. En effet, le méhari, après maints gémissements, mille horribles grimaces et force ruades, finit par s'élancer dans la direction juste opposée à celle où son maître voulait le diriger : il reprenait tout simplement le chemin de Metlili, et entamait cet amble prodigieux où l'on voit si bien poser alternativement chaque bipède latéral, comme si les deux jambes du même côté obéissaient à un seul ressort. Je trouvai d'abord cette vitesse bien au-dessous de sa réputation, et ce sport inférieur à la moindre course de chevaux. Le méhari n'avait rien d'un animal rapide ni même pressé ; il projetait ses membres avec une nonchalance qui déroutait l'observation et faisait croire qu'on l'aurait suivi en courant quelque peu. Mais quand je vis la distance qu'il avait parcourue en quelques minutes, je demeurai confondu. Je ne distinguai plus le jeu de cette locomotion bizarre ; il me semblait voir le méhari voler. Une demi-douzaine de spahis avaient sauté à cheval et s'étaient élancés à sa poursuite. Nous assistâmes au plus beau steeple qu'on puisse voir ; le résultat ne paraissait rien moins que certain, et nous pûmes craindre que le pauvre chamelier nous échappât malgré lui. Les spahis parvinrent cependant à le dépasser, et contraignirent le stupide dromadaire à revenir sur ses pas en l'obligeant à décrire un grand cercle à son insu. Pour des hommes comme les Sahariens, qui ne craignent pas les points de côté, le méhari peut tenir lieu de train express sans désavantage. Il est certain qu'on peut voyager plus commodément, mais plus vite, je ne le crois pas.

6 juillet. — Retour à Tilghremt.

Huit jours après notre premier passage, huit jours d'allées et venues en tous sens, nous arrivions pour la seconde fois à Tilghremt.

Quel changement! Le soleil avait bu toute l'eau. A la place du redir, qui simulait si bien un lac, s'étendait une croûte de terre couleur de brique sèche, crevassée, fendillée, couverte de pellicules jaunes et recroquevillées comme des feuilles mortes. La population aquatique du bassin a péri; elle gît par monceaux dans les derniers creux où elle a pu trouver un refuge, et ces amas de petits cadavres exhalent une puanteur insupportable. Les gypaètes, les corbeaux avides ont remplacé les tourterelles qui roucoulaient dans les bétoums; on voit les noirs rapaces planer sinistrement sur cette pourriture; on n'entend que leurs cris funèbres. La citerne est ouverte, mais ce n'est pas de l'eau que nous y trouvons: c'est une véritable infusion, une purée de vorticelles, de vibrions visibles et invisibles. Nous pouvons sans microscope nous livrer à des études d'hétérogénie, et observer dans nos carafes les mœurs de ces infiniment petits, expérience, hélas! bien peu rafraîchissante. Combien un verre d'eau claire nous conviendrait mieux!

Sensations.

Nous nous dirigeons sur l'est, pour revenir ensuite sur Laghouat par une grande courbe.

A mesure que nous avançons, les dayas deviennent rares. Il faut camper au soleil, sans autre eau que celle des tonneaux qui s'échauffe et se corrompt. Le pays échappe à toute description; il n'y a qu'un mot pour le dépeindre : rien. Un renflement de terrain parfois, puis la plaine encore :

> Plaine que des plaines prolongent.

Mais nous sommes bien approvisionnés; le gibier est de plus en plus abondant. La chasse, l'absinthe, le dîner, voilà notre vie, nos seuls palliatifs contre les journées interminables, le soleil obstiné, l'accablant sirocco.

Chaque matin nous partons au point du jour; nous suivons nos guides, sans pouvoir nous expliquer sur quoi ils se règlent eux-mêmes pour se maintenir dans une direction quelconque. J'écoute chanter les spahis, et quand tout est muet dans la colonne, ce silence m'envahit jusqu'à l'âme; ma pensée elle-même se tait. On arrive dans ces moments à vivre de pures sensations que l'esprit ne saisit ni ne formule. C'est ainsi que je me figure la vie en nature, la vie arabe, quasi animale, dépourvue de raisonnements et riche en impressions. Par exemple, j'entends fort bien le chant des cigales aux mille notes claires et joyeuses, tout mon être en est absorbé, mais je n'en ressens ni joie ni peine déterminée; je ne pense ni aux cigales ni à quoi que ce soit au monde. Ainsi des soupirs du vent dans l'alfa, ainsi de la chanson plaintive du pâtre. C'est un sommeil délicieux où s'apaise entièrement l'inquiétude chagrine inhérente au travail de nos facultés, une léthargie voluptueuse, une mystérieuse transformation qui ne nous ravit le don vulgaire de la pensée que pour nous initier à l'ineffable intelligence du grand tout.

Monographie du dromadaire.

J'assiste souvent, le matin, au chargement des chameaux. La bande très-unie et très-compacte est amenée près des bagages. Les chameliers seuls doivent se mêler de l'opération; ils font coucher chaque dromadaire l'un après l'autre, souvent à grand'peine : ils se pendent à son cou, lui appliquent des coups de pied dans les jambes, et l'apaisent au moyen d'un sifflement particulier qu'ils produisent en faisant vibrer la langue sur les dents serrées : Kriiiih! Le chameau geint, proteste, s'agenouille à moitié, se redresse; il a l'air de dire : Eh bien, non! décidément, non! On le poursuit, on le rattrape; une fois qu'il est accroupi, ses gémissements redoublent; il pousse de véritables sanglots, tord son long cou, ouvre une gueule immense, et ne cesse ses lamentations qu'en se relevant la charge au dos.

Il n'y a pas sous le soleil une créature plus dolente, plus ennuyée, plus dégoûtée d'être au monde. Sa voix est une modulation perpétuelle sur la gamme du désespoir, tour à tour languissante et molle comme un bêlement, aigre et déchirante comme un cri de douleur, grondante comme une révolte, ou grotesque comme le bruit d'un formidable gargarisme. Quelle peine secrète porte au cœur ce déshérité? Hélas! il n'a que trop sujet de maudire le Destin. J'ai parlé de l'âne; voilà son frère en infortune.

D'abord le chameau de son naturel est la paresse et l'apathie incarnées. C'est dans l'ordre. Qu'a-t-il besoin de courir et de se démener, quand une poignée d'herbe lui suffit, à la condition que ce soit une herbe dure, épineuse et amère ? Une gorgée d'eau de loin en loin, l'espace ouvert à perte de vue, la flânerie béate du ruminant, que lui faut-il de plus ? C'est un contemplateur. Aussi remarquez bien qu'il ne s'est pas nullement donné à l'homme ; tout au plus s'est-il laissé prendre. L'énergie n'est pas son beau côté : il est de ces gens qui se plaignent toujours, gens faciles à bâter. Auxiliaire de l'Arabe depuis des temps reculés, il n'a pu encore s'élever au rang de serviteur. Ce n'est pas un animal domestique ; c'est un voisin asservi qui prête son dos en maugréant et n'a pas l'intelligence d'exploiter ses services ; il ne connait de la servitude que les fardeaux et les coups. Semble-t-il avoir été organisé pour autre chose ? Quelle sympathie peut éveiller ce corps difforme ? Je m'explique très-bien son insurmontable mélancolie et son existence composée d'un long bâillement. Ses qualités font ses malheurs. Sa force toute passive ne comporte aucune résistance ; il est sans armes contre l'ennemi : il ne peut même pas empêcher l'homme de le charger, de le mener partout, lui qui resterait si bien où il est. Sa sobriété proverbiale, son insouciance de l'eau, son pied sûr et moelleux, autant de vertus qui le prédestinaient à l'esclavage. Il marche du lever au coucher du soleil, et le long du chemin, sans s'arrêter, abaissant son col bizarre, allongeant sa lèvre pendante, il pâture quelques ronces. Le soir il rumine. Je ne sais s'il dort quelque part particulièrement : il a l'air de dormir partout. Cherchez une joie, une jouissance, une ombre de passion satisfaite ou à satisfaire dans tout cela. La nature a de grandes injustices. Elle a dit au chameau : Tu seras indolent et tu travailleras ; tu seras fort, et ta force sera pour un autre; tu porteras de l'eau en réserve dans un de tes estomacs, et si la caravane a soif, on t'ouvrira le ventre; tu seras exempt d'infirmités afin que ton labeur soit sans trêve : tu auras des maîtres, tu n'auras pas d'amis. Et le chameau, qui sent peut-être tout cela, ne peut s'en consoler.

C'est un animal triste, hypocondriaque et misanthrope. Je n'exagère pas en affirmant qu'il aspire sans cesse à la mort. Il doit avoir foi dans quelque avatar et rêver une existence moins amère en dédommagement des peines d'ici-bas. Son trépas ordinaire ressemble beaucoup à un suicide : rien ne le fait pressentir. Il part sain et dispos, se couche tout à coup, refuse de se relever, de manger, et meurt. Les chameliers n'ont qu'à attendre un court instant; ce n'est pas long. Alors lestement ils ôtent la charge du défunt, le dépouillent de sa peau qu'ils posent, toute fumante, avec le reste, sur le dos de ses compagnons. La caravane repart, les corbeaux et les chacals achèvent la besogne. Les vétérinaires ignorent quelle est cette maladie étrange. Il serait bon de connaître l'opinion qu'en ont les Arabes. Moi, je crois que le chameau meurt tout simplement de chagrin, d'ennui, de consomption, d'un mal moral qu'il a beuglé et bramé toute sa vie, et qui enfin lui pèse trop; il le secoue, s'en débarrasse par quelque contraction intérieure, et se repose enfin.

Les sokhrars.

Les sokhrars non plus n'ont pas une destinée à faire envie. Pauvres hères infatigables, ils sont à la race humaine ce que le dromadaire est aux bêtes, serviteurs tempérants, marcheurs intrépides, grands amis du repos

et toujours en mouvement. Ils sont les hommes du désert
par excellence; le Sahara pour eux n'a point de secrets;
ils en connaissent les présages, les piéges, les repaires;
ils savent où gîte le lièvre, où pâture la gazelle, où se
cache l'eau bienheureuse; ils connaissent les plantes
vulnéraires qui guérissent de la morsure des serpents,
qui apaisent la soif et la faim; eux seuls savent les distances. Ils portent une simple tunique, sorte de chlamyde
serrée à la taille, et des brodequins de leur fabrication,
montant jusqu'à mi-jambe; ils tiennent à la main un
long bâton. Forcés de régler leur marche sur le pas des
chameaux ballants et nonchalants, ils vont en arrière du
troupeau, courant, s'arrêtant, lançant des pierres, poussant des cris, ralliant les traînards et les égarés, rafisto-
lant les bagages qui penchent. C'est un métier insensé,
mais ils doivent y trouver du charme. Le plus dur est
le départ. Le chef de notre convoi est un grand spahi
peu commode, armé d'un gourdin rarement inactif.
Quelque diligence que déploient ces malheureux, les
coups pleuvent sur leurs épaules comme giboulées d'a-
vril : le spahi silencieux n'a pas d'autre moyen de per-
suasion ou d'encouragement, et n'ouvre jamais la bouche
sans corroborer ses paroles d'un moulinet significatif. Le
sokhrar interpellé se cambre pour recevoir dans sa tunique une partie de l'averse destinée à ses omoplates. Si
les chameaux sont rétifs, le spahi a un moyen infaillible
de les calmer : il tape sur les chameliers. Il faut voir
cela pour imaginer une bonne discipline. Jamais de
plaintes ni de murmures.

Comment et de quoi vivent-ils? Je n'en sais rien. A
notre service, ils gagnent onze sous par jour : onze sous,
une fortune! N'ayez crainte qu'ils les dépensent. La

tournée finie, ils auront un petit capital, une provision, une assurance contre la faim pour le reste de l'année. Mais il faut se nourrir en route. Ne sommes-nous pas là? Je les vois vivre des déchets et des miettes du camp, mendiant, s'employant à mille services, échangeant une perdrix, une outarde contre un vieux pain, une poignée d'orge; suivant la fortune des bons et des mauvais jours, mangeant à l'avance dans l'occasion, jeûnant au besoin, gras et vigoureux d'ailleurs.

Ali-Gargantua.

J'étudie de très-près un de ces enfants du désert. C'est un adolescent taillé en Hercule, aux traits superbes, le nez cambré, la lèvre inférieure très-sortie, l'œil magnifique, fort brun de peau; il m'a séduit par son air caressant et doux, son large sourire aux dents étincelantes, de vraies dents de carnassier, je pourrais dire de cruelles dents, et je ne sais quel parfum de bonté souriante, fine, presque spirituelle. C'est une physionomie naïve, sauvage, mais nullement commune. On ne se figurerait pas ainsi un homme de la classe la plus vile. Nous l'appelons Ali. Je l'ai pris à la place du petit Mohamed, qui, l'autre jour, nous a abandonnés sans crier gare. Le drôle était trop bien! Il n'avait plus faim. La besogne à heure fixe, l'attache aux fourneaux, les repas réglés, le kief interrompu, les réprimandes lui pesaient; je voyais bien qu'il romprait un jour ou l'autre ces entraves. Cependant, il nous aimait; il aimait aussi les étapes. Nous lui donnions un cheval de main sur lequel il se pavanait; alors il nous aurait suivis au bout du monde, mais le biwac l'ennuyait. Il a positivement pleuré en partant. Je l'ai grondé, lui reprochant son ingratitude, lui assurant que nous ne le reprendrions jamais. Il n'a cherché ni excuses, ni bonnes raisons. J'ai bien vu que cette vie nomade, qui est pour nous le comble de l'aventureux, lui était devenue odieuse comme une séquestration. Je n'ai pas essayé de l'endoctriner : on ne convaincra jamais un oiseau franc que la cage est préférable au grand air. Ses instincts irréguliers et réfractaires parlaient plus haut que tout le reste.

Il ne fallait pas s'attendre à ce que Ali nous fût plus fidèle; mais il avait un fort arriéré de bien-être à couvrir, et d'immenses vides dans l'estomac; il y en avait pour un bon temps avant qu'il fût repu. Il ne mange pas, il engloutit; c'est la voracité terrifiante du boa entretenue par une digestion de volatile. Pain, viandes, desserts disparaissaient dans cet œsophage étonnant comme dans un gouffre sans fond, le jeu des mâchoires ne s'arrêtait jamais; c'est un appétit homérique. Il m'a semblé y voir un défi; j'ai fait des folies : j'ai fait remplir des marmites, des gamelles, amonceler des reliefs et des victuailles à faire reculer un bataillon, tout y passait.

Cependant Ali a des scrupules religieux. Il interroge le cuisinier sur les restes suspects qui lui sont offerts :

« Alouf! alouf! dit-il quelquefois en flairant le saindoux.

— Makach alouf. »

Il murmure, il prend un air malin en agitant son index avec une feinte menace :

« Toi, carottier! »

Et il ne perd pas un coup de dent.

Pourtant il travaille. Il a à cœur de gagner sa pitance ou bien de garder sa place. Il va puiser de l'eau, lave, écure, et le matin nous amène les chameaux les plus dociles qu'il charge en un clin d'œil. Jamais la fatigue ne paraît l'atteindre. Je reste confondu devant cette santé luxuriante, cette félicité parfaite, cet estomac des Danaïdes. Heureux Ali, tu ne connaîtras jamais nos tribulations, nos énervements et nos gastrites !

L'orage.

Nous remontons vers le nord en suivant l'Oued-el-Hémar (rivière de l'Ane). C'est un de ces fleuves à peine tracés, sans eau, sans lit, sans rivages, marqués seulement de loin en loin par quelques broussailles éplorées, quelques couches de sable plus fin et des flaques d'eau.

Un jour, cependant, l'oued nous apparaît sous son grand aspect torrentueux, avec des colères inconnues. Il n'a fallu qu'un orage, mais quel orage ! Dire un déluge serait encore faible. La foudre éclate en vingt endroits à la fois, la pluie siffle comme des balles, se précipite en cataractes et retentit sur le sol durci qui ruisselle, écume, bouillonne. Des grêlons monstrueux fouettent l'air avec fureur, tondent les buissons, trouent nos tentes et arrachent aux chevaux des cris de douleur. De petits torrents grossissants gagnent de tous côtés le fond du bassin où commence à se former une artère imposante. Alors se montre au loin une immense bande jaunâtre qui tient toute la largeur de la vallée, elle s'avance, lente et terrible ; on dirait un vaste rouleau qui se dévide, un prodigieux mascaret. Notre camp est menacé. Si l'orage était arrivé la nuit nous étions perdus. Nous avons le temps de charrier nos tentes, nos chevaux, notre matériel sur la hauteur, au prix d'un bain complet dans la vase, de douches effroyables et d'une activité que peut seul inspirer un péril si pressant. Mouillés comme des tritons, fangeux, grelottants, entourés d'un chaos d'effets, d'un pêle-mêle d'hommes, de chevaux, de harnais, dans une confusion indescriptible, nous assistons à l'invasion du fleuve qui s'empare majestueusement de son domaine. Le cataclysme s'apaise, la pluie cesse, le ciel s'éclaircit, nous pouvons allumer des feux, réparer les désordres. Il ne s'est pas écoulé une heure, et le pays entier, à nos pieds, disparaît sous une nappe mugissante et limoneuse, quelquefois plus large que le Rhin. Il est tombé assez d'eau, il en coule assez là pendant une nuit pour fertiliser une province : le lendemain l'oued est à sec.

6 juillet. — Ksar-el-Aïran.

Demain sera notre dernier jour de marche.

C'en est fait du désert réel, de ce néant sinistre, pourtant émouvant. La vue commence à pouvoir se prendre à quelque chose çà et là. Nous avons traversé une rivière bordée de roseaux ; ici fleurit le genêt doré, plus loin s'épanouit la fleur odorante du Sahara qui sent le jasmin ; là est un bétoum, ailleurs un bouquet de tamarins balançant leurs longues tiges au feuillage découpé à jour. Là-bas, au nord, se montrent les montagnes aux contours encore incertains, toujours diaphanes comme des nébulosités, toujours baignées de leur chaude lumière et marquées de hachures nacrées. Les montagnes ! C'est presque le Tell, c'est presque la France.

Trente-cinq jours se sont écoulés depuis le départ ; il y a trente-cinq jours que nous n'avons vu une demeure, un champ, une trace humaine ; huit jours que nous n'avons d'autres ombres que celles de la nuit.

Enfin, nos yeux ne nous trompent pas, voilà bien une couba, puis une autre, voilà des murs, des fumées, et derrière un rideau de palmiers, des jardins, une campagne semée de puits. C'est Ksar-el-Airan.

Torpeur. — Effets de lumière.

Il faut sortir d'une solitude bien absolue et bien profonde pour qu'un village arabe rende au cœur quelque gaieté. C'est à peine si cela exhale un souffle de vie : ce n'est plus le désert, ce n'est pas encore le monde. La matinée est avancée; nous nous installons au pied du bourg, sur un vaste terrain en pente, sorte de champ de foire jonché de fientes et d'ossements. Le peuple se rassemble, nous examine, mais sans empressement. Point d'exclamations, de rumeurs, point de houle : des êtres graves, silencieux, languissants, des personnages longs, blancs, mystérieux qui s'assoient et nous regardent sans souffler mot. Le soleil est tellement éblouissant que je ne puis tenir une minute les yeux fixés sur l'étrange monceau de murailles qui s'étagent aux flancs du mamelon. Par bonheur, le caïd, qui est venu nous faire accueil, nous conduit près de là sous un gros figuier. Un grand tapis est étendu; on nous apporte du lait, des dattes et du café. J'embrasse du regard toute l'oasis. C'est un beau et mélancolique spectacle, un mélange de tristesse douce, de monotonie accablante et de scintillements lumineux, une torpeur tempérée d'un sourire, une teinte mollement ombrée dans un ruissellement de clartés. L'action intense du soleil, qui endort les sens, semble aussi faire peser sur ces choses le manteau du sommeil : sommeil auguste, radieux, qui fait songer à ces planètes enflammées que le grand astre échauffe les premières, et que l'imagination se plaît à peupler d'êtres supérieurs savourant sans souffrance la félicité d'une prodigieuse lumière où se fondrait notre organisation misérable.

J'ai esquissé la physionomie du vieux Laghouat; je la retrouve ici, mais plus complète, plus en vue, sans alliage ni voisinage européen. Ce sont les mêmes bâtisses effritées, les mêmes complications d'angles et de recoins; le même enchevêtrement de murs gercés, crénelés par l'âge, s'étayant les uns les autres comme un château de cartes mal assuré, quelques lucarnes noires à travers des maisons sans toits, le tout enfermé dans une ceinture irrégulière de remparts tout aussi rissolés, délabrés, troués et ébréchés. Une porte unique, assez haute, sans indices d'architecture, coupe l'enceinte par le milieu, et voilà tout. La teinte générale est un gris sale tirant sur le roux, une véritable livrée de misère et de vétusté. Le village est de la même couleur que les terrains avoisinants; les maisons ne ressortent que par des effets d'ombre. Au soleil levant on ne les distinguerait pas à cinq cents mètres; mais à midi le ksar a un relief spendide : les parois des murailles tranchent en noir sur le sol blanchi; leur crête seule, sous le soleil, s'éclaire et rayonne, et l'on voit les contours capricieux, incohérents marqués sur un fond sombre, comme par une bande de neige éblouissante.

Il y a aux alentours une espèce de campagne dont on aura une idée assez exacte en se représentant une vue des bords du Nil. Ce sont des champs d'orge fauchés, des chaumes blondissants, des jardins sillonnés de fossés à eau verdâtre, des bouquets de palmiers, et, à perte de vue, d'innombrables petits puits. Ces puits présentent uniformément deux minces colonnes jointes au sommet par une traverse où est attachée une poulie. On tire l'eau au moyen d'un appareil ingénieux et fort simple : c'est une espèce d'entonnoir en peau de bouc, percé aux deux extrémités, et qui ressemble à une trompe d'éléphant. Ce récipient plongé dans le puits s'emplit. Une corde de traction double permet de le remonter de façon que l'ouverture inférieure se trouve relevée et l'autre maintenue d'aplomb ; quand elle arrive à l'orifice du puits, la petite corde qui tient le goulot élevé se détend d'elle-même, l'abaisse et déverse l'eau dans une auge d'où elle se répand dans des rigoles creusées à cet effet. Des nègres, en simple caleçon, exécutent ce travail en s'attachant autour des reins le bout de la corde. Ils marchent ainsi du matin au soir, allant et venant sur la même piste de la longueur du câble, au bruit de la poulie qui grince, indifférents, ennuyés, nonchalants, mais ne s'interrompant jamais. Je n'ai pas vu d'exercice qui caractérisât mieux la servitude : il me semblait voir l'esclave romain tournant la meule symbolique.

Scènes rustiques.

Près des puits, à l'ombre des figuiers, errent quelques vieilles déguenillées et repoussantes qui vont sarclant, jacassant, amassant brin par brin des petits fagots, maugréant d'une voix aigre et irritée contre une marmaille pittoresque : ce serait une image trop poétique que de les comparer à des poules au milieu de leurs poussins. Les enfants, nus comme des vers, égayent la scène par leurs rires et leurs cris. Il en passe une volée étourdissante près de mon poste d'observation : il y en a de toutes les couleurs, de tous les âges, de tous les sexes. Ils se poursuivent en poussant de grandes clameurs, courant à la façon des sauvages, la tête rejetée en arrière, la poitrine avancée, les coudes haut et les poings fermés. Un grand redir plein d'une eau moussue est près de là ; la bande entière s'y précipite comme une tribu de grenouilles, et se livre à un barbotement général avec des transports d'allégresse.

Visite au ksar.

Sur quelques points apparaissent des attelages d'ânes par six ou huit de front tournant autour d'un noir qui les conduit du centre et les pousse au grand trot : c'est la manière de battre le grain. Le maître, imperturbable, étendu sur une meule de paille, préside à l'opération, plongé dans un profond sommeil. Des clans innombrables de moineaux tournoient autour de l'aire, et viennent effrontément picorer le grain entre les jambes des baudets.

Aussitôt que la chaleur devient supportable, nous allons visiter le ksar. Une longue rue en droite ligne et ridiculement montueuse s'ouvre devant nous, comme à notre entrée à Boghar. Mais là plus de boutiques, plus de murs crépis, de cafés, d'établis, de marchands, ni de négoce d'aucune espèce. L'intérieur du village ne diffère pas de son aspect extérieur : on n'y voit pas plus d'ouvertures qu'on n'en découvre du dehors. Il y a seulement de distance en distance des trous, des brèches tenant lieu de portes et donnant accès à de véritables tanières sans air et sans clarté. Souvent même la maison se compose purement de quatre murs formant une enceinte où campe la famille crasseuse, sous des lambeaux de tentes et des loques indescriptibles. J'essaye de plonger un regard dans un de ces repaires, à travers les ais mal joints d'une palissade; mon indiscrétion soulève dans l'intérieur une tempête de vociférations : toute la gent féminine, dans les plus étranges atours, s'agite, pousse des cris de paon, se tapit dans les angles, se voile la face, nous appelle chiens, cochons, *roumis*, fils de Juifs. Nous battons en retraite sous ce déluge d'invectives, nous bornant désormais à observer la partie de la population qui veut bien se laisser voir. Par le fait, il n'y a que la rue qui soit à peu près habitable.

Léproserie.

Les hommes y sont installés par petits groupes flegmatiques, devisant, jouant aux dames, ou bien plongés dans une immobilité somnolente. Je ne sais si cette tribu forme une variété de Sahariens, mais elle a un type particulier. La tête est grosse, la face courte et large, le nez écrasé avec des narines saillantes, le front bas, les sourcils épais et réunis, une physionomie plutôt océanienne qu'africaine. Ils ont le pur costume arabe; ils sont propres, on en voit d'élégants; mais presque tous ont la mine hâve et maladive : on les dirait en proie à je ne sais quel marasme, quelle langueur, comme un peuple atteint au cœur de sa vitalité. Contrairement aux nomades leurs voisins si vigoureux, de complexion si solide, ces pauvres citadins n'étalent que des membres étiques, des faces exsangues, des yeux de poisson mort, une peau flasque, blafarde, sans grain, un teint livide, une expression de suprême ennui, de lassitude et de consomption; ce sont des ruines humaines, bien dignes du cadre lépreux où s'endort leur décrépitude.

Les aveugles.

C'est le pays des aveugles. L'ophthalmie y sévit sans relâche, et s'acharne surtout contre les enfants; il n'y en a pas un sur dix qui n'ait les yeux horriblement malades; ils portent simplement un bandeau malpropre, et vont à tâtons, montrant jusque dans leurs jeux un visage étiolé et contracté par la douleur. On en voit de tout petits, cruellement abandonnés au fléau, qui exposent au soleil leurs conjonctives saignantes et enflammées, au milieu des mouches, de la poussière impure. Des vieillards qui n'ont pas quarante ans passent appuyés sur l'épaule de leurs fils, la démarche incertaine, la tête haute, fixant sur le ciel leurs prunelles sans regard, avec cette expression de mélancolie navrante particulière aux aveugles. Des hommes qui seraient beaux sont défigurés par d'affreuses taies. Les femmes sont encore plus frappées : je n'en ai pas vu quatre qui fussent exemptes de maux d'yeux et ne montrassent une figure tristement chassieuse. Il me semble qu'il y aurait un grand acte d'humanité à accomplir en mettant un médecin en cet endroit. Ces pauvres gens, qui sont nos tributaires, s'ils ne réclament rien, ont tout au moins le droit de ne pas mourir. En coûterait-il beaucoup de leur faire distribuer quelques collyres? Les Arabes, ceux-là surtout, connaissent peu de remèdes; contre la plupart des maladies internes ils n'ont guère que des sortiléges ou des exorcismes; ils guérissent quelquefois leurs blessures avec du sable; mais ils meurent des affections les plus faciles à traiter. L'ophthalmie les décime; la population de Ksar-el-Aïran est menacée d'y succomber entièrement. Cependant ils ne sont pas rebelles à la médecine et aux soins. Ils nous savent très-supérieurs sur ce point, et ne doutent pas que nous ayons remède à tout. Toute la journée il est venu au camp des malheureux dévorés par la fièvre, les yeux à demi perdus, implorant quelque drogue, quelque secret qui pût les soulager. Ils avaient grande foi dans notre science. « Les Français, disaient-ils, sont de grands tebib. » Nous leur avons distribué tout ce que nous possédions d'eau blanche, en leur recommandant par-dessus le marché la propreté et les lotions d'eau fraiche. Mais ensuite!

Carrefours.

Après avoir gravi consciencieusement la rampe réservée qui constitue la voie principale du ksar, nous nous aventurons dans le dédale d'impasses et de ruelles qui s'y insèrent de chaque côté. La grande rue est un boulevard des Italiens comparée à ces boyaux infects, tortueux, escarpés, ravinés et jonchés de tous les détritus imaginables. On marche sur une couche formée de paille, de flocons de laine, d'os calcinés, de sabots, de bêtes mortes, de noyaux de dattes, d'écorces de fruits. On enjambe des chiens crevés, fidèles encore après la mort au seuil qu'ils ont gardé; on passe à travers des maisons éventrées que leurs hôtes pour cela n'ont pas délaissées. Par des trous, on voit passer des têtes d'ânes et de chameaux hébétés; d'autres trous sont bouchés à l'aide de touffes de paille. Nous sommes arrêtés par une carcasse d'âne, non pas pourrie heureusement, mais corrodée et momifiée par le soleil. Nous respirons des odeurs à faire reculer la plume de M. Veuillot. Vivre en tel milieu, parmi ces immondices et ces miasmes, est véritablement phénoménal; les Arabes ont l'air de s'y complaire. Le sens de leur existence dans le désert m'apparaît fort bien ; ici, il m'échappe. Je cesse de comprendre, quand je vois des hommes qui ont du bien, de l'argent, des jardins, et ne prennent seulement pas soin de relever leur gîte qui s'écroule sur eux. Quelles joies, quels sourires peuvent visiter ces immondes demeures? Où est le côté captivant de cette existence abjecte? Quelles passions peuvent faire vibrer ces âmes énervées, ces corps amollis dans une gueuserie invétérée? Voilà certes de grands stoïciens ou de fiers abrutis.

Clair de lune.

La nuit, qui arrive presque subitement et sans crépuscule, vient étendre un voile complaisant sur ces détresses et ces vilenies. A la faveur de ces ombres et sous la clarté bleue de la lune, le ksar, comme aux feux du soleil, reprend sa poétique tournure et son bel accent oriental. Le passage des spahis a été une occasion de réjouissances et de fêtes. La population est descendue sur l'esplanade; de toutes parts se font entendre les flûtes et les tarboukas. Une tribu d'Ouled-Naïl, campée dans le voisinage, fournit deux almées, dont une fort piquante. La colline, entre nos feux clairs et la voûte diamantée du ciel, s'anime, se peuple et bruit langoureusement. Il s'établit un va-et-vient de fantômes en burnouss, glissant à la façon des spectres, avec un murmure de voix mystérieuses. Le clair-obscur me réconcilie avec ces braves gens; ils me paraissent moins méprisables, moins à plaindre qu'au grand jour. Peut-on rien envier de plus doux qu'une telle soirée, et qui mieux qu'eux doit savourer les caresses de la brise nocturne, après leurs journées de torpeur et de pestilence?

La zaouïa.

J'entre à la suite de quelques habitants dans une des deux zaouïas dont les silhouettes se détachent au faîte de la colline, et que la lune argente de reflets brusques. L'intérieur est assez sépulcral; il n'y a rien sur les parois nues dont le pisé découvert s'enduit d'ombres sales. Au milieu est le tombeau du Santon entièrement couvert d'un tapis de laine à larges bandes vertes sur un fond sang de bœuf. Divers objets s'étalent pêle-mêle sur cette estrade : des foulards, des fruits, des coupes, des babouches, dons des fidèles. Il y a aussi quelques pièces de monnaie qui nous invitent à une petite munificence, car tous les présents sont admis, et l'argent, sans doute, n'est pas le plus dédaigné. Cependant le marabout n'est pas là pour solliciter ou recueillir les offrandes. La piété des visiteurs n'est pas suspectée, le vol n'est même pas prévu dans cette chapelle isolée. L'existence du prêtre attaché à la couba n'est autrement révélée que par une chandelle de suif allumée et plantée dans une courge.

El-Assafia.

Nous faisons la halte du lendemain à El-Assafia, un petit ksar en partie démantelé, qui fut autrefois rival de Laghouat. Les dattiers y sont plus abondants qu'à El-Aïran, mais le village a l'air de ne pouvoir contenir plus de dix familles. Cependant une population assez nombreuse accourt au-devant de nous. Le caïd, homme souriant, à l'air débonnaire, nous offre la diffa dans son jardin. Nous mangeons le couscouss, le hamiz et le classique mouton rôti, au bord d'un frais ruisseau, sous les palmiers en parasol et l'ombre plus immédiate de quelques figuiers odorants mêlés de pampres et de liserons. Le caïd nous sert avec ce zèle prévenant et outré qui est le fond de l'étiquette arabe en matière d'hospitalité. Ses deux fils le secondent avec des façons moins solennelles et une affabilité familière qui trahit plus d'une accointance avec les Européens. L'aîné est tout à fait un musulman du progrès ou de la décadence ; il parle français, sans tutoyer personne, et quand nous en sommes au café, il feint de ne pas s'apercevoir que nous avons mis du cognac dans sa tasse.

Rentrée à Laghouat.

Ce détail seul nous annoncerait le voisinage de Laghouat, si nous n'apercevions en outre à l'ouest une longue bande verte adossée à un ressaut de la plaine : c'est bien l'oasis. Nous allons enfin retrouver des journaux, des compatriotes, des amis, des maisons, une rivière. Que ces choses si ordinaires ont un charme puissant quand elles nous ont manqué quelques jours ! Je sens trop combien la civilisation m'a pris dans son engrenage en présence de cette bourgade à demi française qui m'avait d'abord paru profanée par notre occupation. En vain, la grande vie du Sahara m'a dévoilé quelques-uns de ses mystères, révélé ses âpres délices, ses austères grandeurs, me voilà tout joyeux de revoir des tuiles et des peupliers : je ne puis me pardonner ce sentiment étroit et sacrilége.

Septembre. — Tadjemout.

Je ne pouvais quitter Laghouat sans avoir rendu visite à sa voisine Aïn-Mahdy, la cité glorieuse et dévote

illustrée par le siége d'Abd-el-Kader et les vertus du
Tedjini. Je n'avais vu, en somme, des ksours sahariens
que Laghouat devenu à moitié français et Ksar-el-Airan qui tombe en ruine. Aïn-Mahdy devait me donner
l'expression définitive de cette région étrange qui tend
à se dénaturer déjà sous l'influence de notre domination
et de je ne sais quel levain morbide introduit avec nous.
Là du moins je ne rencontrerais ni cabarets, ni panta-
lons garance, ni aucun ouvrage du génie militaire; je
pourrais contempler dans sa libre expansion et prendre
sur le fait ce peuple incroyable du Sud, véritable prodige
de force et d'apathie, d'aptitudes brillantes, d'énergie
guerrière et d'indolence fataliste.

Nous partîmes, deux de mes camarades et moi, pour
cette promenade, complément indispensable de nos excursions antérieures. Nous ne prîmes que nos ordonnances avec nous, plus deux muletiers conduisant quatre
mulets qui portaient nos tentes et de l'orge pour environ
dix jours. Nous quittâmes Laghouat par le col des Sables, qui coupe en face de la ville le premier plan de
montagnes, appelé Rass-el-Assioun : l'oued Mzi coule
de l'autre côté ; notre petite colonne suivit péniblement
la trace blanche de son thalweg large comme le lit d'un
fleuve, et bordé à gauche et à droite d'immenses étendues
d'alfa. A notre droite s'élevaient les hauteurs du Ras-el-
Mylok, sous la forme d'une gigantesque carène renversée n'offrant qu'une longue crête horizontale et tranchante, comme des vertèbres granitiques sur l'échine
d'un monstre décharné. Ce mont, formidable d'aspect,
mais de dimensions ordinaires, nous obligeait à descendre d'abord vers le sud pour contourner sa pointe
extrême qui finit comme certains caps par une falaise à

pic battue, non plus par les flots, mais par les vents du désert. Le paysage ne diffère en rien des environs de Laghouat : mêmes tons jaunes, fuligineux, mêmes perspectives, mêmes montagnes plantées sans gradation sur la plaine aride et monotone. Au loin, sur notre gauche, une raie confuse d'un vert froid due à une double bordure de tamarins, indiquait le cours de l'oued que nous abandonnions. On appelle ce bois le Kecheg, car ici tout endroit reconnaissable a un nom ; les cartes du pays signalent souvent un simple palmier, un bétoum : la topographie, à court de noms saillants, s'attache où elle peut. Ce fut tout jusqu'au ksar de Tadjemout, qui nous apparut derrière un dernier renflement de terrain.

A cette distance, deux lieues environ, le ksar avait la mine altière et féodale d'un vieux castel, ceint de murailles crénelées, et couronné de hautes tours carrées au faîte de sa pyramide. On ne saurait imaginer un burg, un manoir, une citadelle du moyen âge d'aspect plus guerrier et plus redoutable. La verdure touffue des jardins et les aigrettes des palmiers que nous distinguions sans peine n'atténuaient pas l'air menaçant et farouche de ces murs grisâtres assis sur leurs rochers, et dirigeant les ouvertures de leurs bastions sur tous les points de l'immense périmètre qui se déroulait à leurs pieds.

Mais, à mesure que nous approchions, s'évanouissaient ces arrogances ; les remparts devenaient de simples murailles déviées et chancelantes, les créneaux n'étaient plus que des brèches, les tours n'avaient pas plus de deux pans et par leurs meurtrières élargies se voyait le jour : la ville semblait se fondre. A cent pas, nous n'avions plus sous les yeux qu'un monceau de décombres. On eût dit que le siége qui préluda à cette destruction venait d'être levé, et que les habitants, occupés à relever les morts, n'avaient pas encore eu le temps de redresser une seule pierre de leurs demeures. Un calme sinistre planait sur cette nécropole ironiquement enlacée par son oasis d'une écharpe de verdure.

Les premiers personnages que nous rencontrâmes dans la région des jardins furent des corbeaux en grands pourparlers sur un cimetière. Après ce cimetière, il y en avait un autre, puis un troisième, tous faits de pierres plates, informes, plantées par petits groupes innombrables. Le terrain commençait à s'élever. Tout le flanc de la colline était couvert de ces petits tas de tombes. Un certain nombre de tombeaux étaient bâtis grossièrement en forme de banquettes, avec une pointe saillante à chaque angle. Un moment, nous nous trouvâmes au milieu de ce vaste champ des morts, entre la ville croulante qui semblait prête à s'abîmer sur nos têtes et deux zaouïas dont une était abattue aux trois quarts et l'autre, au contraire, fraîchement crépie et resplendissante de blancheur. La foi religieuse, paraît-il, a seule pu échapper au naufrage de la cité, et engendrer cet unique effort de restauration au milieu de l'abandon général. Nous avions laissé le jardin du côté sud. Nous foulions, sans découvrir autre chose, ce sol funèbre où nous pouvions croire que toute la population de Tadjemout reposait auprès de ses lares renversés. Jamais je n'ai été frappé du spectacle d'un plus grand deuil : ces ruines, ces tombeaux, ces oiseaux de proie, ces rocs portant le ksar sur leur socle mal assuré, tout prenait un accent lugubre et dantesque. Je regardais la porte nord, pensant y lire l'inscription terrible : Laissez toute espérance... Les pierres de part et d'autre, les quartiers de rocher qui avaient roulé le long de la porte étaient enduits d'un lichen rougeâtre formant des taches elliptiques, inégales, et des traînées qu'on pouvait prendre pour des traces de sang.

Sunt lacrymæ rerum.

Tadjemout signifie : *la Couronne de la Mort.* La légende attribue l'origine de ce nom à une reine (il n'était pas rare de voir des reines en ces pays où la femme est si peu de chose), une sultane qui s'était fait un épouvantable renom de cruauté. Elle avait coutume de rendre la justice publiquement; mais comme elle ne voulait pas que sa peine fût perdue, à chaque cause qu'elle vidait, il fallait qu'une tête fût abattue : tous ses arrêts étaient des arrêts de mort; autant de procès, autant d'exécutions. Et comme elle ne se montrait à ses infortunés justiciables que le front ceint de la couronne royale, elle fut appelée la Couronne de la Mort, et légua ce nom à la ville.

Tout, dans ce qu'ont laissé de Tadjemout les canons de l'émir, semble arrangé pour entretenir ces souvenirs néfastes et relier le présent aux hommes du passé; la prédiction de ce nom fatal n'a pas été démentie. Voici cependant un semblant de vie : quelques femmes en haillons descendent de notre côté; elles passent près de nous sans lever les yeux, et s'approchent d'une flaque d'eau entourée de sépultures. On voit des tombes récentes au-dessus de ce creux, et l'eau qu'il contient n'a pu filtrer qu'à travers des graviers habités par des cadavres; elle exhale une odeur inquiétante et laisse surnager je ne sais quelle huile suspecte. Les femmes, aidées de leurs marmots, en remplissent leurs outres; la rivière n'est pourtant pas loin. Assistions-nous à un acte de dégoûtante incurie, à une coquinerie de ménagères, ou bien à quelque mystérieuse coutume de piété, à quelque hommage rendu aux morts et consistant à boire de cette eau saturée de leur dépouille? Qu'on juge si cette impression dut diminuer la tristesse qui pesait sur nous aux abords de cette cité dolente. Il n'y a pas que les êtres qui pleurent : les choses, comme l'a dit le poëte, ont aussi leurs sanglots.

Les jardins enchantés.

Nous longeâmes les murs de l'oasis pour aller nous établir sur l'Oued-Mzi que nous retrouvions ici à l'un des bons endroits, c'est-à-dire coulant extérieurement comme à Laghouat entre deux rives bordées de roseaux, de tamarins et de lauriers-roses.

De ce côté, par opposition, tout est joie et sourire. L'oued, comme s'il avait hâte de reprendre sa marche souterraine, s'écoule par filets minces et rapides susurrant entre des cailloux ronds aux mille couleurs. Nous nous installons dans ce délicieux voisinage sur un tertre fraîchement tondu par les bestiaux dont les traces exhalaient une odeur âcre et pastorale. Nous mettons à rafraîchir nos bouteilles dans un bras de la rivière, si l'on peut appeler bras une petite veine qu'un géant aurait bue d'un seul trait. Derrière nous se dressent les hautes murailles des derniers jardins qui dépassent les cimes des arbres. Des fruits de toutes sortes pendent dans ces feuillages : il y a des coings, gros comme des citrouilles, et perchés à une hauteur qui aurait donné tort à Mathieu Garo; les grenades, les pêches, les raisins, les figues en splendide maturité apparaissent pêle-mêle par haies, par grappes, par groupes confondus, comme dans les peintures de salle à manger. Je ne verrai plus un espalier en France sans ressentir une souveraine pitié.

Par une brèche du mur, je vois une grande tente qui paraît servir d'habitation d'été au propriétaire du jardin. Les femmes mangent une pastèque; un enfant cueille des figues éclatées dans le dôme verdoyant qui verse l'ombrage sur tout le tableau, tandis que le maître, accoudé sur les ruines de son enceinte, nous observe silencieusement. Autour de nous, à travers les buissons épars et les roseaux frissonnants, apparaissent à différentes distances des campements arabes; nous en sommes littéralement entourés, ce qui nous rassure peu pour la nuit. Ces Arabes ont l'air assez pauvres, et, à tort ou à raison, la misère n'inspire pas de confiance.

Pendant que le souper s'apprête, nous allons visiter le ksar. Nous prenons par le côté opposé à celui de notre arrivée et à travers les jardins. Le long du chemin, nous rencontrons des gens chargés de légumes qui reviennent de leurs vergers; tous nous saluent amicalement. Un garçon de bonne mine arrête son âne devant nous, et, ouvrant son burnouss, nous offre des pêches avec le sourire le plus engageant. Ses pêches sont succulentes, de l'espèce qu'on appelle les mâles et dont la chair légèrement muscate adhère au noyau. Ces façons patriarcales me touchent beaucoup, et je sens redoubler ma sympathie pour cette population que je me suis figurée plus malheureuse qu'elle ne l'est, en abordant Tadjemout par les cimetières et les ruines. Je m'explique qu'on s'occupe peu de restaurer des maisons incommodes et calcinées, quand on a sous la main de véritables Édens ombreux, féconds et bien clos. L'aspect du village, à l'intérieur, me ramène tristement à ma première impression. C'est la même complication qu'à El-Aïran de ruelles surplombées de pignons mal étayés, de masures sordides, de poutrelles rompues, d'escaliers sans marches, de décombres amoncelés et souillés. A certains endroits, des pâtés entiers de maisons ne forment plus que des tas de pierres, et se répandent sur les terrasses inférieures perpétuellement menacées par les hauts quartiers d'où fondent de véritables avalanches de gravois.

Les ruines.

J'ai seul le triste courage de monter jusqu'au sommet du ksar, où se dressent avec un reste de fierté les derniers vestiges de la casbah, car Tadjemout eut sa casbah comme Alger. L'ascension n'est pas facile; je n'arrive qu'en m'aidant des pieds et des mains, à une espèce de plate-forme entourée de tronçons de parapet où se montrent encore des embrasures de canons à jamais inoffensives. Au nord et à l'est se dessinent les montagnes en ce moment colorées des teintes chaudes du couchant, et dont les plans successifs se meurent dans un lointain vaporeux. De ce côté, le bastion domine l'étendue du haut d'un roc vertical, comme un donjon des bords du Rhin. Je me retourne et je découvre le ksar encore plus lamentable à voir de ce point que de partout ailleurs; mais au bas l'oasis me dédommage de cet affligeant spectacle, et s'embellit du contraste de tant de misère et de désolation. Elle forme un vaste croissant de végétation luxuriante; le contour en est marqué en blanc par l'oued, au delà duquel recommence l'éternel sol saharien, sans limites dans cette direction.

L'oasis est réellement très-grande et raconte un passé qui dut être bien différent du présent. Elle pourrait, avec les terres cultivables qui bordent la rivière, nourrir au moins dix mille habitants; ils sont quelques centaines. On dit qu'il y a ici un hiver, quelquefois même un hiver précoce et très-vif. Les dattiers que la hache des réguliers a épargnés n'ont pas toujours le temps de mener leurs fruits à maturité avant les froids. Alors la misère arrive. Les jardins deviennent aussi inhabitables que les maisons; les fruits ont été consommés dans leur saison, le grain fait défaut; et l'on va à Aïn-Mahdy chez le marabout, qui nourrit tout le monde.

Poétique accident.

J'observais depuis quelques instants un homme qui était assis sur un vieux créneau et semblait contempler les irradiations du soleil à son déclin. Comme lui, je considérais l'astre s'enfonçant derrière le Djebel-Amour. Je n'ai jamais douté du sens profond qu'ont les Arabes des grands spectacles naturels; j'essaye de tirer de celui-ci quelque conversation, sous les auspices de la communauté d'impression qui venait de s'établir entre nous. C'était un homme entre deux âges, grand et de figure mélancolique. Il montra un empressement poli à m'écouter et à me répondre; mais le dialogue était difficile. Il comprit cependant que je lui parlais du ksar, de sa pauvreté, de son délabrement. Alors, répondant à ma pensée, il me montra l'oasis avec un geste orgueilleux, et découvrant ses dents blanches dans un sourire plein de tendresse, il envoya un baiser à ses chers jardins; puis il abaissa ses regards subitement attristés sur les débris entassés à nos pieds, et leva les bras au ciel avec un magnifique mouvement de douleur résignée et de piété. Je ne pus m'empêcher de lui serrer la main, et nous fûmes tout de suite bons amis, sans nous être dit grand'chose. Pour prolonger l'entretien, je lui demandai ce que renfermait ce grand trou creusé près de là dans le roc, et que j'avais remarqué à cause de la manière soigneuse dont il était recouvert : « C'est là que nous faisons la poudre », me dit-il avec un certain orgueil, comme s'il eût voulu dire : Nous sommes pauvres, mais nous pouvons combattre encore. Il ôta les pierres qui bouchaient ce récipient, et me montra une pâte noire qui séchait au fond.

Grâce à ce brave garçon, je pus regagner le bas du village sans chute sérieuse. Il me fit passer devant sa demeure, me quitta là un instant, et reparut avec un beau raisin qu'il m'offrit avec ses adieux un peu prolixes, mais sincères et pleins d'effusion.

Fâcheux voisinage.

Pendant tout le dîner, nos voisins de bivac furent sur le tapis. Nous étions évidemment très-mal environnés. Sans doute, notre sûreté personnelle n'était pas menacée, mais nous avions tout à craindre des voleurs. Les nomades qui vont par petites tribus le sont tous. Ils pratiquent le vol avec une hardiesse, un art consommés, des ruses de Peaux-Rouges. Ils se déguisent en buissons, en touffes d'herbes, et réussissent à enlever des fusils aux faisceaux sous l'œil des sentinelles. Des chevaux à la corde et surveillés disparaissent miraculeusement. Le larron entièrement nu, rampant comme une couleuvre, parvient à couper les entraves sans être vu, attache un lien au pied de l'animal, et de loin tire à lui avec une lenteur savante. Le cheval avance une jambe, puis l'autre, et quand il a fait cinq ou six pas en une heure, l'Arabe saute dessus et détale. Un jour, une compagnie d'infanterie fut désarmée entièrement. Elle avait eu pourtant la précaution qui semble exagérée de disposer les faisceaux sur le bord d'un précipice absolument inaccessible, tandis que les factionnaires veillaient autour du plateau. Tout à coup les fusils enlacés les uns aux autres s'ébranlèrent et furent précipités avec fracas au fond de l'abime; quand on alla voir, il n'en restait pas un seul. La prudence nous était assez recommandée. Nous nous serrâmes autant qu'il fut possible, en ayant soin de placer nos bêtes au milieu du campement. Chacun garda ses armes sur soi. Nous voulûmes d'abord placer des hommes de garde, mais les chasseurs nous déclarèrent qu'ils veilleraient tous. Un ou deux factionnaires n'eussent servi qu'à nous inspirer une confiance funeste. Nous connaissons assez nos hommes, tous vieux Africains, pour ne pas douter de leur vigilance : ils étaient d'ailleurs aussi intéressés que nous à ne pas se laisser dépouiller.

Nocturne.

La nuit noire arriva, une nuit sans lune, radieuse et constellée d'étoiles, presque claire comparée aux nuits de France. Mais si l'éther n'était pas complétement dépourvu de clartés, le sol, en revanche, n'offrait que confusion et ténèbres, à cause des broussailles et de cette verdure qui nous avait ravis au grand jour. Chacun se coucha, se promettant bien de ne dormir, comme on dit, qu'en gendarme. Nous laissâmes nos tentes ouvertes.

Je n'eus pas à lutter beaucoup contre le sommeil, car un froid assez aigu se déclara d'abord et ne fit que s'accroître jusqu'au matin. Je me sentis bientôt tellement à l'abri du moindre assoupissement et si assuré contre toute surprise que je finis par trouver un charme singulier dans cet état de veille et d'attention surexcitées. Les mille bruits auxquels je prêtais l'oreille m'arrivaient avec une netteté qui ne leur appartient qu'à ces heures. Je riais tout seul des histoires que les chasseurs se racontaient à voix basse; j'entendais grésiller le bois vert de notre feu, et je reconnaissais fort bien le moment où quelqu'un venait raviver le foyer. Quelques chevaux mangeaient encore, et j'entendais le frottement sec et régulier de leurs mâchoires; d'autres s'endormirent et j'écoutai leur respiration tournant peu à peu au ronflement. Depuis le coucher du soleil, des chiens, en nombre incroyable, aboyaient aux quatre points cardinaux, et ces aboiements, suivant les distances, m'arrivaient avec une intensité de son graduée comme le *Garde à vous !* des sentinelles autour d'un rempart, les uns stridents, irritants, me déchirant les oreilles, les autres à peine saisissables et composés d'une note unique, plaintive et prolongée. Il y eut aussi des Arabes qui chantèrent très-longtemps. Vers dix heures, des chiens vinrent dévorer les croûtes et les os qui étaient restés sur l'emplacement de notre souper. Une altercation étant survenue entre eux, un chasseur se leva et dispersa les visiteurs à coups de bâton. Je les entendis revenir l'un après l'autre, mais par prudence ils évitèrent toute querelle. Ces efforts de pénétration m'amusaient. Tous mes sens finirent par s'endormir à l'exception de l'ouïe qui acquit une finesse extraordinaire.

J'essayai de démêler une gamme dans le coassement des grenouilles, et je constatai une isochronie parfaite dans les cris d'un hibou, véritable régulateur de ce concert nocturne.

Le chasseur et le larron.

Tout à coup, au milieu de ces murmures confondus, éclata un juron retentissant presque aussitôt suivi du cri rauque de quelqu'un qu'on étrangle. D'un bond je m'élançai hors de ma tente. Je vis dans l'ombre un groupe blanc qui paraissait se mouvoir lourdement. Tout le monde s'était levé, et, non loin du feu qui flambait faiblement, nous entourâmes un de nos chasseurs qui serrait un coquin d'Arabe maigre et nu. A la lueur rougeâtre du foyer, je vis les yeux blancs du voleur injectés de sang et comme près de lui tomber des orbites, son mahomet se dressait fantastiquement sur son occiput. Le chasseur nous voyant là, desserra un peu ses doigts de fer. Il était temps. Je n'avais jamais assisté à une phase de strangulation aussi avancée. Il paraît que le drôle était arrivé jusqu'à un sac d'orge, l'avait ouvert et puisait à même. L'incroyable est que ce sac servait d'oreiller à deux de nos hommes, qui heureusement s'étaient arrangés de façon à ne dormir qu'à tour de rôle.

L'aventure n'ayant rien de tragique, il ne nous restait qu'à rire de la confusion du maraudeur. Quand je dis confusion, le mot n'est pas juste, car une fois rendu à sa respiration, il ne parut ni intimidé ni confus le moins du monde. Sa figure n'exprima que l'indifférence passive orgueilleusement affectée du sauvage qui tombe à la merci de son ennemi. Son mutisme fut complet.

Nous empêchâmes les soldats de le battre, et comme nous n'avions rien à faire de lui, on lui dit qu'il pouvait s'en aller et se dispenser de revenir, recommandation assez superflue. Seulement deux chasseurs firent la plaisanterie d'armer leurs fusils, de sorte que le malheureux ne douta pas qu'en tournant le dos il allait recevoir son compte. Il n'en parut pas plus ému. Il marcha une minute à pas lents, marmottant des mots qui pouvaient être une prière. Quand il vit qu'on perdait du temps sans tirer sur lui, il jugea sagement qu'il n'en avait pas à perdre lui-même : nous le vîmes soudain se jeter à plat ventre et disparaître dans les herbes.

Aïn-Mahdy.

Le lendemain, vers dix heures du matin, nous étions en vue d'Aïn-Mahdy. Nous prîmes aussitôt le trot, laissant nos muletiers en arrière. A une lieue environ du ksar deux cavaliers apparurent à notre gauche; ils s'arrêtèrent un instant et vinrent à nous à fond de train. Nous pensions que c'étaient des émissaires du marabout, qui devait être averti de notre arrivée, et ne pouvait manquer de nous faire accueil. C'était le marabout lui-même, escorté de son chaouch. Il arrêta court son cheval, mit pied à terre prestement, et nous aborda avec un geste de la main d'une exquise politesse. Bien que nous ne connussions pas Sidi-Achmet, il nous fut facile de deviner à son grand air à qui nous avions affaire. Le chaouch avait sauté à terre, et s'était précipité sur la bride du cheval, avec cet empressement exagéré que les hauts dignitaires rencontrent seuls chez leurs serviteurs.

Le marabout.

Sidi-Achmet Tedjini, fils du célèbre Tedjini, est un jeune homme de vingt-deux à vingt-cinq ans, mulâtre de couleur, mais très-Arabe de type. Il est petit, trapu et d'un embonpoint un peu trop développé pour son âge. Il était vêtu avec une grande simplicité, et par la mise se distinguait à peine de son écuyer. Mais au premier coup d'œil il était impossible de se méprendre sur sa haute qualité : jamais personnage ne répondit mieux que lui à l'idée qu'on peut se faire d'un prince à demi barbare. L'œil fier, la lèvre dédaigneuse, la main patricienne, la physionomie altière, ennuyée et blasée, le sourire froid, le geste moitié affable, moitié hautain, un cachet frappant de supériorité sur sa race, une complexion puissante sous des dehors un peu efféminés, tel était ce seigneur que sa couleur me fit trouver un peu étrange au premier abord, et qui, au bout d'un instant, me parut aussi beau que pouvait l'être Othello aux yeux de Desdémone.

Mais, si la distinction héréditaire et la noblesse d'un sang d'élite se lisaient clairement dans ses traits, on aurait cherché en vain sur cette figure le caractère sacerdotal où repose la suprématie de sa famille. Je voyais bien un satrape, un chef militaire, un grand dans toute l'acception du mot, mais il m'était difficile de reconnaître un prélat, un saint dans ce jeune homme martial, ce hardi cavalier portant à la ceinture un long poignard damasquiné et deux pistolets formidables. Nous ne sommes pas habitués à nous représenter ainsi ceux que le Maître de l'Évangile appelait des pasteurs d'hommes, et l'idée d'un évêque français accoutré dans ce style nous paraîtrait complétement absurde. Est-il besoin de rappeler les rapports étroits qui relient chez les musulmans le sentiment religieux et l'esprit guerrier? Nous avions sous les yeux la plus haute expression de cette alliance dans la personne de Sidi-Achmet, plus soldat qu'abbé, et dont l'enfance cependant fut signalée par de nombreux miracles.

Nous sûmes plus tard que le marabout entend le français et le parle même un peu ; mais apparemment il ne voulait pas compromettre sa dignité dans un baragouin pénible, et le chaouch nous servit de truchement. Il nous déclara que nous étions attendus, et que la demeure de Sidi-Achmet était désormais la nôtre.

On monta à cheval. Le marabout prit les devants au galop, et nous le suivîmes dans la direction du ksar dont nous n'étions plus qu'à une portée de fusil.

La ville sainte.

Rien de sombre comme cette ville, dont M. Fromentin donne la plus juste idée en la comparant à Avignon : « Simple analogie d'aspect, dit cet écrivain, et qui consiste dans une ligne de remparts dentelés, une couleur à peu près semblable, d'un brun chaud, un monument qui se voit de loin et couronne avec majesté l'une et l'autre ; mais c'est une sorte d'analogie morale, une physionomie également taciturne ; un air de commandement avec des dispositions de défense, quelque chose de religieux, d'austère ; je ne sais quel même aspect féodal qui participe à la fois de la forteresse et de l'abbaye. » Je cite ces lignes pour ne pas les paraphraser ; elles sont absolument vraies.

Autour des hauts remparts à créneaux, qui m'ont

paru fort endommagés, s'étendent les jardins, non plus comme à Tadjemout, plantureux et semés de palmiers, mais d'apparence chétive, terre à terre, et dépassant à peine leurs enceintes d'un petit bourrelet de verdure. L'absence des palmiers, qui furent tous rasés lors du siége, y fait un vide désolant. Le ksar et le palmier sont frères et semblent assez tristes l'un sans l'autre ; on est habitué à les voir ensemble, et l'imagination les conçoit difficilement séparés. Je me représente Aïn-Mahdy avec son ancienne couronne végétale ; je la vois à travers les fières colonnades de ses oasis, et sa dévastation me touche douloureusement, comme si, de retour dans mon pays, je trouvais mes futaies abattues, mes champs saccagés ; je regrette ces palmiers comme si je les avais vus.

Le manoir.

La seule maison des Tedjini domine un peu la ville. Elle est absolument dépourvue d'élégance et n'offre de saillant qu'un haut quadrilatère percé de rares ouvertures très-petites et grillées : elle tient plus du couvent que du manoir, et ne se distingue guère des autres maisons que par ses dimensions. Derrière, se montre complétement une rangée d'arcades dont la découpure monumentale contraste avec l'austérité des murs qui l'environnent. C'est tout ce qu'on voit de la mosquée avec un dôme surmonté d'une potence en fer où flotte un pavillon blanc. Au sud de l'oasis se montrent quelques coubas, comme on en voit à profusion depuis Alger jusqu'ici. Immédiatement en arrière du ksar se dresse l'énorme massif du Djebel-Amour, vêtu d'alfa de la base au sommet, et sans autres taches sur cette robe d'un vert pâle que les grandes ombres de ses escarpements.

Une espèce de chemin de ronde nous conduisit à une ouverture cintrée du rempart que nous prîmes pour une des portes de la ville. Une sorte de rue s'ouvrait devant nous, et, de chaque côté, des hommes assis ou couchés se levaient successivement et baissaient la tête avec une grande dévotion au passage de Sidi-Achmet. La rue s'étant élargie, je reconnus que nous étions dans une cour; nous avions seulement traversé un quartier du palais seigneurial, palais à coup sûr plus spacieux qu'opulent. Les gens qui formaient la haie n'étaient autres que des clients du marabout : ils ne démentaient pas la fainéantise et l'obséquiosité qui distinguent les serviteurs de bonne maison. Il y avait dans un coin deux voitures, un cabriolet et une calèche, de mode un peu surannée et abandonnés sans housses aux outrages de la poussière et des chiens. La présence de cette carrosserie en un tel lieu, au centre d'un pays où les routes sont à peine tracées, révélait une somptuosité assez princière et poussée aux dernières limites du superflu. J'aurais préféré voir là des litières, des palanquins, des alatiches, meubles plus conformes à la couleur locale que ces deux véhicules infortunés. Nous étions dans une enceinte de hautes murailles, inégales et bizarrement échelonnées. Sur l'une des faces, apparaissait une porte très-haute, largement ogivale, précédée de trois marches d'escalier, et sans autre ornement que deux pierres de taille enchâssées de chaque côté et portant des inscriptions assez longues en belle écriture arabe, sans doute des versets du Coran : c'était l'entrée de la mosquée. Les arcades que nous avions vues de loin se trouvaient sur la face opposée et intérieure, en vertu de la règle arabe, qui réserve toujours le luxe et la décoration pour le dedans.

Sidi-Achmet étant descendu de cheval, nous suivîmes son exemple. Une nuée de domestiques s'empressèrent à tenir nos montures, et il se forma autour de nous un cercle respectueux. Le marabout avait gravi les marches de la mosquée, tandis que son entourage se tenait au pied de l'escalier; et, de cette hauteur, il eut un moment de maintien imposant et superbe. Il promena un regard majestueux sur l'assemblée, donna quelques ordres à demi-voix; puis il prit un de mes compagnons par la main et nous invita à l'accompagner. Nous pénétrâmes ainsi par une étroite ouverture dans le palais.

Le mot palais est un peu fort, et ne m'est inspiré que par le cérémonial dont nous étions honorés. C'est un labyrinthe inextricable d'escaliers montant et descendant, de couloirs obscurs, d'arcades interrompues, de chambres spacieuses et désertes, de logettes, de voûtes élevées, de plafonds écrasants, une véritable ville dans une maison, avec ruelles, impasses, tunnels. Nous pensions entrer dans une salle, nous étions sur une terrasse; nous nous croyions dans une tour, nous étions au rez-de-chaussée. On ne peut pas imaginer une architecture plus fantasque, un lacis de communications plus propre à dérouter les pas, une absence plus complète de toutes les commodités domestiques. Je pensais aux fameux détours du sérail. Avec cela un cachet de vétusté, d'abandon, de négligence, presque de dénûment; des carreaux cassés à toutes les fenêtres, des grilles tordues, des ais disjoints, des cloisons à jour et pas la moindre trace de mobilier. Par-ci par-là, seulement quelques nattes d'alfa, quelques étoffes râpées, et de loin en loin un homme endormi dans ces nobles défroques.

Un certain brouhaha attira notre attention. Nous entrevîmes confusément un essaim de femmes au fond d'une cour à demi plafonnée de vignes. Dans une espèce de guérite, en haut d'une des plates-formes les plus élevées, un taleb, couché de côté et reposé sur son coude droit, écrivait avec une grande rapidité. Absorbé par son travail, il ne leva pas les yeux sur nous. Enfin, Sidi-Achmet nous introduisit dans le salon des hôtes.

Le salon des hôtes.

Cette pièce, dont la splendeur ne m'eût causé ailleurs qu'un médiocre étonnement, me parut, par contraste, de la plus grande magnificence. Son luxe imprévu me transportait comme par magie dans le pays des *Mille et une Nuits*. C'était une salle très-vaste, partagée en deux par une colonnade. Mais colonnes, voûtes, murailles, parquet, plafond, fenêtres, tout disparaissait sous un véritable amoncellement de tapis, de tentures, d'étoffes immenses de soie, de laine, de brocart déployées sur toutes les faces de l'appartement en double et en triple couche. Des pièces repliées dix fois sur elles-mêmes et empilées contre les parois forment d'épais et larges divans, tandis que d'autres, étendues du haut en bas, flottent en belles draperies et font traîner leurs replis en vagues opulentes. Rien de plus oriental, de plus moelleux, de mieux capitonné; il y a là de quoi convertir un ascète aux sensualités de l'Islam. On s'étonne de marcher, de se mouvoir sans produire plus de bruit que si l'on était passé à l'état d'ombre: la voix même devient un murmure étouffé, et la parole se transforme en soupir. Il est impossible d'écarter de soi l'influence de je ne sais quelle atmosphère énervante et voluptueuse, parfumée de morbidesse, de narghilés et de houris.

Par malheur, cette décoration, qui ressemble au premier abord à un songe réalisé, ne résiste pas à l'examen. La France est arrivée jusque-là; c'est assez dire que le style et la couleur y sont atrocement faussés. L'apogée de la discordance que je pressentais devant les voitures est atteinte ici par l'ameublement le plus hétéroclite dont il soit possible de déparer un tel séjour. Mon exaltation en reçut une douche d'eau froide; mais la colère que j'ai d'une illusion sitôt effacée cède devant le plaisant assemblage que j'ai sous les yeux des choses les plus follement disparates. Qu'on juge de la figure que doivent faire là une demi-douzaine de chaises dépareillées, de fauteuils démodés, manchots ou boiteux, une glace de café borgne et sur une table en bois de sapin une nappe étroite toute maculée de sauce. Il faut dire que ce salon est particulièrement affecté aux étrangers européens, et ce mobilier bizarre annonce une louable intention de nous être agréable. Le marabout suppose, sans doute, que cette tapisserie incongrue doit nous aller au cœur. Je suis peut-être mauvais juge pour lui donner tort, moi qui déteste autant mon pays chez les autres que je lui porte de tendresse quand je m'y retrouve.

Notre drogman nous presse de demander ce qui nous fera plaisir, et nous énumère les divers mets qu'il tient à notre disposition. Discrètement nous n'acceptons que le café; un jeune garçon l'apporte aussitôt.

Le Tunisien.

Je remarque avec plaisir la loquacité un peu diffuse du personnage qui nous tient compagnie, bonne mine à renseignements. Nous apprenons tout d'abord qu'il est Tunisien et se nomme Sidi-Mohamet. C'est un blanc d'une quarantaine d'années, aux traits réguliers, à l'air astucieux et patelin, l'air d'un maître flagorneur. Après nous avoir conté son histoire, il s'étend avec complaisance sur les éminentes vertus de son maître, sa puissance, sa richesse, sa générosité.

Bonnes œuvres.

Vous saurez que Sidi-Achmet partage son temps entre la chasse, la prière et l'amour. Il n'a pas fait encore le pèlerinage. C'est un tireur remarquable, un cavalier passionné, fatiguant jusqu'à trois chevaux par jour. Il a de fort belles femmes, cela va sans dire, et que nous ne verrons pas, cela est encore plus certain : des blanches, des noires et de nuances intermédiaires; il n'est pas moins très-dévot, très-aimé de Dieu. Sa fortune, qui a sa source dans les dons des riches croyants et dans un gros patrimoine, va tout entière aux bonnes œuvres. Ceci est réellement très-beau et très-touchant. La demeure du marabout est ouverte à tout venant; le voyageur y trouve un abri assuré et la nourriture pendant tout le temps qu'il lui plaît d'y rester; il peut s'y installer pour le restant de ses jours; jamais le marabout n'a chassé personne. Celui qui reste fait partie de la maison et s'emploie suivant ses moyens. On ne contrôle jamais la moralité de l'hôte; on ne lui demande ni son nom ni sa croyance. Il arrive à l'heure des repas et reçoit sa part.

S'il est riche, ses dons sont acceptés ; s'il est pauvre, il n'est pas moins fêté. Sidi-Achmet a été aux trois quarts ruiné par la famine de l'année dernière, mais pas un malheureux n'a frappé en vain à sa porte. Encore aujourd'hui, il distribue de vingt-cinq à trente mesures d'orge par jour, autant de farine et huit ou dix moutons, sans parler des légumes et des fruits. Cela rappelle nos grands monastères d'autrefois.

Le jeune marabout est très-attaché à la France, alliance précieuse que nous ménageons beaucoup. Aussi a-t-il gardé sur son fief une autorité que nous n'avons laissée à aucun autre chef arabe : il est roi de Aïn-Mahdy et pape du Sahara. Il entretient une troupe armée formée de nègres fantassins et d'une petite makhzen de douze ou quinze cavaliers, qui composent sa garde personnelle. Sa maison est un monde où chaque agent, serviteur, client, commensal ou soldat est renforcé d'une famille complète, souvent d'une petite smala. Tout ce personnel peu occupé vit dans un ordre parfait, grâce à une discipline sévère, mais nullement tracassière. Gobergez-vous, faites la sieste, priez, mais vivez en paix. Rien de plus funeste que ce régime patriarcal et humain ; c'est le plus bel encouragement à la fainéantise ; mais dans ce pays le travail et l'activité sont des nonsens et n'ont point de raison d'être. Il ne faut pas voir cela avec nos yeux. Sidi-Achmet, qui en un jour fait plus de bien et répand plus d'aumônes que dix de nos saints en toute leur existence, a des dehors rudes et ne rehausse ses charités d'aucune émotion sympathique. Il donne et donne sans cesse comme un intendant qui ferait emploi du bien d'autrui ; sans doute il se regarde comme l'intendant du ciel. Il parle peu et ne se départ jamais d'une froideur marmoréenne. Cependant il est bon. Le drogman insiste sur ce point, comme pour nous faire comprendre que son maître est meilleur qu'il n'en a l'air. Mais si je crois au bon cœur du marabout, je crois encore plus à sa piété. Il est extrêmement sévère pour les fautes commises par les siens, et quand des voleurs arrivent du Djebel-Amour, il les fait tirer comme des loups.

Le tombeau de Tedjini.

Le Tunisien nous propose de visiter l'intérieur de la mosquée, en attendant nos bagages, ce qui nous agrée fort. Sur le parvis du temple, je demande à notre guide s'il est nécessaire que nous ôtions nos chaussures. « Pas besoin », me répond-il avec un sourire assez fin accompagné d'un mouvement d'épaules qui signifie clairement : « Allons donc ! entre nous esprits forts... »

Nous entrons dans une salle rectangulaire d'une élégance toute relative; elle ne surpasse pas le luxe des mosquées d'Alger et ne réalise aucune des magnificences qu'on s'attend à rencontrer en un tel lieu, dans une ville sacro-sainte. Toutefois elle a sa beauté, sa richesse solide en broderies d'or, en étoffes magnifiques, et, par-dessus tout, un caractère religieux qui saisit l'âme. C'est une œuvre de foi, sincère, émue, où des cœurs simples, des mains ignorantes ont déployé toutes les ressources d'un art naïf, mais attendri. Elle est parée comme une chapelle de nonnes ; les murs sont pavoisés d'étendards, d'oriflammes de toutes couleurs, laissant à peine à découvert quelques placages de faïences en mosaïques. Le sol est dallé. Au milieu est le tombeau de Tedjini, grand catafalque de forme cubique recouvert d'une immense pièce de brocart à ganses et franges d'or. La lumière vient du haut par des trèfles charmants et traverse des vitraux. Rien de doux, de chatoyant et en même temps de recueilli comme cette pieuse enceinte, qui tient à la fois du sépulcre et de l'église italienne, de la vie rayonnante et de la mort. Il semble que l'âme du saint endormi fait planer là, parmi les emblèmes du trépas, le sourire des béatitudes spéciales qui sont devenues son lot dans l'éternité.

Le camp d'Abd-el-Kader.

On nous annonce que nos muletiers arrivent. Nous décidons que nous camperons hors de la ville, malgré l'insistance du drogman, très-étonné de nous voir décliner les délices de son salon panaché. Sidi-Achmet, averti de notre intention, paraît dans la cour et monte à cheval comme nous; il veut nous installer lui-même. Des hommes sont envoyés pour conduire les muletiers au lieu où nous nous rendons.

C'est une deuxième oasis complétement séparée de la première, et formée d'une vaste enceinte de murailles couronnées de ronces. Derrière les cimes des abricotiers apparaît le sommet d'une tente surmontée d'une sphère en cuivre et d'un croissant; c'est l'habitation ordinaire du marabout, qui préfère justement ses jardins au morne séjour du palais. Il a là ses femmes, ses gardes, ses chevaux et tout son train familier. Une seule porte, soigneusement close, donne accès dans cet asile. Le drogman nous apprend que ces jardins ont été élevés sur l'emplacement jadis aride où campa la cavalerie d'Abd-el-Kader. Nous pensions pénétrer derrière ces murs, mais Sidi-Achmet nous arrêta au dehors dans un jardin abandonné ceint de vieux parapets ébréchés et adossé à la petite oasis. Nous étions là très-protégés, mais relégués hors de la zone intime où pouvait s'exercer notre indiscrétion. L'*aïn* ou ruisseau traversait gaiement notre camp; nos chevaux y avaient à brouter une herbe succulente.

Le marabout, la politesse accomplie, nous quitta. Le drogman partit aussi. Il revint une heure après suivi par des Arabes qui portaient des fruits, des pastèques, des melons et un quartier de mouton; le tout fut remis à notre cuisinier. Sidi-Mohamet nous dit que nous n'avions pas à nous occuper de notre nourriture de tout le temps que nous serions à Aïn-Mahdy, pas plus pour nos hommes que pour nous, et que cela le regardait. A l'heure du dîner, il reparut avec un plat gigantesque de couscouss. Il accepta de manger avec nous, but du vin et de l'eau-de-vie, et nous fatigua de son babil intarissable. Nous lui demandâmes s'il nous serait possible de pénétrer dans le Djebel-Amour et d'aller au moins jusqu'à El-Richa. Il nous dit que rien n'était plus facile; qu'il y avait beaucoup de voleurs dans le pays, mais que Sidi-Achmet nous donnerait une escorte et des recommandations suffisantes pour assurer notre sécurité.

Quand la nuit fut venue, un certain mouvement se produisit autour de nous. Il arriva des gens armés de fusils, au nombre d'une quinzaine. Un Arabe bien vêtu, sans doute un officier du marabout, assembla ses hommes, les inspecta, et lui-même les disposa en faction par groupes de deux autour de notre biwac; il parut leur donner une consigne et s'éloigna. Au bout d'un instant, nos sentinelles couchées dans leurs burnouss parurent plongées dans le plus profond sommeil; mais nous savions comment dort l'Arabe, et nous sentant si bien gardés, nous passâmes une nuit excellente.

Le lendemain, au lever du soleil, une salve que nous pouvions attribuer à des canons, célébrait de la façon la plus flatteuse notre présence à Aïn-Mahdy.

La ville.

Visité Aïn-Mahdy. Peu de différence avec les autres ksours. Il me semble découvrir une sorte de classe bourgeoise qui n'existe pas à Tadjemout. On voit des gens bien mis, à l'air noble, ce que nous appellerions des messieurs. Tous nous saluent. Nous n'excitons qu'une médiocre curiosité, bien que nous ayons mis nos uniformes pour reconnaître les honneurs publics qu'on nous a rendus au réveil. Les femmes se cachent à notre approche, et nous observent seulement par les portes entre-bâillées et du haut des terrasses. Des enfants, partagés entre la curiosité et une sauvagerie amusante, nous fuient en tenant les yeux fixés sur nous; ils s'appellent et s'avertissent de loin de notre passage : « *Chouf, chouf, roumi!* »

Nous avons demandé à Mohamet pourquoi les rues étaient si sales. Comment un seigneur puissant, magnifique comme le marabout, ne tenait-il pas la main à ces détails de voirie pour l'honneur de sa capitale, autant que par mesure de salubrité? En voici la raison singulière : il paraît que les gens d'Aïn-Mahdy sont très-indisciplinés et se livrent à une très-vive opposition contre leur suzerain; ils sont gâtés par ses bontés; tous lui doivent de l'argent, et, suivant la pente naturelle, ils oublient le bienfaiteur pour ne plus voir que le créancier; à tout propos, ils crient à la tyrannie; ce que voyant, Sidi-Achmet, qui aime la tranquillité, a fini par ne plus s'occuper d'eux et les abandonne à leur incurie native. Depuis plusieurs années, il n'est pas entré dans la ville une seule fois.

Le Djebel-Amour. — Le Foum-Reddad.

Sidi-Achmet nous fait dire que si nous voulons attendre au surlendemain, il nous accompagnera lui-même à El-Richa. Le Tunisien qui nous apporte la nouvelle doit être aussi de la partie. Comme nos chevaux sont reposés, nous pourrons aller et revenir en deux jours. C'est autant qu'il en faut, si nous en jugeons par l'énorme embarras où nous sommes ici pour passer le temps. Ces pays se voient d'un coup d'œil; ils portent l'admiration et l'étonnement à un degré remarquable; mais l'examen subtil et soutenu ne leur est pas profitable. La vie des Arabes, leurs établissements n'ont pas, comme le monde européen, mille côtés où l'on peut les étudier. Au premier abord on a tout découvert, tout appris. Le Sahara ne varie jamais d'aspects; c'est peut-être là le secret de sa beauté. Nous n'avons plus de grandes surprises à attendre après Aïn-Mahdy, pur type des ksours, et Tadjemout, modèle des oasis. Il reste pourtant la montagne.

Nous partons le jour indiqué, en assez brillant équipage. Le marabout emmène deux noirs d'escorte outre le Tunisien et un personnage nommé Ben-Sabir, qui a été officier de spahis au Sénégal et parle français comme nous. Avec nos ordonnances et les muletiers arabes, nous sommes en tout quatorze. Quatorze hommes résolus, en Algérie, peuvent tenter avec beaucoup de chances favorables, d'aller partout, le pays fût-il en guerre.

On ne pénètre pas dans le Djebel-Amour par le premier endroit venu. Nos colonnes du Sud, communiquant de Laghouat à Géryville, ont tracé à travers l'alfa une route, ou plutôt une piste que les Arabes seuls peuvent éluder en prenant par des sentiers vertigineux. Ce chemin nous oblige à dévier fortement vers le midi jusqu'au col de Foum-Reddad, seule ouverture praticable du massif.

Au moment où nous allons nous engager dans ce défilé, Sidi-Achmet, qui n'a pas encore desserré les dents, nous salue d'une fantasia qu'il exécute de concert avec sa suite : il éclipse ses serviteurs par son audace, son entrain, l'excellence de son cheval, magnifique barbe, de robe café au lait, qui fut monté par le vénérable Tedjini lui-même. Sidi-Achmet répond de plus en plus à l'impression qu'il m'a causée : c'est un chef intrépide, bouillant, fait pour imposer son autorité de fer à des hommes rudes et violents. Mais, la fantasia terminée, il nous apparaît sous un jour tout nouveau. Il s'approche de nous, commence par s'excuser de son ignorance de notre langue, nous donnant pour raison qu'il a bien rarement occasion de la parler. Il sourit, nous écoute avec complaisance, s'efforce de plaisanter, met tout à fait de côté ses grands airs, et devient aussi aimable et bon enfant que possible. L'expression hautaine et ennuyée de sa physionomie fait place aux manifestations d'un contentement joyeux plein de jeunesse et d'expansion. Ainsi doivent être les princes quand ils peuvent descendre de leur piédestal importun et mettre leur haute dignité dans leur poche. J'avoue que ce pontife de vingt ans m'avait plu modérément jusqu'alors ; sa magnificence, pour nous fort médiocre, ne pouvait me toucher. Je n'aime pas ces fiertés imposantes où ne perce rien d'humain. En le voyant rire sans retenue comme un enfant qui s'émancipe, je commence à croire à sa réelle bonté. Or, si ce jeune homme, qui sème le bien à pleines mains et n'a, pour ainsi dire, d'autre profession que la charité, apporte à ce devoir quelque élan naturel du cœur, cherchez une vertu comparable. Nos mœurs ne comportent et ne produisent rien de pareil.

Nous retrouvons à l'entrée du Foum-Reddad un genre de végétation que nous avons complétement perdu de vue depuis le Rocher de Sel, c'est-à-dire des bois. Au lieu des arêtes vives et tranchées des montagnes de Laghouat, nous avons sous les yeux des rochers droits, couverts au sommet d'une croûte d'humus où croissent les bouleaux, les pins, les chênes verts, tandis qu'à leur pied et sur leurs flancs se montrent des figuiers, des tamarins et des lauriers-roses. La rivière, qui est absorbée en entrant dans la plaine, égaye la vallée d'un mince filet d'eau que nous traversons plusieurs fois.

Les sites varient à chaque tournant ; ce sont des sites de montagne qui nous transportent très-loin du Sahara si voisin. A un certain endroit se dresse une falaise à pic de plus de cinquante pieds. Les eaux, en coulant le long de cette muraille, y ont creusé de profonds sillons; le soleil frappe obliquement sur ces fûts gigantesques qui ressemblent au portique d'un temple grec. Sur un piton très-élevé, couronné d'une épaisse chevelure de chênes, tourbillonne un gros nuage : ce sont des pigeons; l'ombre de cette phalange court sur le sable argenté, et pendant quelques minutes nous enveloppe; le guano pleut sur nos têtes.

El-Richa.

Nous quittons l'Oued-Djeddad pour suivre un de ses affluents. Nous remontons insensiblement par un chemin très-escarpé jusqu'à un plateau couvert d'alfa. La nature saharienne reparaît avec cette nappe d'un vert grisâtre, mouchetée de rares bétoums. Nous atteignons l'Oued-Richa qui coule sur un plan inférieur; son lit sinistre est barricadé par des blocs prismatiques de calcaire blanc surchauffés au point que le contact en est à peine tolérable. Les deux lieues que nous faisons dans ce fond encaissé peuvent compter pour ce que les soldats appellent une suée.

On nous montre enfin El-Richa (ou El-Ghika) du haut d'une plate-forme rocailleuse. C'est un ksar assez semblable aux autres. Les jardins sont à part, au lieu de former ceinture; ils s'étendent au nord, enfourchant l'Oued-Mza, qui porte ici le nom d'Oued-Reicha. Le gros du village s'élève sur un tronc de cône isolé; mais on voit que les maisons nouvelles tendent à se rapprocher des jardins : le quartier haut paraît être plutôt un retranchement éventuel que le séjour normal de la population; du moins, des tentes et des gourbis en grand nombre nous montrent que les habitants connaissent les douceurs de la villégiature. Il n'y a pas un seul dattier dans l'oasis.

Enthousiasme.

Les El-Richiens accourent au-devant de nous. C'est quelque chose que d'accompagner un marabout comme Tedjini. Alexandre, à son entrée dans Babylone, ne reçut pas plus d'honneurs que le sultan d'Aïn-Mahdy. Ce ne sont qu'acclamations, cris de joie et d'enthousiasme, génuflexions, bras levés au ciel en signe d'allégresse. Des hommes viennent baiser ses bottes, d'autres s'agenouillent sur ses traces et embrassent les empreintes de son cheval. Sanctifiés par une si auguste compagnie, on nous baise aussi. Je n'ai jamais vu plus grande liesse chez des gens d'habitude peu démonstratifs, ni une effervescence plus passionnée. Arrive le caïd à cheval. C'est un homme superbe : il porte une veste de soie rouge, brodée d'or, un burnouss blanc très-fin et un noir par-dessus ; son harnachement est de la plus grande richesse ; à l'arçon de sa selle est attaché un fusil de troupe français, d'ailleurs fort propre. Nous mettons pied à terre. Les transports redoublent : chacun veut toucher notre trop vénéré compagnon, qui se prête à ces témoignages d'amour avec une mansuétude remarquable : la chose a pour lui de bonnes et de mauvaises chances. Ainsi, les femmes, qui ne sont pas tièdes, se précipitent littéralement sur lui ; il y en a de fort jolies ; et le gaillard se laisse embrasser avec une componction que désavouent les regards les plus galants. Mais les vieilles s'en mêlent aussi, et il faut se montrer bon prince.

Sidi-Achmet est emmené par le caïd. La foule se précipite à leur suite, et nous laisse procéder à l'aise à notre installation. Mais nous ne sommes pas abandonnés ; on nous apporte presque aussitôt une djebira garnie de fruits et de gâteaux de safran.

Le café.

Notre collation est à peine terminée, lorsque l'on vient nous inviter de la part du marabout à l'aller rejoindre pour prendre le café. On nous conduit à travers le ksar, qui est beaucoup plus propre que Aïn-Mahdy. Les femmes que nous rencontrons portent le costume du Djebel-Amour : turban à torsade, ceinture épaisse, chemise fendue sur la hanche ; quelques-unes ont des gandouras faites d'une affreuse cotonnade peinte qui doit être fabriquée à Mulhouse. O France ! que me veux-tu ? L'émissaire qui nous accompagne nous introduit dans une des plus belles maisons du village. Une vieille femme nous reçoit sur le seuil, première surprise, tandis que le Tunisien, qui guettait notre arrivée, expulse à coups de pied le peuple que nous traînons à nos trousses.

Ben-Sabir. — La Circassie arabe.

Nous trouvons réunis à l'intérieur Sidi-Achmet, le caïd, le Tunisien, Ben-Sabir et divers notables de l'endroit. Nous prenons place parmi ces graves personnes, persuadés que nous recevons l'hospitalité de quelque bourgeois considérable.

« Sais-tu où tu es ? me dit Ben-Sabir.

— Sans doute chez quelqu'un de ces seigneurs ? »

Il se mit à rire.

« Il y a beaucoup de femmes dans cette maison, dit-il, et point de maris. Comprends-tu ? »

J'ouvrais de grands yeux. Ce renseignement renversait mes idées sur les mœurs arabes si chatouilleuses en matière de femmes et de vie privée.

« Nous sommes dans le Djebel-Amour, reprit Ben-Sabir. Tu sais que ce pays fournit des danseuses à tout le Sud ; c'est notre Circassie. Les femmes de ces montagnes trafiquent de leur beauté ; c'est reçu. De bonne heure, les jeunes filles quittent leurs parents pour aller voyager : personne n'y voit de mal. Celles qui restent s'associent et font l'ornement de certaines hôtelleries, dans le genre de celle où nous sommes. Ces maisons sont très-fréquentées ; le voyageur s'y délasse en prenant le couscouss ou le café, en fumant le kief qui lui sont apportés par des mains aimables; s'il est d'humeur galante, il peut essayer de plaire ; et quelque genre d'hospitalité qu'il ait reçu, il paye à sa discrétion. El-Richa est une bonne ville !

— Parbleu ! dis-je, tu me dépeins là tout simplement un lieu suspect. Est-ce à dire que toutes les filles de ce pays exercent une pareille industrie ?

— Toutes, ou peu s'en faut. Si tu veux, je te mènerai dans cinq ou six maisons voisines : elles ressemblent à celles-ci. Mais ne crois pas que les femmes que tu vois soient des drôlesses qu'il faille traiter comme on en use ailleurs avec cette engeance ; elles sont très-considérées : la plupart appartiennent à de bonnes familles qui ne se croient pas déshonorées. Il est d'usage de se conduire poliment chez elles, et de leur montrer des égards. Lorsqu'elles veulent se marier, elles ne sont pas dans l'embarras, d'autant qu'elles s'amassent un peu d'argent. Un honnête croyant qui veut entrer en ménage n'hésite pas à venir ici faire son choix.

— Et une fois mariées?

— Ah! alors, c'est bien différent. Mais on se marie peu à El-Richa. La plupart des enfants ne connaissent que leur mère ; mais ils sont soignés.

— Et élevés dans de jolis exemples!

— Il est certain que la montagne nous envoie beaucoup de voleurs. »

Mœurs bizarres.

Plusieurs femmes étaient entrées successivement, en général jeunes et passablement jolies; elles me rappelaient traits pour traits les Ouled-Naïl de Boghari : mêmes surcharges d'ornements, mêmes tatouages, même physionomie passive, fade, platement sensuelle. Elles remplissaient en conscience leur métier de courtisanes et distribuaient de tous côtés des œillades foudroyantes. Sidi-Achmet était particulièrement l'objet de ces agaceries chargées à mitraille. Ma stupéfaction était complète. Le pieux marabout, sans se départir d'un maintien fort digne, ne dédaignait ni de sourire ni de caresser le menton de ces houris, qui recevaient ces menus hommages comme autant de bénédictions. Je pensais aux moines de Rabelais. Ce mélange de sacré et de profane, de sainteté et de gaudriole confondait mes vieilles notions de morale ; mais quelque chose de sincère et d'inconscient tempérait la crudité de cette scène. Évidemment mes deux camarades et moi en étions seuls blessés. Sidi-Achmet ne pensait guère déroger ni enfreindre aucune règle de bienséance. Une très-jolie fille, qui se nommait Kréra, s'assit près de lui, témoignant assez de l'honneur et de la joie qu'elle ressentait d'avoir obtenu son attention ; elle attachait sur lui ses grands yeux extasiés et savourait la conversation sans se permettre d'élever la voix.

Ces dames buvaient avec nous le café, qui était bon et dégagé de son marc. L'entretien fut enjoué, mais sans animation.

« Eh quoi ! dis-je à demi-voix à Ben-Sabir, ton maître n'a donc pas honte d'être ainsi ? Est-ce là la place d'un aussi saint personnage ?

— Où est le mal? fit le spahi. Le Prophète n'interdit pas aux croyants la société des femmes. Sidi-Achmet est un juste; ce que tu lui vois faire est bien fait. »

Au bout d'une demi-heure, nous quittâmes cette société qui avait besoin de sa forte dose de couleur locale pour éveiller autre chose en nous que la répugnance. Mohamet insista beaucoup pour nous présenter dans une maison voisine où nous eûmes la répétition des mêmes incidents. Le Tunisien remit des présents à une jeune fille, et Ben-Sabir m'assura qu'il pouvait bien y avoir du mariage là-dessous. Bon gré, mal gré, il fallut encore visiter trois ou quatre harems du même genre. Nous étions édifiés sur la ville d'El-Richa : le spahi ne m'avait pas menti. Voilà un drôle de pays. Qui croirait la religion musulmane compatible avec le mormonisme, cette promiscuité naïve? Pourtant, si l'on réfléchit, il n'y a là rien d'étonnant : la femme, qui n'est rien aux yeux de ce peuple, peut être, suivant telles circonstances, une marchandise qui traîne ou une denrée de luxe ; de toutes façons sa valeur morale n'est pas en cause, et son avilissement est complet.

Nous avons hâte d'aller dîner et prendre quelque repos. Nous laissons nos amis d'Aïn-Mahdy poursuivre le cours de leurs faciles bonnes fortunes. Une diffa à grand orchestre nous attend au biwac. En notre absence on a eu pour nous les attentions et les prévenances les plus délicates : nous trouvons nos tentes matelassées de tapis, nos chevaux gorgés de grain et plongés jusqu'au ventre dans la litière. Une garde veille déjà autour du camp, et les sentinelles nous saluent au passage.

Nuit fort calme, — troublée seulement par quelques détonations éloignées, auxquelles nous ne prenons pas garde, voyant le calme de nos factionnaires. — Le lendemain matin, Ben-Sabir vient nous raconter les nouvelles, et, entre autres, une mésaventure arrivée au galant Tunisien. Sidi-Mohamet était retourné chez sa belle, muni de nouveaux cadeaux : tout lui faisait espérer l'accueil le plus tendre; mais la volage avait, paraît-il, donné tort à l'absent, et laissé son cœur parler pour un autre. Notre amoureux fut reçu seulement à la porte; réduit à rôder autour du palais de sa Dulcinée, il reçut tout à coup deux ou trois coups de fusil à poudre dans les jambes. C'était la fusillade que nous avions entendue. Il déguerpit et fut relancé dans sa fuite par ses heureux rivaux, qui le criblèrent de horions. L'infortuné drogman arrive au moment où nous finissons d'apprendre son équipée nocturne. Il a un œil assez endommagé, et sa déconfiture se trahit malgré lui sous ses airs habituels de gracioso.

Excursions.

Nous allons visiter les jardins à l'aventure, suivant ma méthode. Les murs en sont bas, faciles à enjamber; mais si c'est facile, ce n'est pas prudent. A notre première tentative d'escalade, un grand coquin accourt sur nous, le bâton levé. Voilà un accueil qui contraste avec les ovations publiques de la veille. Nous sommes mal tombés : cet homme est quelque socialiste en délicatesse avec l'autorité. Plus loin, j'essaye de causer avec un gamin perché sur un parapet; il m'écoute et me considère avec une stupéfaction profonde; tout à coup il part d'un éclat de rire franc et sonore, se tord, se tient les côtes; son inextinguible gaieté se rallume chaque fois qu'il lève les yeux sur moi : c'est évidemment ma personne qui a le privilége de le divertir ; je cherche ce que je puis avoir de si comique : je m'aperçois que j'ai gardé mon lorgnon pour lui parler. Ris, cher enfant, il y a de quoi ! Nous entrons dans le lit de la rivière, qui est rempli de tentes brunes. Les chiens jappent avec fureur, les enfants accourent, les femmes se cachent ; notre passage produit une révolution. Tout le monde nous montre une sympathie douteuse. Cependant un homme nous appelle et nous offre des figues. Le malheur rend-il plus doux ? Il nous montre son fils qui tousse et tremble la fièvre, et sa femme penchée sur le petit moribond. Près d'une zaouïa en ruine, nous trouvons de gros pans de mur cimentés, qui peuvent bien dater des Romains comme Ben-Sabir nous l'a assuré ; Ben-Sabir connaît l'histoire.

Un édifice moins ancien, c'est l'ex-bureau arabe ; il n'en vaut guère mieux. J'ai déjà signalé l'art des indigènes à transformer nos constructions en bouges infects. Voici un échantillon réussi de leur talent. Les fenêtres ont été bouchées ; le salon est habité par des bourricots, l'écurie sert de cuisine. C'est bien fait : ce toit idiot n'avait que faire ici.

Rentrée à Aïn-Mahdy.

Retour. — El-Aoueta.

Retour à Laghouat par El-Aoueta.

Ce ksar, perché sur son kef chauve et grisâtre, nous rappelle les aspects dolents de Tadjemout. Mais il n'y a pas de tristesse qui résiste au palmier. Nous passons une journée gaie sous ce cher ombrage. Le caïd nous reçoit sans luxe, mais avec un empressement plein de déférence, dont nous sommes presque embarrassés. Le brave homme ne paraît pas riche ni très-puissant; lui-même à coups de pied chasse les polissons qui viennent nous examiner de trop près. La diffa est plus copieuse que choisie. Nous fournissons le café, car le village n'en possède pas, non plus que de tabac. Ni café, ni tabac! Comme cet Orient ressemble peu à celui qu'on rêve! Je me demande ce qu'il y a à El-Aouela; je ne vois ni chevaux, ni ânes, ni bestiaux; point de marchands; point d'ustensiles de table; je n'en finirais pas à énumérer tout ce qu'il n'y a pas! Jamais lambeau de société humaine ne m'a paru réduit à une plus simple expression. Il ne manque aux habitants que d'aller nus pour qu'on se croie tout à fait dans une tribu sauvage; ils sont vêtus, mais de quelles guenilles! Nous leur laissons le restant de nos provisions, que la munificence de Sidi-Achmet nous a forcés d'épargner, et nous partons au milieu des bénédictions générales portées au comble par la distribution de toute notre monnaie.

On nous apprend à notre retour que l'escadron va retourner dans le Tell.

Je regretterai ce pays du Sud. Je ne voudrais, je ne pourrais l'habiter éternellement: il n'est pas fait pour nous; mais je l'aimerai toujours. Sa poétique image, dût-elle s'effacer de ma mémoire, restera dans mon cœur comme s'y gravent les pures contemplations, en traits inaltérables et toujours plus doux à mesure que la distance et le temps y ajoutent les mélancolies du souvenir. Alors il m'apparaîtra comme ces collines indécises que je passai de longues heures à contempler tout au bout du Ras-el-Aïoun, à demi noyées dans une poudre lumineuse, et reflétant à leurs sommets toutes les incandescences du ciel saharien sur le fond empourpré du couchant.

Blida. — Février 1869.

Qui l'eût dit? A peine sommes-nous de retour, et nous apprenons qu'un nouveau souffle de guerre vient de passer sur les ksours énervés et mourants. Une page sanglante s'est ajoutée aux annales d'Aïn-Mahdy, la bonne ville peuplée de gens si doux que nous venons de visiter si commodément en touristes. Je vois encore ces hommes paisibles et souriants empressés à nous saluer : j'aurais cru que ce peuple n'aurait plus d'histoire, désormais le seul bonheur qui lui semble réservé. Mais la poudre a parlé. La bourgade docile, arrachée à sa léthargie, a-t-elle oublié son impuissance, s'est-elle rappelé le beau temps des aventures pour nous montrer ce qui couve encore de flammes sous ces cendres lamentables? Rien de cela.

Le ramadan finissait. C'est le moment préféré des Arabes pour la guerre sainte : leur fanatisme, retrempé dans le jeûne et la prière, ne connait alors ni obstacles ni dangers. La famille de Si-Lalla, réfugiée depuis 1864 à Figuig avec une partie des Ouled-Sidi-Cheik, arrive inopinément sur nos lignes. Si-Hamza est mort, mais son frère Kadour a juré aussi haine au nom français. Il a mis quatre ans à se refaire de nos razzias; il a réuni trois mille cavaliers, cinq ou six cents fantassins, recrutés un peu partout, parmi les affamés du désert, les nomades avides de pillage, les croyants exaltés. Les ksours alliés à la France tremblent au passage de cette horde; tous se rendent et fournissent à Si-Kadour des renforts et des vivres.

férence, dont nous sommes presque embarrassés. Le brave homme ne paraît pas riche ni très-puissant; lui-même à coups de pied chasse les polissons qui viennent nous examiner de trop près. La diffa est plus copieuse que choisie. Nous fournissons le café, car le village n'en possède pas, non plus que de tabac. Ni café, ni tabac ! Comme cet Orient ressemble peu à celui qu'on rêve ! Je me demande ce qu'il y a à El-Aouela ; je ne vois ni chevaux, ni ânes, ni bestiaux; point de marchands; point d'ustensiles de table ; je n'en finirais pas à énumérer tout ce qu'il n'y a pas ! Jamais lambeau de société humaine ne m'a paru réduit à une plus simple expression. Il ne manque aux habitants que d'aller nus pour qu'on se croie tout à fait dans une tribu sauvage; ils sont vêtus, mais de quelles guenilles! Nous leur laissons le restant de nos provisions, que la munificence de Sidi-Achmet nous a forcés d'épargner, et nous partons au milieu des bénédictions générales portées au comble par la distribution de toute notre monnaie.

On nous apprend à notre retour que l'escadron va retourner dans le Tell.

Je regretterai ce pays du Sud. Je ne voudrais, je ne pourrais l'habiter éternellement : il n'est pas fait pour nous; mais je l'aimerai toujours. Sa poétique image, dût-elle s'effacer de ma mémoire, restera dans mon cœur comme s'y gravent les pures contemplations, en traits inaltérables et toujours plus doux à mesure que la distance et le temps y ajoutent les mélancolies du souvenir. Alors il m'apparaîtra comme ces collines indécises que je passai de longues heures à contempler tout au bout du Ras-el-Aïoun, à demi noyées dans une poudre lumineuse, et reflétant à leurs sommets toutes les incandescences du ciel saharien sur le fond empourpré du couchant.

Blida. — Février 1869.

Qui l'eût dit? A peine sommes-nous de retour, et nous apprenons qu'un nouveau souffle de guerre vient de passer sur les ksours énervés et mourants. Une page sanglante s'est ajoutée aux annales d'Aïn-Mahdy, la bonne ville peuplée de gens si doux que nous venons de visiter si commodément en touristes. Je vois encore ces hommes paisibles et souriants empressés à nous saluer : j'aurais cru que ce peuple n'aurait plus d'histoire, désormais le seul bonheur qui lui semble réservé. Mais la poudre a parlé. La bourgade docile, arrachée à sa léthargie, a-t-elle oublié son impuissance, s'est-elle rappelé le beau temps des aventures pour nous montrer ce qui couve encore de flammes sous ces cendres lamentables? Rien de cela.

Le ramadan finissait. C'est le moment préféré des Arabes pour la guerre sainte : leur fanatisme, retrempé dans le jeûne et la prière, ne connait alors ni obstacles ni dangers. La famille de Si-Lalla, réfugiée depuis 1864 à Figuig avec une partie des Ouled-Sidi-Cheik, arrive inopinément sur nos lignes. Si-Hamza est mort, mais son frère Kadour a juré aussi haine au nom français. Il a mis quatre ans à se refaire de nos razzias; il a réuni trois mille cavaliers, cinq ou six cents fantassins, recrutés un peu partout, parmi les affamés du désert, les nomades avides de pillage, les croyants exaltés. Les ksours alliés à la France tremblent au passage de cette horde; tous se rendent et fournissent à Si-Kadour des renforts et des vivres.

La bande arrive à Aïn-Mahdy et somme le marabout de se rendre. Il résiste ; sa fidélité est mise à une cruelle épreuve : peut-il, lui, le saint du Sahara, refuser son concours à la sainte entreprise? Mais se rendre, c'est nous trahir, c'est courir au-devant d'une déchéance, d'un châtiment assuré. Il nous connaît trop pour douter du succès de nos armes. Cependant il est entraîné par sa population qui ne l'aime pas et lui fait sourdement un crime de ses bonnes dispositions pour nous : est-il musulman, est-il roumi? Peut-il hésiter entre ses frères, son église, et l'étranger, l'infidèle? D'ailleurs, il peut croire l'issue de cette guerre au moins douteuse : il a sous les yeux une armée véritable, en état de se mesurer avec nos forces. Il ne dispose que de quelques bras amollis; ses soldats sont des bourgeois dévots déjà saisis de terreur et soucieux avant tout de s'épargner le sac de la ville. Il a bien l'exemple de son père, qui s'était retranché si solidement derrière ses murs gothiques et avait résisté quatre mois aux canons d'Abd-el-Kader; sans doute il vaudrait mieux tenter d'en faire autant en présence de ces cohortes désordonnées; mais le peuple est pressant : Sidi-Achmet se voit menacé d'être abandonné, livré, immolé peut-être; il ouvre ses portes. Une partie de sa milice est embauchée par Si-Kadour.

Combat.

La colonne de Laghouat, commandée par le colonel de Sonis, accourt et arrive par Tadjemout à une lieue d'Aïn-Mahdy. Elle ne se compose que de sept cents hommes, dont cent cinquante cavaliers; mais elle a deux pièces de montagne. Les dissidents, qui pouvaient nous tenir fort longtemps en échec, en s'enfermant dans la ville, ont la folle audace de prendre l'offensive contre cette petite armée serrée, qui tient si peu de place comparée à leur cavalerie échevelée; ils pensent l'écraser à la première charge. Les chefs massent leur goum innombrable entre deux hauteurs sur lesquelles s'assemble leur infanterie. Le colonel de Sonis se met tout simplement en face, et forme un seul carré. Les chevaux sont au milieu; les cavaliers, à pied, combattent sur les faces. Tous nos soldats sont armés de chassepots. La cavalerie arabe se précipite sur le carré avec un élan superbe; elle est reçue par les chassepots et des volées de boîtes à balles; elle tourbillonne autour de ce mur foudroyant dont elle ne peut s'approcher assez pour y loger ses balles. Notre feu ne ralentit pas et fait un ravage effroyable dans cette masse confuse qui présente une surface de plus en plus étendue : c'est une véritable moisson d'Arabes. On sait comment leurs cavaliers combattent; leur procédé ne diffère pas de la fantasia : ils s'élancent sur l'ennemi isolément ou par groupes, s'approchent plus ou moins, suivant leur bravoure, lâchent leur coup de fusil et rejoignent le tas. Ici aucun ne peut arriver à plus de deux cents mètres de nos rangs sans rouler dans la poussière. Nos armes à longue portée ont désormais rendu ce jeu puéril. La mitraille et les balles creusent d'affreux sillons dans la profondeur de ces escadrons barbares, d'ailleurs splendides de courage et d'audace. Ils soutiennent quatre heures cette lutte inégale. Les plus braves font des tentatives sur nos canons; un chef en arrive assez près pour blesser l'officier d'artillerie. Vains efforts. Tout cela est à peine un combat, c'est un carnage. Les morts, les blessés, les chevaux pantelants jonchent le sable. L'infanterie arabe est dispersée. Le goum s'épaissit, se tient à distance et n'envoie plus que de rares combattants aussitôt terrassés. La bataille est finie. Le colonel de Sonis passe sans peine entre Aïn-Mahdy et les dissidents, les coupe de la ville et les rejette vers le Sud. Ils laissent sur place soixante-dix morts et quatre fois autant de blessés, parmi lesquels on découvre bon nombre d'habitants d'Aïn-Mahdy. Nous n'avons en tout que huit ou dix hommes hors de combat.

Le lendemain, le colonel de Sonis forme une colonne rapide et s'élance à la poursuite des fuyards. Le goum des Larba est arrivé et marche avec lui. La plaine est semée de bêtes mortes, de cadavres et de blessés que l'ennemi abandonne; ses pertes ont dû être énormes. On arrive jusqu'à Tadjerouna, suivant les révoltés à la piste; mais on ne les atteindra pas plus cette fois que tant d'autres. On n'atteint jamais les Arabes en fuite dans le désert : ils avancent toujours et quand même, tandis que cinq ou six jours sans eau nous tuent hommes et chevaux. Les Arabes n'ont plus d'autre arme à nous opposer que ces landes arides; mais c'est un rempart où viendront perpétuellement se briser nos efforts. Le nomade est une espèce d'amphibie : vaincu, traqué, il s'enfonce soudain dans le Sahara, comme un oiseau aquatique plonge dans un lac, sous l'œil du chasseur cloué au rivage. Nous n'aurons de nouvelles des Ouled-Sidi-Cheik que quand il leur plaira de nous en donner. Cette poignée de rebelles échappe mieux à notre punition que si elle avait toute l'Europe pour alliée; elle reviendra quand elle voudra nous appeler en champ clos, sortant à l'improviste de ses mystérieux repaires.

Mais ce ne sera pas de sitôt. Cette victoire, qui ne se

traduit autrement qu'en un fait d'armes, a été assez brillante pour ôter à Si-Kadour l'envie et surtout le moyen de reparaître avant longtemps. Son ascendant sur ses hommes a dû en être singulièrement ébranlé. De retour chez les siens, il aura quelque peine à se targuer d'un succès. « Où est ton butin? lui diront ses amis; où sont tels et tels de nos frères? » Bien mieux, ce pillard a été pillé; et par qui, par son propre frère, Si-Sliman-ben-Kadour, chef de la portion fidèle des Ouled-Sidi-Cheik. Si-Sliman, aussi bon serviteur de la France que mauvais parent, tandis que nous livrions combat à Aïn-Mahdy se portait sur les derrières de Si-Kadour, fondait sur sa smala, razziait ses femmes, ses chameaux, son trésor, et venait déposer sa capture à nos pieds.

Étrange pays, singulières gens. Quand guérirons-nous ces hommes de leur rage guerrière? N'est-il pas triste qu'on n'y puisse encore arriver qu'en les ruinant, en les refoulant ou en les exterminant? Ces révoltes, ces dernières convulsions d'un peuple qu'étouffe notre main, pourtant tutélaire, semblent donner raison à ses contemporains. Ne pourrons-nous donc tuer la barbarie qu'en tuant le barbare? L'antagonisme des deux races ne finira-t-il que par l'extinction de la plus faible? Je m'arrête sur ces interrogations. Plus je vois les Arabes, plus j'examine la question algérienne, plus je doute, plus j'hésite entre la commisération et le mépris, entre l'espérance d'une rédemption et l'extrémité d'un arrêt de mort. Mais je m'insurge devant cette sentence fatale. S'il se pouvait que Dieu l'eût prononcée et que l'Arabe dût périr, je plaindrais notre pays de s'être fait l'exécuteur d'un si sombre décret. Non, un tel rôle n'est pas pour nous. Et qui peut se croire initié aux desseins de la Providence? Quelle orgueilleuse sagesse peut oser s'armer au profit des colères divines, sans craindre d'encourir le trop juste soupçon qu'elle se fait un manteau de ses théories pour couvrir ses passions! Tout est obscur dans l'avenir des peuples; ce qui est clair, dans le présent, c'est la justice, c'est la charité, le droit naturel : la France n'a pas à chercher d'autres guides. Ne craignons pas d'envisager la question d'un peu haut; et n'oublions pas que le triomphe définitif de l'école arabophobe infligerait à la morale un outrage indigne de la nation si largement libérale qui a jeté les fondements de la fraternité universelle.

FIN.

PARIS
TYPOGRAPHIE DE E. PLON, NOURRIT ET Cie
RUE GARANCIÈRE, 8.

www.ingramcontent.com/pod-product-compliance
Lightning Source LLC
Chambersburg PA
CBHW060406170426
43199CB00013B/2019